高 校 思 想 政 治 工 作 研 究 文 库
教育部思想政治工作司 组编

网络对大学生思想和行为的影响研究

曹银忠 ◎著

人 民 出 版 社

目　录

导　论 …… 1

第一章　网络对大学生思想和行为影响研究的理论基础和思想借鉴 …… 60

第一节　网络对大学生思想和行为影响研究的马克思主义理论基础 …… 61

第二节　网络对大学生思想和行为影响研究之中国古代的思想资源 …… 66

第三节　网络对大学生思想和行为影响研究之西方的思想借鉴 …… 79

第二章　网络对大学生思想和行为影响的内涵、特征与类型 …… 90

第一节　网络对大学生思想和行为影响概述 …… 90

第二节　网络对大学生思想和行为的积极影响和消极影响 …… 95

第三节　网络对大学生思想和行为的显在影响和潜在影响 …… 107

第四节　网络对大学生思想和行为的直接影响和间接影响 …… 115

第五节　网络对大学生思想和行为的近期影响和长远影响 …… 131

第三章　网络对大学生思想和行为影响的表征及其机理剖析 …… 141

第一节　网络对大学生思想影响的表征及其机理剖析 …… 141

第二节　网络对大学生行为影响的表征及其机理剖析 …… 158

第四章　网络对大学生思想和行为影响的实证分析 …… 172

第一节　网络对大学生思想和行为影响的单变量宏观考察 …… 173

第二节　网络对大学生思想和行为影响的结构方程微观考察 …… 214

第五章　对大学生网民群体思想和行为的引导策略 …… 241

第一节　大学生网民群体思想和行为引导的逻辑分析 …… 241

第二节　大学生网民群体思想和行为引导的理论架构 …… 256

第三节　大学生网民群体思想和行为引导的路径探寻 …… 269

结　语 …… 290

参考文献 …… 293

附　录 …… 304

后　记 …… 317

导　论

“手推磨产生的是封建主的社会，蒸汽磨产生的是工业资本家的社会”①，当今互联网产生的则是“海内存知己，天涯若比邻”的网络社会。网络日益成为创新驱动发展的先导力量和核心引擎，深刻改变着人们的生产方式与生活方式，有力地推动着经济社会向前发展，真正让世界变成了地球村，让国际社会越来越成为你中有我、我中有你的命运共同体；但是又明显不同于现实共同体，网络催生的是源于现实但超越现实的人类活动新场域——网络空间命运共同体。在这个以“比特”（Byte）为基本单元的数字虚拟空间，“现实的人”首次被赋予全新的身份标识——网民，有史以来第一次实现了身份的二重性演化。就像游牧民族逐水草而居、迁徙于广袤草原一般，广大网民因网而生、逐网而动、逢网结缘，并基于共同的价值观念、兴趣爱好、行为习惯等聚集为特色鲜明的网民群体、网络部落。网民不断游徙在虚拟的数字空间，不仅悉数复制着现实社会的物质生产实践、社会政治实践和科学文化实践，而且还创造出独具一格的实践形式即“虚拟实践”，由此人类自由全面发展也拥有了多样化的实践手段和广阔的发展空间。

历史和现实都表明，沐浴着网络之光而成长壮大的青年学生在数量上构成了网络社会的生力军，在质量上成为网络社会的风向标，他们生长为网络空间中最不容忽视的群体力量。但是，开放自由的网络社会在为大学生网民

---

① 《马克思恩格斯选集》第1卷，人民出版社2012年版，第222页。

群体营造虚拟场域和展示自我舞台、促进大学生个性充分自由发展的同时，也对大学生的思想意识、行为方式、价值取向和道德规范等产生了前所未有的负面影响，在很大程度上消解着他们对现实社会的理性认知和心理预期。尤其是随着新兴网络信息技术如5G技术、云计算、大数据、物联网、人工智能等日新月异，网络正在步入代际跃迁、全面渗透、加速创新的新阶段，网络对大学生的认知、情感、思维、心理、性格、“三观”等方面产生了更加强烈的吸引和刺激。因此，为致力于构建健康向上、和谐有序的网络空间命运共同体，引领大学生网民群体健康成长，推进网络文化培育、强化网络空间治理、加强网络秩序维护就显得越发重要，深化对大学生网民群体思想和行为的认识与研究就变得特别紧迫。

第一节　问题缘起

诸多迹象显示，网络已完全内化为人们最重要的生命器官之一，突然“断网”或“离网”，人们的中枢神经系统就会立刻发出报警信号，严重时甚至出现神经错乱。对具有“网络世代”之称的大学生来讲，网络对他们的影响显然更为全面和深刻。本书之所以选择将大学生网民群体作为研究对象，考察网络对他们的思想和行为的影响，概括之，其缘由可从以下四个方面予以探窥：首先，人类社会已全方位进入互联网时代，加强网络对大学生思想和行为的影响研究实然是顺时代之势；其次，大学生是名副其实的“数字土著”，重视对大学生网民思想和行为的引领诚然是育新人之要；再次，聚焦对大学生网民群体的研究是应对网络多元多向和干扰冲突及深化网络思想政治教育对象研究的题中之义，可谓为穷理论之道；最后，网络空间意识形态斗争愈演愈烈，大学生显然沦为各国进行意识形态斗争竞相争夺的重点对象，强化对大学生网民思想和行为的研究全然是现实之需。总之，大学生网民群体“牵一发而动全身”，他们今日之面貌关乎着中国之未来，党和国家必须高度重视和关怀大学生网民群体。

一、顺时代之势：人类社会已全方位迎来互联网时代

人类社会实质上就是一个不断从低级形态向高级形态演化递进的过程，它既是统一的过程又实现于复杂多样的形式和过程中。如果按照生产资料维度进行划分，那么该演进过程就相继经历了原始社会、奴隶社会、封建社会、资本主义社会和社会主义社会，而且每种社会形态均表现出异常鲜明的特征。比如，在原始社会，石器是最主要的生产工具，人们凭借个体力量难以同自然界抗衡斗争，为谋取生活资源和生产资料就不得不共同劳动、聚群而居；在封建社会，铁器得到普遍使用，就社会组织形式而言，人们主要以家庭为单位，以土地为生存根基，长期居住在封闭狭隘的地理环境，长距离沟通交流集中表现为“烽火连三月，家书抵万金”；在资本主义社会，机器大工业代替了传统手工业，火车、轮船、电视、电话、电影、留声机、计算机等仿佛被施了魔术般汹涌而至，封闭隔绝的地理世界逐渐被融为一体。如果从技术维度来定义人类社会形态，毋庸讳言，网络正在重塑人类社会的内在结构和外在面貌，网络社会成为全人类必须正视和适应的新型社会形态，这种社会形态就像比尔·盖茨（Bill Gates）所描述的那般，网络将影响所有人类的生活，未来会成为网络生活形态，而且一旦人们用了之后，就不会再走回头路。同时，它正如曼纽尔·卡斯特（Manuel Castells）所指出的：“作为一种历史趋势，信息时代的支配性功能与过程日益以网络组织起来，网络建构了我们社会的新社会形态，而网络化逻辑的扩散实质地改变了生产、经验、权力与文化过程中的操作和结果。”①

革新派城市学家马克斯·韦伯（Melvin Webber）曾在20世纪60年代

---

① ［美］曼纽尔·卡斯特：《网络社会的崛起》，夏铸九等译，社会科学文献出版社2006年版，第434页。

放言，人类在历史上将首次有可能在山顶定居，并同商界或其他合作伙伴保持一种亲密、实时而又真切的联系。一种类似于现在大都市使用的那种纽带将把所有处于全球通信网络中的人联系在一起。转眼之间，该放言全然变为现实，由计算机技术和通信技术组合而成的互联网彻底改变了我们长期所在的居住环境和活动空间，颠覆了自古以来的生存方式、生活模式和思维范式，每个人都受制于网络并不得不以“网络人”身份主动描绘着网络新纪元。辩证而言，人类社会迎来网络新纪元释放出诸多信号，种种信号不仅宣告这将是一个最好的时代，也暗示这还是一个最坏的时代，怎样追求最好、避免最坏或化坏为好，就将成为人们共同面临的时代课题。在此，我们可从经济、政治、文化等常规角度解读人类全方位处于互联网时代，进而达到准确把握该时代的跳动脉搏和整体镜像的良好效果。

首先，互联网经济成为不可阻挡的时代潮流，构成推动社会繁荣昌盛的强大引擎。衡量经济社会发展程度不在于它生产什么，而在于它怎样生产以及用什么工具进行生产。传统生产和消费有其固定的边界和范围，不仅购物场所存在边界，而且消费时间和空间也存在明显限制，例如商品交换必须在实体商店中进行，货币流通必须依靠纸币或黄金，存取款业务必须到线下银行网点办理。如今驰骋在信息高速公路上，网络技术使网上购物、网上银行、电子商场、在线支付等成为可能，传统有形边界被完全打破，网络消费成为最受欢迎的消费模式和消费习惯，人们拥有更为广阔而自由的消费空间。第 44 次《中国互联网络发展状况统计报告》就有数据充分证实：截至 2019 年 6 月，我国网民规模达 8.54 亿人，互联网普及率达 61.2%；我国网络购物用户规模达 6.39 亿人，占网民整体的 74.8%。手机网络用户规模达 6.22 亿人；我国网上外卖用户规模达 4.21 亿人，占网民整体的 49.3%；我国网络支付用户规模达 6.33 亿人，占网民整体的 74.1%。① 互联网已宛如

① 中国互联网络信息中心（CNNIC），第 44 次《中国互联网络发展状况统计报告》，2019 年 8 月。

空气渗透到人们日常生活的方方面面，面对经济全球化、社会信息化的时代洪流，显然任何经济活动若要行稳致远都理应建立在互联网这个强大引擎之上。因此，党和国家在2015年便果断提出了“互联网+”行动计划，鼓励互联网企业更加积极地与实体经济融合，2017年在党的十九大报告中再次强调指出，“推动互联网、大数据、人工智能和实体经济深度融合，在中高端消费、创新引领、绿色低碳、共享经济、现代供应链、人力资本服务等领域培育新增长点、形成新动能”①。

其次，互联网与政治深度融合，电子政务成为人们参与政治生活、处理政治事务的重要途径。正如曼纽尔·卡斯特所讲：“社会在冲突中变迁，并由政治支配。既然因特网正在人们活动的各个领域成为一种基本通讯与组织媒介，很明显它将会在社会运动和政治进程中应用，并且将日益得到应用，因特网正在成为行动、告知、招募、组织、占领与反占领的优势工具。电脑空间变成竞争的疆域。”② 网络深刻地改变了政治运行模式和社会组织结构，变相地为我们提供了一个掌握自身命运、在地方社区和全球社会中重新定义公民身份的新机会。细言之，一是互联网空前强化了人民群众的监督权。与传统监督方式相比，网络监督呈现广泛性、安全性、放大性和公开性等鲜明特征，民众随时随地就可以通过微信、微博、BBS、政府网站、抖音等新媒体手段举报和揭露公职人员的贪污腐败及违法犯罪行为，因此作为结果，网络赋权下政府公权力就必须始终在阳光下健康公开运行。2016年习近平总书记在网络安全和信息化工作座谈会上就曾明确指出，“要把权力关进制度的笼子里，一个重要手段就是发挥舆论监督包括互联网监督作用”，因此，“对网上那些出于善意的批评，对互联网监督，不论是对党和政府工作提的还是对领导干部个人提的，不论是和风细雨的还是忠言逆耳的，我们不仅要

---

① 习近平：《决胜全面建成小康社会　夺取新时代中国特色社会主义伟大胜利——在中国共产党第十九次全国代表大会上的报告》，人民出版社2017年版，第30页。

② ［美］曼纽尔·卡斯特：《网络星河：对互联网、商业和社会的反思》，郑波、武炜译，社会科学文献出版社2007年版，第150页。

欢迎，而且要认真研究和吸取”。[①] 二是电子政务有力地实现了信息多跑路、群众少跑腿的良好效果，极大地拉近了政府与群众之间的距离。相关数据显示：截至2019年6月，我国在线政务服务用户规模就高达5.09亿人，占网民整体的59.6%；共有政府网站15143个；已有297个地级行政区政府开通“两微一端”等新媒体传播渠道。这也就意味着，互联网时代将节约大量时间和精力，人们不再需要奔波往返于政府部门或办事机构，相反，很多事情借助电子政务就可以实现“一网通办”或“一键全览”。三是网络晋升为民众特别是广大青年群体参与政治生活的重要手段。无论是政治选举投票，还是表达政治诉求，抑或是了解政治时事，网络都将是他们的不二选择，网络空间也到处都留有他们的政治足迹和政治声音。

最后，文化领域深受互联网影响，地域文化通过网络迅速成为全球共享文化，网络文化极大地丰富了人们的精神世界。有西方学者认为，Internet是一种新文明，文明的目的是净化并拓展我们的生存空间，提升人类的生活质量。相较于传统的纸质存储及传播媒介，互联网显然使文化愈加灵动，使文化更加多元。一方面，互联网逐渐取代纸质媒介继而成为文化储存新空间。在传统社会，文明成果的记录和保存往往需要借助纸质书籍或报刊，所以在实际生活中我们经常使用“学富五车”等成语形容知识分子。然而，纸质书籍或报刊也暴露出诸多弊端，例如容量有限、易遭受破坏或流失，这就导致大量优秀文明成果无法彰显于世。现今置身于互联网时代，上述情况显然发生了根本性扭转，以电子图书馆等为代表的科技成果正以数字化形式记录和保存着所有文明，一个小小的硬盘便能容纳大英博物馆的所有藏书。网络空间正以其“海纳百川”的姿态容纳着人类有史以来的所有文明成果。另一方面，网络成为文化表达与交流的新载体和新符号。文化历来需要相应的载体，假若缺失载体，文化便不能被人们了解和笃信，也就会失去强大的生命力和感染力。就网络而言，它恰好凭借强大的包容性、开放性、海量性

① 《习近平谈治国理政》第二卷，外文出版社2017年版，第337页。

和互动性成为文化表达的新符号、新选择，成为绚烂多彩文化的“输送管”和“表演场”。通过网络承载与表达文化，目前就有诸多数据证实：我国网络音乐用户规模高达6.08亿人；网络文学用户规模达4.55亿人；网络游戏用户规模达4.94亿人；在线教育用户规模达2.32亿人。

综合来讲，正所谓“旧时王谢堂前燕，飞入寻常百姓家”，除却政治、经济、文化等宏观领域，网络也深度融入各种微观视域，Wi-Fi热点无处不在，网络俨然从昔日少数研究机构和高等院校的“专属品”降为普通百姓的寻常物什。无论过去、现在或未来，无论在字面上还是在实际操作中，网络都始终是推动社会变革的动力之一，而网络之所以吸引人、创造人，不只在于它是遍及全球的大众网络，也在于它是在没有设计师负责规划的情况下自然演变而成的，就好像乌合之众般形成了今天的面貌。没有人发号施令，但是到目前为止，它所有的部分都日渐进步，令人叹赏。不管你喜欢它也好、畏惧它也好，它都将改变人类的生活，改变你或我的子女们的成长方式。除了迎接它、适应它、使用它、研究它，我们别无选择。①

二、育新人之要：大学生成为名副其实的“数字土著”

每代人都有其独特的历史际遇和职责使命。对于拥有较高科学文化知识和良好思想道德素质的大学生来讲，其际遇就在于恰逢世界百年未有之大变局，身处全球日益网络化和信息化之滚滚洪流；其使命就植根于做有理想、有本领、有担当的时代新人，全身心投入中国特色社会主义伟大事业，助力实现中华民族伟大复兴的中国梦。通常认为，深居在知识和信息爆炸的时空境域里，一个国家的竞争说到底就是人才的竞争，一个国家人才的质量和数量决定着这个国家科技水平的高低。人才问题尤其是大学生成长成才问题已经成为关系到党和国家事业发展的关键性问题，人才资源是社会主义现代化

① 乔岗：《网络化生存》，中国城市出版社1997年版，第44页。

建设最重要的资源。因此，党和国家领导人也多次强调："培养什么人，是教育的首要问题。我国是中国共产党领导的社会主义国家，这就决定了我们的教育必须把培养社会主义建设者和接班人作为根本任务，培养一代又一代拥护中国共产党领导和我国社会主义制度、立志为中国特色社会主义奋斗终身的有用人才。"① 同时"全党要关注青年、关心青年、关爱青年，倾听青年心声，做青年朋友的知心人、青年工作的热心人、青年群众的引路人"②。如何做到关注、关心、关爱青年，不断培育时代新人，事实上就必须全方位了解和掌握大学生的特殊成长环境和思想行为特点，准确把握"95后"大学生独有的身份标识——"数字土著"（也称为"网络原住民"）。

何为"数字土著"呢？简言之，"数字土著"（Digital Natives）就是指伴随网络和手机等数字技术成长起来的人，他们从小就与数字打交道，偏重于以数字化思维看待和处理自然、社会以及人类思想之间的种种关系，无时无刻不在接受数字化环境的感染与塑造。学界普遍认为"数字土著"一词最早可追溯至美国麻省理工学院媒体实验室主任尼古拉·尼葛洛庞帝所著的《数字化生存》，他在书中提出："在广大浩瀚的宇宙中，数字化生存能使每个人变得更容易接近，让弱小孤寂者也能发出他们的心声。数字化生存代表的是一种生活方式和生活态度，以及每时每刻都与计算机为伍。它几乎具备了遗传性，人类每一代都会比上一代更加数字化，并且这种控制数字化未来的比特将比以往任何时候都更多地掌握在年轻一代手中。……但是不管怎样，我们无法否定数字化时代的存在，也无法阻止数字化时代的前进，就像我们无法对抗大自然的力量一样。"③ 诚然，现实也明确告诉我们：数字化世界是年轻人的主场，互联网社会是年轻人的赛局。尤其是20世纪90年代以来随着国家高速主干网络建设的顺利完成以及高校校园网的更加完善，

---

① 《习近平在全国教育大会上强调：坚持中国特色社会主义教育发展道路 培养德智体美劳全面发展的社会主义建设者和接班人》，《人民日报》2018年9月11日。

② 《庆祝中国共产党成立95周年大会在京隆重举行》，《人民日报》2016年7月2日。

③ ［美］尼古拉·尼葛洛庞帝：《数字化生存》，胡泳、范海燕译，电子工业出版社2017年版，第55页。

“95后”大学生俨然都化身为名副其实的“数字土著”，相比于父辈祖辈们，他们更加熟悉比特、数字和网络运用，大学校园也就自然而然地成为“数字土著”人口最密集、行动最活跃的空间场域。第44次《中国互联网络发展统计报告》有确切数据表明：截至2019年6月，10—39岁网民群体占网民整体的65.1%，其中20—29岁网民群体占比最高，达24.6%。在我国网民群体中学生数量又最多，占比高达26%。作为名副其实的“数字土著”，大学生总是习惯性地把数字化生存视为人生中不可或缺的人文景观和存在方式，数字科技在他们眼里就像家常便饭、身体器官，毫无陌生感和违和感。通过对数字科技的掌握与运用，他们在数字世界中不断地汲取知识与经验，收获情感与友谊，从容不迫地应对日新月异、纷繁复杂的社会大局面。因此，我们常常能够看到成群结队的大学生通过高速、可靠、低廉的校园网络，以忘我状态和好奇心态沉迷在IRC、QQ、BBS论坛、网络聊天室、微信、微博等网络平台，试图在数字化世界中重写过往、改变当前、创造未来。

然而“数字土著”们的数字化生存方式也值得我们提高警惕，因为就像马克思所言：“在我们这个时代，每一种事物好像都包含有自己的反面。……技术的胜利，似乎是以道德的败坏为代价换来的。”① 数字化世界这片广袤无垠的疆域虽然可以释放出难以估量的生产能量，给人们的生产生活带来极大便利，但它也可能成为恐怖主义者和江湖巨骗的工具，或是弥天大谎和恶意中伤的大本营。它既是虚拟的宣传工具，也将是施展阴谋的好地方。对于活跃在数字化环境中的大学生网民群体来讲，他们既在不自觉地创造良性的数字化世界，也在无形中受到数字化世界的消极改造。其一，数字化生存不仅给大学生的学习、生活、人际交往以及思维方式带来深刻变革，而且也对大学生的人生观、世界观、价值观、政治观、道德观等产生严重负面影响。大学生“三观”初步形成但尚未定型，激情有余但有时也缺乏理

---

① 《马克思恩格斯文集》第2卷，人民出版社2009年版，第580页。

智，非常容易受到网络不良信息的影响而走向极端与偏执，出现世界观、人生观和价值观的扭曲。其二，行走在密密麻麻的数字密林里，由于大学生尚未练就过硬的数字驾驭能力，实现从“自在”向“自为”的转化，从“数字土著”向“数字公民”的进化，因此他们极容易在数据密林中迷失方向，遭受暴力色情信息的侵蚀和误导，遭受反动错误言论的蒙蔽和摧残。

整体而言，大学生网民群体是“数字土著”的最重要组成群体，“数字土著”已成为当今大学生无法抹去的身份标识。青年兴则国家兴，青年强则国家强。因此，在网络社会方兴未艾之时、大数据时代汹涌澎湃之际，如何正确认识和看待数字化生存对大学生网民群体产生的各种影响，深刻洞察他们的思想与行为的规律和特点，帮助他们实现从“数字土著”向“数字公民”的积极转变，这显然就需要我们立足理论层面及时予以解答，扎根实践层面主动提供指导。唯有如此，高等教育才能不辱立德树人的神圣使命，锻造出合格的“数字公民”，进而培养出担当民族复兴大任的时代新人，培育出德智体美劳全面发展的社会主义建设者和接班人。

三、穷理论之道：深化网络思想政治教育对象的研究

理论合乎时代发展潮流，洞察时代发展规律，才能更好地指导实践、改造世界，才能富有更强的生命力和指引力。任何学科要谋求发展也都必须立足时代、与时俱进，不断加强对新形势的认知与把握。网络思想政治教育作为新兴研究领域，在其实质上，它是传统思想政治教育在网络空间的拓展与延伸，是传统思想政治教育现代化转型的必然结果，它由内而外无不镶嵌着网络的印记。然而又由于网络思想政治教育仍属于新鲜事物，历时较短，所以人们对它知之较少甚至在很多层面尚未达成共识。特别是深处在变幻莫测的移动互联网时代，如果思想政治教育工作者忽视网络、远离网络、对网络陌生，不主动了解大学生网民群体的心理和需求，网络思想政治教育就难以取得成效。因此，为积极适应与主导虚拟多元、复杂多变的网络世界，引领

和教育与日俱增的大学生网民群体，教育部在2000年便迅速出台了《关于加强高等学校思想政治工作进网络的若干意见》。该意见明确指出："随着信息技术的迅速发展，互联网作为信息传播新的媒体，越来越成为高校师生获取知识和各种信息的重要渠道，并对大学师生的学习、生活乃至思想观念发生着广泛和深刻的影响。应该清醒地认识到，网络技术的发展和普及，拓展了高校思想政治工作的新渠道和新手段，为加强和改进高校思想政治工作带来了新的机遇。……'要重视和充分运用信息网络技术，使思想政治工作提高实效性，扩大覆盖面，增强影响力'……"这就要求我们必须转变价值观念，着力深化对网络思想政治教育对象的研究，充分认识到大学生思想活跃、思维新奇的特点，他们和网络之间具有一种天然的无法割舍的亲近性，网络化生存俨然成为他们生活中不变的主题。

大学生网民群体既是高校思想政治教育的重点对象，也是高校网络思想政治教育的主要对象。正如著名教育家乌申斯基所讲："如果教育者希望从一切方面去教育人，那么它就必须首先也从一切方面去了解人。"① 网络思想政治教育要提高实效性、扩大覆盖面，就必须主动了解和全面熟悉它的教育对象，既要看到大学生网民群体在现实世界的言行举止，也要留意他们在网络空间的所作所为。只有这样，我们才能更好地构建起跨时空、多频道、宽领域的育人体系，确保思想政治教育在网络空间落地生根、开花结果，最终完成立德树人的神圣使命。

四、应现实之需：网络空间意识形态斗争正愈演愈烈

意识形态命题由来已久，最初由法国哲学家德斯蒂·德·特拉西(A. D. Tracy)提出。他在《意识形态的要素》一书中指出，意识形态是关于观念的科学，所有的观念联合物，应该是积极的、有用的、非常精确的，

① ［苏联］乌申斯基：《人是教育的对象》，科学出版社1959年版，第11页。

而且只要以它为依据指导社会，人们将会从中获益颇丰。随着时间的推移，人们关于意识形态的认识和研究有了进一步深入，比如黑格尔曾将意识形态视为精神现象，从纯粹观念领域定义了意识形态的生发与构成。马克思从唯物史观出发对意识形态作出科学阐释，认为意识形态相较于经济基础而存在，它是上层建筑的重要组成部分，并且指出："统治阶级的思想在每一时代都是占统治地位的思想。这就是说，一个阶级是社会上占统治地位的物质力量，同时也是社会上占统治地位的精神力量。"① 特别是"如果从观念上来考察，那么一定的意识形式的解体足以使整个时代覆灭"②。现实也证明，无论在任何时候、任何情况下，任何统治阶级都不能忽视思想的力量，不能忽视意识形态的地位与功能，只有牢牢掌握住意识形态的主导权和领导权，才能保证统治阶级的统治地位和统治思想。

意识形态工作是党的一项极端重要的工作，能否做好这项工作，事关党的前途命运，事关国家长治久安，事关民族凝聚力和向心力。一直以来，西方国家从未停止对社会主义国家进行"西化""分化""丑化"的图谋，试图在意识形态领域以个人主义颠覆我们的价值基础，以历史虚无主义重新定位进而虚无我们的历史，以所谓"普世价值"瓦解我们对社会主义的信仰和信心，妄图以资本主义制度代替社会主义制度。毋庸讳言，20 世纪 90 年代，东欧剧变和苏联解体的根源就在于输掉了意识形态这场战争，丧失了马克思主义在意识形态领域的一元主导地位；20 世纪 80 年代末我国发生"政治风波"，原因就在于忽视了对学生进行思想政治教育，松懈了意识形态工作。针对后者，邓小平就曾特别强调："……十年最大的失误是教育，这里我主要是讲思想政治教育，不单纯是对学校、青年学生，是泛指对人民的教育。"③ "可能是一个冷战结束了，另外两个冷战又已经开始。一个是针对整个南方的、第三世界的，另一个是针对社会主义的。西方国家正在打一场没

① 《马克思恩格斯选集》第 1 卷，人民出版社 2012 年版，第 178 页。
② 《马克思恩格斯文集》第 8 卷，人民出版社 2009 年版，第 170 页。
③ 《邓小平文选》第三卷，人民出版社 1993 年版，第 306 页。

有硝烟的第三次世界大战。所谓没有硝烟，就是要社会主义国家和平演变。”① 与此同时，事实明确告诉我们，在众多的意识形态渗透对象中，广大青年群体无疑是重点对象，所以美国中央情报局在制定的《十条诫令》中就专门说，尽量用物质来引诱和败坏他们的青年，鼓励他们藐视、鄙视、进一步公开反对他们原来所受的思想教育，特别是共产主义教条。替他们制造对色情奔放的兴趣和机会，进而鼓励他们进行性的滥交。让他们不以肤浅、虚荣为羞耻，一定要毁掉他们强调的刻苦耐劳精神。一定要把他们的青年的注意力，从以政府为中心的传统引开。

时至今日，互联网显然为意识形态斗争提供了全新的平台和载体，网络所具有的即时性、互动性、隐匿性、广泛性与意识形态斗争所具有的欺骗性、残酷性、多样性、复杂性深深地交织纠缠在一起；网络媒体以信息生产传播主体的隐蔽性和互动性，信息传播渠道的多元性和包容性，信息传播内容的海量性和庞杂性，信息传播时间上的即时性和空间上的去边界化等特点和优势，日益取代电视、广播、报纸、杂志等传统媒体的主导地位。在网络催化作用下，意识形态斗争非但没有减弱，反而得到进一步激化，网络空间逐渐成为意识形态斗争的主战场，成为西方国家进行意识形态渗透的工具。所以，美国前国务卿奥尔布赖特就此不无兴奋地讲道：这是我们的可乘之机，我们要利用互联网把美国的价值观送到中国去。这也正如美国学者阿尔文·托夫勒在《权力的转移》（未来三部曲）一书中认为的，未来世界政治的魔方将控制在拥有强权的人的手里，他们会使用手中掌握的网络控制权、信息发布权，利用英语这种强大的语言文化优势，达到暴力和金钱无法征服的目的。然而对于中国而言，毫无疑问“如果过不了互联网这一关，就过不了长期执政这一关”②，坚决打赢网络空间意识形态斗争，积极营造一个健康向上的网络空间无疑是当前最为紧迫的任务之一。因此，党的十八大以

① 《邓小平文选》第三卷，人民出版社 1993 年版，第 344 页。

② 《坚持正确方向创新方法手段 提高新闻舆论传播力引导力》，《人民日报》2016 年 2 月 20 日第 1 版。

来，习近平总书记明确指出："网络空间是亿万民众共同的精神家园。网络空间天朗气清、生态良好，符合人民利益。网络空间乌烟瘴气、生态恶化，不符合人民利益。……我们要本着对社会负责、对人民负责的态度，依法加强网络空间治理，加强网络内容建设，做强网上正面宣传，培育积极健康、向上向善的网络文化，用社会主义核心价值观和人类优秀文明成果滋养人心、滋养社会，做到正能量充沛、主旋律高昂，为广大网民特别是青少年营造一个风清气正的网络空间。"① 换言之，在网络空间意识形态斗争愈演愈烈的情况下，加强对大学生网民群体的研究，积极维护网络空间意识形态安全，就是在守护无数大学生网民群体的意识形态"脊梁"，就是在守护网络空间辽阔无边的精神家园。

第二节　研究意义

问题就是公开的、无畏的、左右一切个人的时代声音；问题就是时代的口号，是它表现自己精神状态的最实际的呼声。因此，任何课题的选择及研究都必须聚焦时代，回应时代最强烈的呼声，解答时代最棘手的难题。以大学生网民群体为研究基点，着重开展网络对大学生思想和行为的影响研究正是坚持问题导向的集中彰显，它不仅具有十分重要的理论价值，也具备非常重要的现实意义。

一、理论意义

随着互联网及高校校园网由少变多、由慢变快、由弱变强，大学生的活动广度和深度进一步拓展，大学生网民悄无声息地就成为我国网民群体中最

① 《习近平谈治国理政》第二卷，外文出版社 2017 年版，第 336—337 页。

主要、最活跃的力量。他们不仅是网络的主要使用者也是网络的直接影响者，同时还是网络社会思想政治教育的重点受教者。研究网络对大学生思想和行为的影响具有重要理论意义，主要表现为以下两点：

一是开展网络对大学生思想和行为的影响研究，有利于拓宽传统思想政治教育研究领域，促进传统思想政治教育向时代化和网络化方向迈进。教育者和教育对象是构成思想政治教育的两大关键要素，对教育对象的了解和研究既是思想政治教育的重要任务，也是思想政治教育正常运行的重要基石。截至2019年底，我国各类高等教育在校大学生总规模4002万人，几乎每个在校大学生都是标准的网民，互联网已经将大学生群体“一网打尽”。大学生网民群体在思想和行为方面有着明显不同于现实社会教育对象的特征，对这些特征的精准把握则直接关系到思想政治教育成效，关系到传统思想政治教育能否跳出固有认知局限。因而实现线下教育与线上引导无缝衔接，将大学生网民群体作为研究课题便有利于延伸传统思想政治教育的既有领域。

二是进行网络对大学生思想和行为的影响研究，有益于消弭网络思想政治教育研究领域的缺陷，明晰网络思想政治教育的重点教育对象。网络思想政治教育是传统思想政治教育在网络空间的拓展与延伸，是随着互联网的发展而兴起的新的研究领域，其生命期尚显“幼稚”。从现有研究来看，既有的专著或论文大多局限在对概念、内涵、特征的阐释，对该学科的范畴、矛盾和对象的认识模糊而宽泛，缺少对教育对象的细致分析与集中研究。笔者怀着实事求是的态度高度聚焦大学生网民群体，至少可以为深化网络思想政治教育关于教育对象的研究提供补益与启示。

二、现实意义

青年学生一代的理想信念、精神状态、综合素质、媒介素养，是一个国家发展活力的生动体现，也是一个国家核心竞争力的重要因素。青年学生又正处于学知识、长本领、塑价值的关键性阶段，及时有效地做好他们的思想政治工作，便成为网络思想政治教育的关键。这直接关系到立德树人的神圣事业；关乎祖国的未来和希望；关联到青年大学生能否立足网络社会充分发挥自己的创造力和想象力，全面施展自己的才华，用才华成就非凡人生；关涉到能否打赢网络空间意识形态斗争，维护马克思主义在意识形态领域的领导地位。

一方面，大学生日常上网冲浪、玩游戏、浏览信息、网上购物等都会留下他们的数字足迹，每个人的个人信息都可以被广泛地收集，而这些海量数据不仅记录着他们的行为轨迹，也能够反映他们的思想和情感。这是信息时代现实社会与网络空间深度融合的产物，蕴含着丰富的内涵和很多规律性的信息，借助于大数据技术，我们就可以更好地了解大学生这一教育对象，用数据为他们精准“画像”。用数据说话，思想政治教育工作者就能够走近每个真实的去掉各种“伪装”的大学生，进而有针对性地为他们制定出富有差异性、个性化的教育，从而实现“数”尽其用、“网”尽其所。

另一方面，高校思想政治教育工作者必须树立数据意识，以探访、收集、分析、分类管理大学生的“数字足迹”，建立专属于每个人的数据库。同时，还要求高校思想政治教育工作者必须创新教育理念、教育方法与教育手段，化被动为主动，未雨绸缪，预见和发现教育对象的异常行为，以此增强高校网络思想政治教育的前瞻性、针对性和实效性。

第三节　核心概念分析

要想使“网络对大学生思想和行为的影响研究”这一课题的研究破题适当、切入准确、研究深刻，有几个核心概念必须予以厘清，这就涉及网络、大学生、思想、行为及影响五个核心概念。

一、“网络”和“网络社会”

（一）网络的内涵

对于“网络”一词有多种理解，如铁路网、公路网、电信网络、有限网络和计算机网络等，但其中发展最快、影响最大并起着核心作用的是计算机网络，因此多数情况下我们所讲的“网络”就是指计算机网络的简称。①

本书所使用的“网络”首先是指互联网（又翻译为因特网，Internet Web）和万维网（也称为环球网，World Wide Web），其次则是指由计算机、网络与通信技术所形成的网络空间或网络社会形态。

“大约40年前，互联网从一个学术实验中诞生。当时并未引起多少人的关注，而此后却成为现代高级社会赖以运转的主要媒介，短时间风靡全球，用户从1995年的1000万人激增到2010年的大约19亿人，其广泛的影响遍及最发达和最不发达国家。通信交流因此发生革命性变化，迅捷、廉价、可靠、方便，皆为其诱人之处。”②

互联网的雏形是阿帕网（ARPANET）。阿帕网是一个由政府出资支持、为大学和军事基地建立的计算机网络实验。它是基于包交换技术而建立的一个开放结构网络。截至1971年，阿帕网的节点数量由最初的4个增加至15个，23台主机联到了一起。其中，大部分位于大学校园，其他的则设于政府资助的研究实验室。几年之后，随着其他数据网络的兴起，计算机网络的发展形势愈加明朗，内部网络通信日渐落伍，亟须利用网络互联协议建立一种新型通信网络。

---

① 成孝予:《高校校园网管理与网上引导工作研究》，电子科技大学出版社2010年版，第1页。

② ［美］威廉姆·戴维德:《过度互联：互联网的奇迹与威胁》，李利军译，中信出版社2012年版，序第7页。

从那以后，互联网的发展真正引起了人们的关注。1973 年，网络通信协议（TCP/IP）问世，这是互联网发展史上最为重要的突破。网络通信协议就是互联网运行的基本通信规则，它的发明人是两位年轻的计算机科学家温顿·G. 瑟夫（Wionton G. Cerf）和罗伯特·卡恩（Robert Kahn）。1974 年，瑟夫与卡恩联合发表了题为《数据包网际传输协议》的论文，详细说明了对传输控制协议程序（TCP）的设计。卡恩与瑟夫在传输控制协议中规定了一种标准方法，将数据拆分成“数据包”，以便在网络中传送。互联网协议则将数据包打包，编入地址，发往指定目的地。电脑则扮演了邮件分拣员的角色，他们只需要通过数据包上的地址，便可将之传送到指定的目的地，而无须查看数据。

如今，网络通信协议已经覆盖了包含笔记本电脑、电话及电视在内的网络。实际上，网络通信协议是一个开放性标准，这意味着更多的使用者可以通过一种共同的语言，将信息散播到巨大的潜在受众群体中。

20 世纪 70 年代，互联网取代了阿帕网。尽管如此，它的应用范围仍然比较狭窄，仅限于计算机科学家、物理学家、生物学家及美国国内少数几所学校的研究员。此后多年，互联网的主机仍然只有几百台，大部分为美国的军事实验室和专业的计算机科学部门所有，但是，“互联网”一词已经走出了实验室，走进了群体的专业领域。很早以前就有迹象有力地表明，互联网的问世更多的是为了通信交流，而非进行网络研究。1979 年，三名研究生创建了一个新闻组，他们称之为“用户网络新闻组”（Usenet）。世界各地的网络用户都可以加入该新闻组，讨论政治、宗教等，话题不胜枚举。互联网正式踏上了大众传播媒介的道路。

电子邮件的问世彻底改变了互联网。电子邮件的崛起成为早期推动互联网发展的动力，并且成为网络空间的“常胜客”。截至 1990 年，互联网上的主机数量已经超过 30 万台。同年，阿根廷、奥地利、比利时、巴西、智利、希腊、印度、爱尔兰、韩国、西班牙和瑞士相继加入互联网。两年之后，介入互联网的电脑数量超过 100 万台。

20 世纪 80 年代，牛津大学计算机科学家蒂姆·伯纳斯-李(Tim Berners-Lee)着手研究用人脑的联想方式，在网络上处理文档。随后，他便以超文本为基础编写程序。根据他的构想，需要将文档转换成页面格式，并编上地址，以供查询参考。后来，他确定了该系统的名称：万维网(World Wide Web)。1990 年圣诞节，第一台网络服务器（存储网页的电脑）在伯纳斯-李的电脑上诞生了。他还编写了最初的浏览器程序，通过浏览器可以获取阅读系统中存储的信息。通过超文本传送协议，世界的计算机科学家们发明了点击式浏览器，大大方便了人们在互联网上浏览信息。1993 年，伊利诺伊大学发明了一款名为马赛克（Mosaic）的浏览器。该浏览器在计算机软件领域产生了空前的影响，它使万维网风靡世界，也促进了互联网的发展。

万维网诞生之后，互联网在一夜之间变得四通八达。人们在网络空间浏览信息时，不再需要输入一连串的指令了，只需点击图片和文字即可。这种用户友好型界面的诞生极大地降低了计算机操作的难度，任何未受过电脑和网络培训的普通人士都可以轻松地点击页面，操作电脑，在网络上冲浪。因而，互联网很快迎来了它的大众化时代。从此以后，世界各地的人们开启了网上游弋、冲浪的新生活和逐渐沉浸于网络的网络化生存新时代。正如伯纳斯-李所说："万维网与其说是一种技术的创造物，还不如说是一种社会性的创造物。我设计它是为了社会性的目的——帮助人们一起工作——而不仅仅是设计一种技术玩具。万维网的最终目标是支持并增进世界上的网络化生存。"①

通过对网络溯源的追踪与发展轨迹的勾勒，有助于我们从根本上去理解"网络"这一概念。

一般人所理解的"网络"是指计算机网络，它是用通信线路和通信设

---

① ［英］蒂姆·伯纳斯-李、马克·菲谢蒂：《万维网之父谈万维网的原初设计与最终命运》，张宇宏、萧风译，上海译文出版社 1999 年版，第 124 页。

备将分布在不同地点的多台自治计算机系统互相连接起来，按照共同的网络协议，共享硬件、软件，最终实现资源共享的系统。技术专家们则是这样界定网络的：1995 年 10 月 24 日，联合网络委员会（FNC）通过了一项关于“互联网定义”的决议，该委员会认为：“‘互联网’指的是全球性的信息系统：（1）通过全球性的唯一地址逻辑地链接在一起。这个地址是建立在‘网络间协议’（IP）或今后其他协议基础之上的。（2）可以通过‘传输控制协议’和‘网络间协议’（TCP/IP），或者今后其他接替的协议或与‘网络间协议’（IP）兼容的协议来进行通信。（3）可以让公众用户或者私人用户使用高水平的服务。这种服务是建立在上述通信及相关的基础设施之上的。”①

英国计算机科学家巴雷特认为，“从纯粹技术的角度看，因特网可以被定义为一套标准、规范和系统，它可以使得全世界范围内的计算机（从主机到 PC 机）相互影响，共享软件和数据”。因此，他将因特网定义为“可借助在本地执行的界面软件而接入的一个全球性的信息库与服务源（a global pool of information and sevices）”②。

综上所述，笔者认为，网络首先是一种技术性的存在。网络是计算机技术和通信技术的高度集成，这种技术的出现将人类带入了一个全新的信息时代，其意义丝毫不逊色于蒸汽动力和电力的出现，网络正在从根本上改变着人们的生产方式、生活方式、社会交往和思维方式。众所周知，“技术存在的历史和人存在的历史一样悠久，从‘人是会制造工具的动物’这一命题中，我们就可以领悟到技术和人是一起来到世间的，人只有在他能够制造和使用工具——作为技术的硬件——的时候，人成其为真正意义上的人”③。人类与技术相伴而生，人类的发展与技术的发展互动共进。可以说，人类历

---

① 郭良：《网络创世纪——从阿帕网到互联网》，中国人民大学出版社 1998 年版，第 160 页。

② ［英］巴雷特：《赛伯族状态：因特网的文化、政治和经济》，李新玲译，河北大学出版社 1998 年版，序言第 2 页。

③ 肖峰：《技术的人性面与非人性面》，科学技术文献出版社 1991 年版，第 7 页。

史就是一部人与技术不断互动、同向前行的历史。正是因为如此，我们通常习惯用技术（或生产工具）作为人类社会进步的基本标尺。比如石器时代、青铜时代、铁器时代、蒸汽时代、电气时代、原子能时代、信息时代，等等。以生产力的标准去划分经济时代和社会类型，这在很大程度上是从技术状况出发去衡量经济。马克思说过："各种经济时代的区别，不在于生产什么，而在于怎样生产，用什么劳动资料生产。劳动资料不仅是人类劳动力发展的测量器，而且是劳动借以进行的社会关系的指示器。"①

其次，网络也是人类一种崭新的生存空间。就人们对网络的认识而言，先后经历了网络工具观、网络空间观、网络社会观等的变迁。随着人们使用网络程度的加深和网络对人们生存影响的日益深刻，越来越多的人认识到网络不仅仅是工具，而是我们在信息时代赖以生存的社会空间。不管我们接受与否，网络都将影响着我们，都将对我们的生存和发展产生这样或那样的影响。正如著名的网络社会学家曼纽尔·卡斯特所说："不管怎样，如果你不在乎网络，网络会在乎你。只要你想生活在社会中，就是现在你在的地方，你不得不面对网络。因为我们生活在网络星河中。"②

最后，网络更是一种不同于现实社会生活的新样态——数字化生存。网络时代，一切信息都被还原为二进制的比特，人类已悄然进入了数字化生存的新时代。尼古拉·尼葛洛庞帝指出，这种数字化生存不同于现实社会生活，它有"四个强有力的特质"，即"分散权力、全球化、追求和谐和赋予权力"。在这种生存的新样态中，"传统的中央集权的生活观念将成为明日黄花。民族国家本身也将遭受巨大冲击，并迈向全球化"。"一种前所未见的共同语言诞生了，人们因此跨越国界，互相了解"。"数字化生存之所以能让我们的未来不同于现实，完全是因为它容易进入、具备流动性以及引发变迁的能力"。并且，让人感到欣慰的是，"这种控制数字化未来的比特，

---

① 《马克思恩格斯文集》第5卷，人民出版社2009年版，第210页。

② ［美］曼纽尔·卡斯特：《网络星河——对互联网、商业和社会发展的反思》，郑波等译，社会科学文献出版社2007年版，第299页。

比以往任何时候都更多地掌握在年轻一代的手中”。① 网络与我们的日常生活息息相关，甚至已到了与我们形影不离、高度融合的阶段。随着互联网和移动互联网的飞速发展，我们越来越强烈地感受到网络的重要性，一旦离开网络，我们就不知道该怎样去学习和工作，甚至会觉得浑身不自在，可以说网络是无人不需、无处不在、无时不有，网络已经成为我们日常生活的组成部分，网络是迥异于我们现实社会的一种生活样态。正如曼纽尔·卡斯特指出的：“以因特网为基础的网络的影响不仅仅限于用户数量，它还包括使用的质量。世界上核心的经济、社会、政治和文化活动正在被因特网和其他计算机网络重组。事实上，孤立于这些网络之外是我们经济文化生活中危害最严重的孤立之一。”②

（二）网络社会的内涵

“网络社会”作为一个概念和名词，在 20 世纪 90 年代已经被创造出来，但对其含义一直存在一定的争议。国外学界对于“网络社会”的界定最具代表性的定义有二种：其一是曼纽尔·卡斯特所讲的“网络社会”（Network Society），是一种信息技术范式基础上的社会，是指整个社会形态本身，与信息时代、后工业社会、信息化社会等名称是在同一个层面上而言的。其二是“网络社会”（Cyber Society）。这两种概念各有侧重，但前者的含义显然更为宽泛：“前者强调的是人类社会发展到一种高度互联，呈现网络化、网格化结构的阶段和状态；而后者则专指人们以互联网为载体的网上实践活动所形成的不同于现实社会的虚拟社会。前者把互联网仅看作众多通信交流工具之一，它们共同构成了网络社会（Network Society）；在后者看

① ［美］尼古拉·尼葛洛庞帝：《数字化生存》，胡泳、范海燕译，海南出版社 1997 年版，第 269—272 页。

② ［美］曼纽尔·卡斯特：《网络星河——对互联网、商业和社会发展的反思》，郑波等译，社会科学文献出版社 2007 年版，第 3 页。

来，互联网不可或缺，没有互联网就没有网络社会（Cyber Society）。”① 除此之外，还有许多学者使用赛博空间（Cyberspace）、虚拟社会、网络空间、线上社会等概念来描述网络社会。

“Cyber Society 这种意义上的网络社会在某种程度上代表了互联网发展早期阶段一些精英分子对互联网的美好愿景，因为互联网的分布式结构、匿名性和虚拟性特征能够让网民充分享受平等和自由，最大限度摆脱现实社会中的各种束缚。在他们眼里，网络社会是一个可以让他们的思想和精神恣意遨游的独立空间。但是，随着互联网的进一步发展，网络应用的不断开发，越来越多的普通民众进入互联网。对于普通民众来说，现实生活的需要比思想和精神上的平等自由更为重要和迫切，于是，网络社会的两种内涵相互交融，虚拟的网络和现实的距离越来越近，网络社会和现实世界的联系日趋紧密，甚至融为一体”。② 网络社会成为现实社会的拓展和延伸。因此，吴满意教授在综合国内外学界关于网络社会认知的基础上认为：“网络社会是人类现实社会发展的崭新形态，是人在信息网络技术实践基础上相互交往与共同活动而形成的各种网络社会关系的有机系统。”③

“网络社会作为人类的一种新的生存方式和生存体验，在与现实世界紧密联系的同时，还具有其自身的独特性。首先，网络社会是由数字化的比特（Bit）构成。和现实世界由原子构成完全不同的是，网络社会把网民、信息、活动等所有一切都还原成了二进制的比特。互联网上的信息和内容无论多么生动和逼真，其本身和真实已没有任何关系。在这个意义上我们说网络社会的一切都是虚拟的。其次，网络社会具有超时空性。现实世界中的时空在网络社会中不复存在，现实世界中的国家、民族、领土等在网络社会中也失去了原有意义。现实世界中的人在网络社会里的归属感和认同感都发生了根本变化。人们之间的交往和交流没有了时空阻隔，地球村成为现实。最

① 谢玉进、陈士平主编：《中国网络社会研究报告》，经济科学出版社 2015 年版，序。

② 谢玉进、陈士平主编：《中国网络社会研究报告》，经济科学出版社 2015 年版，序。

③ 吴满意：《网络人际互动——网络实践的社会视野》，人民出版社 2015 年版，第 8 页。

后，网络社会呈现无中心化特征。互联网是一种分布式网状结构，没有一个绝对的中心，各个节点都是平等互动关系。这种结构带来的后果是，一方面反对权威和控制，崇尚自由平等；另一方面能够让信息呈放射状向外传播和扩散，从而能够提高传播速度和扩大传播范围。”①

需要特别强调的是，作为本书的核心关键词，“网络”首先指的是“网络社会”，其次也指网络环境或者网络技术本身。

二、大学生

大学生有广义和狭义之分。狭义的大学生，是指正就读于高等院校的本、专科学生，即在普通高等院校注册入学、有教育部认可的正规学籍、接受全脱产学历教育的学生群体的统称，这一内涵不包括通过自考助学、成人教育和网络教育等途径以取得本、专科毕业证和学位证为目的的在校学生。广义的大学生，是指除狭义的大学生外，还包括正在高校就读的硕士和博士研究生。所谓“正在就读”，是指在学籍年限内，尚未毕业离校或尚未取得毕业证书和学位证书的学生。本研究中所称的“大学生”是取其广义的概念。

三、思想和行为

“思想”是什么？《现代汉语词典》（2002 年增补本）是这样界定的：“客观存在反映在人的意识中经过思维活动而产生的结果。思想的内容为社会制度的性质和人们的物质生活条件所决定，在阶级社会中，思想具有明显的阶级性。”百度百科“思想”词条则解释为：思想，一般也称为“观念”，其活动的结果，属于认识。人们的社会存在，决定人们的思想。一切根据和

① 谢玉进、陈士平主编：《中国网络社会研究报告》，经济科学出版社 2015 年版，序。

符合于客观事实的思想是正确的思想，它对客观事物的发展起促进作用；反之，则是错误的思想，它对客观事物的发展起阻碍作用。思想也是关系着一个人的行为方式和情感方法的重要体现。

由此可见，思想是客观事物的主观反映。人的思想不是天上掉下来的，更不是自己头脑里固有的，而是由外界的一系列信息输入人的大脑后，经历一个包括采集、整理、汇总、分析、判断等细节得出一个成型结论的复杂过程，形成的一种可以用来指导人的行为的意识。正如毛泽东在《人的正确思想是从哪里来的?》一文中说的："无数客观外界的现象通过人的眼、耳、鼻、舌、身这五个官能反映到自己的头脑中来，开始是感性认识。这种感性认识的材料积累多了，就会产生一个飞跃，变成了理性认识，这就是思想。"①

何谓"行为"？其基本意思是举止行动，指受思想支配而表现出来的外表活动。《现代汉语词典》（2002 年增补本）解释道，行为是"受思想支配而表现在外面的活动"。当然，人的行为是多学科研究的课题，按照生理学家的观点，行为则是人体器官对外界刺激所产生的反应。哲学家认为，行为就是人们日常生活中所表现的一切活动。心理学家对行为有各种不同的看法。如行为主义心理学把人与动物对刺激所作的一切反应都称为行为，包括外显的行为和内隐的行为；格式塔心理学认为人的行为由人与环境的相互关系决定，行为指受心理支配的外部活动。现代心理学家一般认为，行为是有机体的外显活动。

一般来说，人的行为由五个基本要素构成：（1）行为主体：具有一定智能和品德参与认识和实践活动的人；（2）行为客体：人们所追求的目标和想要改变的事物；（3）行为环境：行为主体与客体发生联系的客观环境，包括自然环境、社会环境和文化环境；（4）行为方式：行为主体对客体施加作用的方法和形式；（5）行为结果：特定行为（具体的行动和活动）最

---

① 《毛泽东文集》第八卷，人民出版社 1999 年版，第 320 页。

终对行为主体和行为客体造成的影响。人的行为按照起源分为本能行为和社会行为；按照内容分为经济行为、政治行为、法律行为、军事行为、探索行为（科学研究和技术创新）、教学行为、文化行为，等等。

思想与行为之间的关系十分紧密。思想是人类一切行为的基础。一个人的头脑中想些什么，他必然就会做些什么，而且大多数情况下都是在潜意识的支配下去做这些的。正如哲人威廉·詹姆斯说过的："人的思想是万物之因。播种一种观念就收获一种行为，播种一种行为就收获一种习惯，播种一种习惯就收获一种性格，播种一种性格就收获一种命运。"① 思想是行为的原因，思想支配行为，指导人们的行动的方向。行为是在人的思想支配下的外在反应，是思想的外化。

第四节　国内外研究现状及其述评

网络最早诞生于美国，经历了从军用到民用的转型与普及，所以在某种意义上讲，西方学者是研究网络及网络对人的影响的先驱者。纵观西方学者的研究成果，我们不难发现：它们从纯粹探讨网络技术延伸到了网络军事学、网络传播学、网络伦理学、网络社会学、网络教育学、网络经济学、网络文化学等学科，涉及领域十分宽泛。中国正式接入国际互联网以后，国内学者便积极开展了相关研究并取得丰硕成果，很好地实现了从单纯翻译介绍到多视角研究的范式转变。总体来讲，网络已成为国内外学者研究的热门，可谓是"无网无研究，无研究不网"。

一、国外研究现状及其述评

国外学者关于网络的研究成果十分丰富，领域相当广泛，笔者只选择与

① 《一种观念　一种行为》，《科技与企业》2012 年第 18 期，卷首语。

本文研究契合度较高的内容。概括起来，它们主要涉及赛博空间、虚拟社区与身份认同、数字化生存等方面。

（一）关于赛博空间的研究

“赛博空间”（Cyberspace）最早出现在20世纪80年代威廉·吉布森（William Gibson）发表的短篇小说《全息玫瑰碎片》（*Burning Chrome*），文中试图描述一种由计算机技术生成的人类生存新空间。后来，吉布森又在其科幻小说《神经漫游者》（*Necromancer*）中再次提及赛博空间，他认为：“难以计数的合法的操作者每天所经历的一种亦真亦幻的感觉……在人类系统的每个计算机银行中所提取出来的数字的图形化。一种不可思议的复杂。”后继西方学者除将“Cyberspace”译为“赛博空间”外，还将其译为“电脑空间”或“网络电磁空间”，认为它是通过网络化系统及相关的物理基础设施利用电子和电磁频谱存储、修改并交换数据的领域，主要由电磁频道、电子系统、网络化基础设施组合而成。鉴于“网络电磁空间”在军事行动中的重要性，美军参联会在2006年专门制定出台了《电磁空间国家军事战略》，欲图抢占“第五空间”的制胜权。除此之外，围绕赛博空间，约斯·德·穆尔（Jos de Mul）在《赛博空间的奥德赛——走向虚拟本体论与人类学》一文中认为，赛博空间是现实社会在信息技术环境下的必然之路，是现实的虚拟性存在。卡勃和巴洛（Kapor and Barlow）在《穿越电子蛮荒》一书中讲道：“在现有的技术条件下，网络空间是一片‘蛮荒’地带。这里只有一些身体强健的技术人员才能生存，只有他们能忍受这里的残酷现实：原始粗糙的人机界面，不兼容的通信协议，这里还充斥着只有网络中才会出现的障碍，以及文化与法律上的歧义性，这里缺乏有用的地图与向导。”① 威廉·J. 米切尔（William J. Mitchell）在《比特之城：空间·场所·信息

① ［英］戴维·冈特利特主编：《网络研究：数字化时代媒介研究的重新定向》，彭兰等译，新华出版社2004年版，第35页。

高速公路》一书中指出，早期的电脑化空间就像美国的西部边疆，这片广大的区域是天边外的一块新大陆，等待着人们的踏足探索。任何人都渴望驰骋在赛博空间这片自由而广阔的场域。

（二）关于虚拟社区与身份认同的研究

“社区”（community）一词起源于拉丁语，意即共同的东西和亲密的伙伴关系。后来，德国社会学家 F. 滕尼斯率先将其引入社会学研究，他认为，“社区就是由具有共同的习俗和价值观念的同质人口组成的、关系密切的社会团体或共同体”。美国社会学家罗伯特 · E. 帕克（Robert Ezra Park）认为，社区即“占据在一块被或多或少明确地限定了的地域上的人群汇集。一个社区不仅仅是人的汇集，也是组织制度的汇集”。然而我们不难发现，上述社区主要表现为现实性的存在，即不管在任何时候，它们都离不开固定的地理环境和人口因素，可感知性是传统社区最鲜明的特点和必须遵循的至高准则。直至网络的迅猛发展打破了该准则，解除了长期以来传统社区遭受的物理限制，社区迎来了从“真实态”向“虚拟态”的历史性转变，由此“虚拟社区”便成为人们经常进出的生存空间和研讨话题。霍华德 · 瑞恩高德（H. Rheingold）无疑是最早提出“虚拟社区”（Virtual Community）这一概念的学者之一，他在 1993 年出版的《虚拟社区》一书中写道：“一群主要凭借计算机网络彼此沟通的人们，彼此有某种程度的认识、持续的公开讨论，分享某种程度的适合信息，相当程度的如同对待友人般的关怀，通过网络建立个人关系，在虚拟实在中形成社会的集合体。……同时，一个电脑网络并不就是一个社区，除非网络中的人通过互相接触能影响彼此的生活。这就需要网络成员的更多投入，不管这种投入是在真实生活中，还是在电脑化空间中。”① 并且他以自己在旧金山湾区创建过的合作式电脑网络社区

---

① Reingold, H., *The Virtual Community*: *Homesteading on the Electronic*, Reading, Massachusetts: Addison Wesley, 1993, p. 4.

“WELL”为经验基础，详细地勾勒出网络发展的简史或者说在线虚拟社区的历史。另外，“虚拟社区”也引起其他学者的浓厚兴趣，比如约翰·哈格尔三世（John Hagel Ⅲ）和阿瑟·阿姆斯特朗（Arthur Armstrong）就根据成员需求将虚拟社区分为兴趣型社区、关系型社区、幻想型社区、交易型社区四种类型，并按照用户参与程度和价值维度将虚拟社区的用户细分为浏览者、潜水者、贡献者和购买者。埃瑟·戴森在《2.0版：数字化时代的生活设计》一书中，从经营性质的角度将虚拟社区划分为“营利性社区”和“非营利性社区”两种基本类型。尼古拉·尼葛洛庞帝认为：“互联网络用户构成的社区将成为日常生活的主流，其人口结构将越来越接近世界本身的人口结构。就像法国的Minitel网络和美国的奇迹网络都认识到的那样，网络上应用最多的是电子邮件。网络真正的价值正越来越和信息无关，而和社区相关。信息高速公路不只代表了使用过国会图书馆中每本藏书的捷径，而且正创造着一个崭新的、全球性的社会结构。”①

生活在虚拟社区，广大网民除基本物质需求外，还怀揣强烈的身份认同需求，而且后者意味着更高层次的需求类型。究其缘由，活动在开放、自由、去中心化、虚拟且混乱的网络社会，对于拥有多重身份的网民来说，高贵而坚定的身份认同是他们意义与经验的来源，也是他们名声与地位的彰显。详细而论，围绕网络空间的身份认同，雪莉·特克在其《屏幕上的生活：网络时代的身份认同》一书中的研究表明，“虽然有些人在网络空间里不愿意暴露自己的现实生活状况，但是大多数人在数字领地里是为了表现一个更真实的身份，或者多种身份。不管是哪种情况，人们都可以选择自己的性别、性取向和个性”②，进而揭示了MUD用户是如何利用“网籍”来改善他们的现实生活的。曼纽尔·卡斯特在其著作《认同的力量》中集中指

---

① ［美］尼古拉·尼葛洛庞帝：《数字化生存》，胡泳、范海燕译，电子工业出版社2017年版，第179页。

② ［英］戴维·冈特利特主编：《网络研究：数字化时代媒介研究的重新定向》，彭兰等译，新华出版社2004年版，第39页。

出："对大部分个人与社会团体而言，网络社会是以地方和全球的系统的分裂为基础的，而要建立以信任为基础的亲密关系，则需要对认同重新定义，这种认同应具有充分的自主性，完全独立于支配性的制度与组织的网络逻辑。"① 这也诚如美国传播学教授马克·波斯特（Mark Poster）所断言的，互联网似乎成为人际传播的新选择，在现实的社会关系中无法满足或得不到满足的人在互联网上呼朋唤友，按照自我的趣味和要求去选择他者的存在，他者就是自我的延长，是自我同类的复制。

（三）关于数字化生存的研究

网络社会的强势崛起，促使现实世界被数字充斥，文明的传承、信息的传递、能量的交换无不采取数字化形式、借助数字化通道，数字化生存（也称为虚拟生存）俨然成为人类的新型生存方式。围绕数字化生存，美国麻省理工学院媒体实验室主任尼古拉·尼葛洛庞帝在其代表作《数字化生存》一书中从比特和原子的区别出发，富有创造性地指出："今天，媒体实验室已经成为主流，而互联网上的冲浪好手则成了在街头游荡的疯孩子，数字一族的行动已经超越了多媒体，正逐渐创造出一种真正的生活方式，而不仅仅是知识分子的故作姿态。这些网上好手结缘于电脑空间。他们自称为比特族（bitnik）或电脑族（cybraian），他们的社交圈子是整个地球。""我觉得我们的法律就仿佛在甲板上吧嗒吧嗒挣扎的鱼一样。这些垂死挣扎的鱼拼命喘着气，因为数字世界是个截然不同的地方。大多数法律都是为了原子的世界，而不是为比特的世界制定的。我猜对我们而言，法律是一个警示信号。电脑空间的法律中，没有国家法律的容身之处。"② 这些论述充分表明了数字化世界同现实物理世界的显著差异，深刻揭示了数字化生存可能会面

① ［美］曼纽尔·卡斯特：《认同的力量》（第二版），曹荣湘译，社会科学文献出版社2006年版，第46页。

② ［美］尼古拉·尼葛洛庞帝：《数字化生存》，胡泳、范海燕译，电子工业出版社2017年版，第237页。

临的法律及伦理挑战。除此之外，唐·泰普斯科特也在其著作《数字化成长：网络世代的崛起》中对数字化生存问题展开了深入探讨，他认为“网络世代”所反映的就是1999年时2岁至22岁的孩子们，所以不仅仅包括目前正活跃于网际网络空间者，事实上，该世代大部分孩子都还没有接触到网络，却多多少少都已受到网络的影响。这也就是说，网络辐射无孔不入、潜移默化。“网络世代”不仅在利用数字媒体广泛地开展学习和工作，也在积极使用数字媒体进行交往和娱乐，网络化生存将成为他们最典型的生存样态[①]。埃瑟·戴森则在《2.0版：数字化时代的生活设计》一书中预言：“数字化将会在生产者和消费者、政府和公民、大众传媒和接受者之间造成权力平衡的深刻转移。在互联网的下一个20年，我们需要一个‘3.0’版的数字化时代的生活设计。”[②] 威廉·J. 米切尔在《伊托邦：数字时代的城市生活》中明确讲道：“当前正在全球兴起的数字网络是一种能极大改变城市面貌的基础设施。这一全新的基础设施将产生新型的社会关系，以此为基础，一种更加智能化的新型城市将得以创建。”[③] 反观当下，我们正生活在以数字为基础构建起来的巨型城市，在这座城市空间里，到处遍布着虚拟商店、虚拟银行、虚拟图书馆等场所，而广大青年无疑是为数最多的消费群体和消费力量。

当然，数字化生存在给人们创造便利和想象的空间之际，也会给人们造成诸多焦虑和困扰，比如人格错乱、数字异化、数字鸿沟、网络成瘾、网络犯罪、网络霸权等，尤其是对一些未谙世事的青少年来说，他们在享受和利用网络的过程中逐渐异化为“信息崇拜者”或“数字俘虏”，在碎片化世界中慢慢地丧失专注力、思维力、洞察力、反省力乃至道德自律力。尼古拉斯·卡尔对此就曾

---

① ［美］唐·泰普斯科特：《数字化成长：网络世代的崛起》，陈晓开、袁世佩译，东北财经大学出版社2003年版，第4页。

② ［美］埃瑟·戴森：《2.0版：数字化时代的生活设计》，胡泳、范海燕译，海南出版社1998年版，第27页。

③ ［美］威廉·J. 米切尔：《伊托邦：数字时代的城市生活》，吴启迪等译，上海科技教育出版社2005年版，第39页。

毫无保留地指出："互联网精确地释放出某种类型的感官刺激和认知刺激——反复的、高强度的、交互式的、使人上瘾的，这种刺激已经导致大脑神经回路和大脑功能发生了强烈而迅速的改变——即人性的丧失。"同时，美国芝加哥大学教授凯斯·桑斯坦也在其著作《网络共和国：网络社会中的民主问题》中首次谈到网络群体极化的现象，认为网络隐藏、放大并加剧了群体极化效应，在网络和新的传播技术的领域里，志同道合的团体会彼此进行沟通交流，到最后的想法和原先一样，但形式上变得更为极端了。①换言之，如果不能很好地解决网络异化、群体极化等问题，那么它将吞噬掉人们的现在与未来，致使人类社会走向颠覆与毁灭。

综上所述，国外学者对网络进行了大量研究，已有研究成果集中反映了网络的客观规律和发展趋势，充分表明了网络对人的影响及作用。但是，我们也须看到既有研究仍存在不少瑕疵，值得我们进一步深思和探究。概括起来主要有以下几点：一是意识形态属性过于强烈，带有明显的西方"网络强权色彩"；二是多为概括性的质性研究，缺少对青年群体尤其是大学生的量化研究；三是较少从思想政治教育角度分析与总结网络对人们的思想和行为的影响。整体来讲，西方学者的认识成果为本文研究提供了有益借鉴和启迪，我们理应去粗取精、去伪存真，做到批判性吸收和创造性转化。

二、国内研究现状及其述评

同西方学者很早就关注网络相比，国内学者着手网络研究起步较晚，但是事实证明，后来者居上，我国在较短时间内研究队伍出现爆发式增长，研究成果发生裂变式增加，研究模式经历了从单一翻译介绍到多元自主创新的积极转变。认真回顾和系统梳理现有研究成果，为本课题的研究提供了有益借鉴。

---

① ［美］凯斯·桑斯坦：《网络共和国：网络社会中的民主问题》，黄维明译，上海人民出版社2003年版，第47页。

（一）关于网络的介绍性研究

在早期，学术界关于网络的研究具有明显的“西学东渐”特征。也就是说，国内学者主要是通过翻译和推介颇具影响力的西方著作，以达到帮助国人了解及熟知网络的目的。概括而言，早先的既有介绍性研究成果可归纳为两种典型类型，即“元生性成果”和“再生性成果”。

“元生性成果”主要有：20 世纪 80 年代沈昌文翻译出版了阿尔文·托夫勒所著的《第三次浪潮》，让中国读者首次了解到信息革命是继农业革命、工业革命之后的“第三次浪潮”，引起了人们对“计算机的智慧正在以极高的速度到处扩散着……家用计算机的销售量将很快超过电视机。电子邮件系统将取代邮局”的浓厚兴趣。1996 年，海南出版社出版了胡泳、范海燕合译的尼古拉·尼葛洛庞帝著的《数字化生存》，该书成为中国互联网启蒙的经典之作，给中国大众带来了数字化环境下的新生存观，为中国民众勾勒了美好的数字化未来。同年，北京大学出版社翻译出版了比尔·盖茨著的《未来之路》，为读者了解信息高速公路全部面目乃至 21 世纪人类生活面貌提供了良好契机。时隔一年，海南出版社再次重磅推出埃瑟·戴森著的《2.0 版：数字化时代的生活设计》，埃瑟·戴森在书中不仅描述了因特网对商业、管理、教育、社区和个人的影响，还揭示了数字化通信发展所引发的一系列冲突。如果我们想使世界变得更加美好，就必须紧追因特网。1998 年，河北大学出版社精心策划出版了关于计算机文化的系列丛书，如《皇帝的虚衣：因特网文化实情》《赛博族状态：因特网的文化、政治、经济》《混乱的连线：因特网上的冲突与秩序》等。时间的年轮跨入 2000 年以后，国内学者仍在继续引入西方学者关于网络的著作，其中耳熟能详的就有社会科学文献出版社持续推出的曼纽尔·卡斯特所著的“信息时代三部曲”，即《网络社会的崛起》《认同的力量》《千年终结》；凯斯·桑斯坦著的《网络共和国：网络社会中的民主问题》；马歇尔·麦克卢汉著的《理解媒介：论人的延伸》。

“再生性成果”主要有：1997 年，海南出版社出版了胡泳、范海燕合著的《网络为王》，该书成为中国第一部原创（非译著）研究互联网文化的作品，为人们了解和熟知互联网络提供了全新视野。同年，中国城市出版社出版了乔岗编著的《网络化生存》，乔岗说，“这是一个高度兴奋、强刺激性、玩心跳的时代，我们正处于网络革命的漩涡中心”。1997 年至 1998 年，中国人民大学出版社持续推出了《21 世纪网络生存术》《孤独的狂欢：数字时代的交往》等网络文化系列丛书；北京出版社连续出版了《透视网络时代》等系列丛书。除此之外，再生性成果还包括了王逢振著的《网络幽灵》、叶琼丰著的《时空隧道：网络时代话传播》、郭良著的《网络创世纪》、周寰著的《点击网络文明》、张明仓著的《虚拟实践论》以及赵大伟著的《互联网思维独孤九剑》，等等。总而言之，学者们的研究很大程度上填补了人们在互联网方面的认识空白，拓宽了我们的研究视野，缩小了国内在认识论方面存在的差距和不足。这群“先行者”不仅为推广普及互联网络作出了巨大贡献，也为后来的研究奠定了坚实基础。

（二）关于网络的多学科研究

一石激起千层浪，自从国内少数学者以敏锐的学术嗅觉着手网络研究后，其他学者纷纷跟进，相继从传播学、政治学、伦理学、社会学、文化学、军事学、教育学、经济学等专业视角展开了对网络的多学科研究，论文、专著、调研报告等大量涌现，呈现爆炸式增长态势。

其一，结合网络高度聚焦传播学研究。比如，匡文波著的《网络传播学概论》（2001 年），成为国内最早进行网络传播研究的专著之一；彭兰著的《网络传播学》（2009 年），对网络传播的技术基础、关键渠道、基本形态、典型形式、受众特征等进行了全面介绍。此外，还有雷跃捷、辛欣主编的《网络传播概论》（2010 年），申凡等著的《网络传播心理学》（2013 年），金兼斌著的《电子报纸与网络传播》（1998 年），陈力丹著的《论网络传播的自由与控制》（1999 年），隋岩等著的《论群体传播时代的莅临》

（2012年）。

其二，结合网络高度聚焦伦理学研究。具有代表性的著作或论文包括宋吉鑫著的《网络伦理学研究》（2012年），周兴生著的《青年网络伦理》（2013年），李伦著的《国家治理与网络伦理》（2018年）；陆俊等著的《国外网络伦理问题研究综述》（1997年），戴黍著的《网络伦理：现状与前景》（1998年），周春燕著的《再论网络伦理的本土资源与全球性道德共识》（2008年），赵丽涛著的《网络空间治理的伦理秩序建构》（2018年）。

其三，结合网络高度聚焦政治学研究。例如，刘文富著的《网络政治：网络社会与国家治理》（2002年），李斌著的《网络政治学导论》（2006年），高桂云著的《公众网络政治参与的引导与规范研究》（2014年），蔡翠红著的《网络时代的政治发展研究》（2015年），房正宏著的《网络政治参与与意识形态安全》（2017年），罗迪著的《青年网络政治参与与政治稳定》（2007年），余艳红著的《全媒体时代的网络政治生态建设：问题及对策》（2019年）。

其四，结合网络着力聚焦文化学研究。较为知名的研究成果有陆俊著的《重建巴比塔：文化视野中的网络》（1999年），李河著的《得乐园·失乐园：网络与文明的传说》（1997年），李钢和王旭辉合著的《网络文化》（2005年），刘同舫著的《网络文化的精神实质》（2006年），陶侃著的《我们都是网中人——网络文化与人的发展》（2013年），郑元景著的《中国网络文化软实力研究》（2016年），曾静平著的《网络文化学》（2019年）。

其五，结合网络高度聚焦教育学研究。在理论研究上，具有代表性的学术成果有刘清堂著的《网络教育资源设计与开发》（2009年），王竹立著的《碎片与重构：互联网思维重塑大教育》（2015年），邵云飞等著的《互联网+教育：大学生研究性学习能力的理论与实践探索》（2016年）。在实践操作上，有国家精品课程在线学习平台"中国大学MOOC"（慕课）、在线教学平台"腾讯课堂"和清华大学联合"学堂在线"共同推出的"雨课堂"等。

格外值得注意的是，网络思想政治教育也逐渐成为学界的研究热点，众多学者纷纷从思想政治教育学科出发探讨了网络对人的世界观、人生观和价值观的影响，这在很大程度上厘清了如何利用网络促进人的自由全面发展。这方面的代表性力作有：谢海光主编的《互联网与思想政治工作概论》（2000 年），提出“互联网已经成为思想政治工作的一个新的主要阵地，国内外的敌对势力正竭力利用它同我们党和政府争夺群体、争夺青年。面对网络带来的人际关系疏离、黄色风暴席卷、文化冲突加剧、经济犯罪激增、数据鸿沟拓宽、信息焦虑变深等问题，亟待坚持马克思主义的基本立场、观点和方法，亟待用马克思主义指引网络发展、引领育人工作”；中共北京市委教育工作委员会编的《互联网对高校师生的影响及对策研究》（2002 年），书中认为必须深入分析互联网对高校师生的具体影响，全面总结高校应对网络冲击特别是消极影响的经验以及工作中存在的问题，以便及时化网络冲击为前进动力。此外，还有宋元林著的《网络时代大学生思想政治教育导论》（2002 年），杨立英著的《网络思想政治教育论》（2003 年），韦吉峰著的《网络思想政治教育研究》（2005 年），李高海著的《大学生网络思想政治教育研究》（2008 年），张再兴等著的《网络思想政治教育研究》（2009 年），吴满意等著的《网络思想政治教育生态系统研究》（2019 年），骆郁廷等著的《网络空间大学生思想活动的多变性及其引导》（2019 年），等等。

（三）关于网络对大学生思想的影响

1. 网络对大学生认知的影响

网络对大学生的影响主要表现在网络环境、网络文化、网络信息等对大学生的认知方式、认知特点和认知发展等方面的影响。

陈希在《网络对当代大学生自我认知的影响及对策研究》一文中对网络影响当代大学生自我认知的现状及其因素进行了具体的分析，并得出结论：“上网频率和上网时长在网络影响当代大学生自我认知的过程中起着促进作用，上网频率、上网时长的变化通过对大脑认知功能的影响从而直接影响自我认知，上网频率、上网时长通过内外因素的相互作用从而间接影响自我认知”；“大多数学生对自我行为、活动和态度的调节、控制和监督能力强，对待自我的态度上倾向于追求自我完善，网络对自我意志方面的影响，其积极影响大于消极影响”；在“网络创造出的虚拟的社会环境和文化环境中，当代大学生选择和扮演着不同的角色，塑造自我不同的形象，使自我在现实和虚拟中不断转换，从而影响和改变着对自我的看法和认识”。① 从总体上看，网络对当代大学生自我认知的积极影响大于消极影响。消极影响及其具体原因在于大学生过度摄取网络信息，会加重大脑处理信息的负担；上网频率升高或上网时间延长，在过度摄取网络信息的同时，会增加产生负面情绪的可能性；影响记忆对信息的编码、存储和提取，进而影响大学生认知能力；会对身体状况带来影响，可能导致疲劳、失眠、神经衰弱以及各种疾病发生，身体状况会影响情绪的变化，也会影响记忆。

钱梦缘在《网络环境对当代大学生高级认知过程的负效应及对策研究》② 中则对网络环境对思维的负效应、网络环境对想象力的负效应着重进行了研究。他认为，网络环境对思维的负效应表现在一般问题解决和创造性问题解决两方面。一般问题解决的四阶段理论即问题提出和表征，制订计划、寻求解答，执行计划、尝试解答，评价检验，以此为展开维度：由于大学生对网络中的学习资源价值认识不充分，加上技术局限性和个体经验的差异，使问题的提出和表征的有效性受到限制；网络环境下学生的自主学习、规划能力相对薄弱，影响了计划的有效制订和实施；在网络这个虚拟的空间中，来自外部的评价往往失去其客观性和公平性，而来自学习者自身的评价也相对缺失。创造性问题解决也以四阶段理论即准备期、酝酿期、豁朗期、

① 陈希：《网络对当代大学生自我认知的影响及对策研究》，硕士学位论文，成都理工大学，2012 年。

② 钱梦缘：《网络环境对当代大学生高级认知过程的负效应及对策研究》，硕士学位论文，南京邮电大学，2010 年。

验证期为维度展开：网络中答案式呈现的知识排挤了大学生隐性能力的培养，纷至沓来的信息干扰其有序思维的产生，网络环境下大学生甘为其役的心态阻碍了灵感的实现，不健全的选择机制影响了大学生对创造性产品的有效筛选。网络环境对想象力的负效应表现在获取表象、储备表象、提取表象、改造表象四个方面：网络环境改变了大学生的传统阅读方式，信息获取的图像化、粗糙化直接影响所获表象的质量；网络中，大学生对表象存储及后期加工具有依赖性和懒惰性，所得表象无法及时得到有效记忆和形成理解升华；在网络学习交流中，大学生更多地以信息获取为目的，学习呈现个人化特征，影响表象提取的活跃性和有效性；网络技术在为大学生的想象提供技术保障的同时，其技术水平也成为束缚想象力的一个外在桎梏。

宋军平在《数字阅读对大学生认知发展的影响研究》① 中对互联网背景下数字阅读对大学生认知发展的影响进行研究，得出了数字阅读对大学生认知发展既有促进作用也有抑制作用的结论。促进作用表现在：数字阅读的阅读内容信息量大，资源丰富；超级链接便于搜索；以电子设备为载体便于携带，随时随地都可以进行阅读。抑制作用为：数字线上阅读以浏览网页为主，记忆不深刻，记忆力减退；在浏览网页时会弹出广告、游戏等内容使得大学生在进行阅读时注意力不集中，容易分心；长时间进行数字阅读对眼睛不好，视力容易下降，容易产生身心疲劳；与同伴面对面交流减少，并且减少了与外界接触的机会；遇到问题不加思考，直接用搜索引擎进行查找，思维在一定程度上受到禁锢；数字和资料的丰富导致认知负荷。该文从数字阅读的内容、设备、环境三方面分析了数字阅读对大学生认知发展的影响。

杨志坚在《大学生网络心理问题及其成因分析研究》② 中认为，网络会导致认知冲突与思维障碍，具体表现在浏览信息数量增多，接触媒体种类减

---

① 宋军平：《数字阅读对大学生认知发展的影响研究》，硕士学位论文，河南师范大学，2015 年。

② 杨志坚：《大学生网络心理问题及其成因分析研究》，硕士学位论文，西北工业大学，2004 年。

少；浏览信息速度升高，消化内容程度降低；浏览信息时间增加，感受信息程度递减；浏览信息内容复杂，思维活动受到影响。此外，网上匿名行为导致大学生认知不协调，心理学家玛丽莎·哈兹·奥萨克曾说："孤独的匿名者在聊天室里不需要对其他匿名者承担任何责任，而真正的人际关系是要承担责任的。"①

几篇论文各有千秋，研究角度较新颖、研究内容较翔实，但研究方法上还存在着一些问题，如问卷调查取样范围有限、个别问题不具有普适性、定性分析与定量分析结合不紧密等。希望在以后的研究中能够扩大取样范围、完善问卷内容与结构、定量分析与定性分析相结合，更加全面地研究及论述网络对大学生认知的影响。

2. 网络对大学生情感的影响

网络对大学生情感的影响最突出的表现就是"网恋"。卢敏在《大学生网恋问题及其教育对策研究》② 中认为，网络是一把双刃剑，网恋亦是如此。网恋对大学生交往安全意识有影响，有的学生从网络中学会了自我判断，增长了安全意识，但有的学生因为没有起码的安全意识，遭遇了不幸；网恋对大学生人际交往能力有影响，其积极影响大于负面影响。网恋这种纯粹的精神交流、沟通有助于缓解大学生的心理压力。当他们受到方方面面的刺激产生不良情绪时，比如学习、竞争的压力，心理学所倡导的做法是适度、适时地转移、倾诉和宣泄，而网络的隐匿性、开放性、便捷性恰恰提供了这样一个机会，利于他们的心理健康发展，与此同时也容易使得部分学生产生避世、放纵的不良心理。

马云在《我国当代大学生网恋问题的探析》③ 中认为，网恋对大学生情感的影响在于满足了大学生内在情感的合理需求，迎合了当代大学生追求新奇体验的心理渴望，一定程度上弥补了现代年轻人人性发展的弱点；但是网

① 俞良权：《网络行为道德失范探析》，《中国保险管理干部学院学报》2003 年第 1 期。
② 卢敏：《大学生网恋问题及其教育对策研究》，硕士学位论文，东北师范大学，2006 年。
③ 马云：《我国当代大学生网恋问题的探析》，硕士学位论文，湖南师范大学，2008 年。

恋也会引发大学生情感心理危机，滋生畸形恋爱情感，加深道德扭曲和情感异化。究其原因，不外乎网络本身的虚拟性特性为当代大学生网恋提供了客观的外在条件；网络的距离容易产生美感，从而掩盖了真实的缺点；网络交往的人性化处理为当代大学生网恋提供了可行性的内在依据；科技时代的广泛影响为当代大学生网恋提供了可靠的物质条件。

不过还需要从国际化角度对网恋进行分析，甚至还可以对网络在异地恋中的影响进行探究分析，更加全面地把握网络对大学生情感的影响。

3. 网络对大学生思维的影响

雷林果在《网络环境下大学生思维方式研究》① 一文中探讨了网络环境对大学生思维方式的影响。他认为，在网络环境的大背景下，人们的思维方式必然会经过从量变到质变的过程，从而对具有一维性、单向性、直线性、平面性等特点的传统思维方式造成颠覆。网络对大学生思维方式的影响的具体表现分为两个方面。从积极影响来看：第一，网络能够起到创新大学生思维方式的作用，网络流行语能加快交流速度，便于简洁地表达情感，网络流行语可激发大学生创新意识和体现主体价值观，网络流行语增加了语言表达的趣味性。第二，网络环境可以使大学生思维方式多维化，使大学生在认识事物或考虑问题时能够注意到事物或问题的多样化、多面性、多层次、多角度，进而对思维对象进行全局性和综合性的把握。例如在网络时代，网络信息以电脑为载体，突破了时间和空间的限制，大学生在写作或者阅读信息时，可以在文本、文档的任何地方，增加或补充新的思想内容，删除多余的材料，并且还可以调换文章或信息的先后顺序，进行自由的组合，这就体现了大学生思维的随意跳跃和思维的多维性。第三，网络环境有利于开放大学生的思维，全球网络主体在网上建构了一个“世界网络共同体”，这一共同体没有国籍、性别、身份等社会性的限制，他们之间可以自由地交流政治、经济、文化、娱乐信息。网络对大学生思维方式的消极影响则表现为：其一

① 雷林果：《网络环境下大学生思维方式研究》，硕士学位论文，暨南大学，2014 年。

是思维方式的盲从性。网络信息冗杂易使大学生丧失创新能力和独立思考能力；大学生思想尚未成熟，他们追求时尚、前沿、个性张扬，急于模仿社会上正在流行的生活方式、行为方式和思维方式，以此获得社会认同；对于网络事件的认识、态度、观点等往往一味地跟风随大溜，更多的是"支持楼主""赞""顶"等，缺乏自己的理性思考和判断。其二是思维方式的碎片化。信息经过网络编辑的"碎片化"+"集纳化"处理，实现了高点击率、高关注度，但是易导致大学生思维碎片化、片面化。其三是思维方式的空洞性。虚拟现实技术在给我们带来许多福利的同时，也造成人类在电子虚空中精神可能脱离肉体的一种状态。在网络虚拟的世界里，大学生可以通过QQ、微信、微博等与别人进行聊天交流，一些大学生花费大量的时间在网络上，很少有时间与自己的亲人、朋友、同学面对面的交流，并且逐渐脱离自己的现实交际圈。一旦没有网络，他们就会觉得精神萎靡、无所事事，就像吸食了鸦片一样深陷其中、无法自拔，并且逐渐丧失了自己的主体性和独立性，甚至最终被网络所控制、被网络所"异化"。其四是思维方式的依赖性。具体表现为离开网络，人就会进入"食不知味，夜不能寐"的状态，进而会导致行动效率低下。例如，大学生经常在网上下载文档、拼贴文字等，过分依赖"机器思维"，离开这些就无法做出自己的东西了。

李志红在《网络与人的思维方式变革》一文中指出，网络技术的广泛应用，不仅对人类的生活方式产生了巨大的影响，而且也影响着人类的思维方式。网络使人类的思维方式有了新的拓展，思维方式具有系统性、整体性、开放性、精确性、创造性等特征，并使认识活动出现了数字化、模型化、形式化的趋势。

张锋在《网络时代与人的思维方式变迁》一文中指出，网络新技术的产生推动了人类社会生产力的巨大发展，促进了人们物质生活水平的显著提高。网络已经渐渐成为人们生活的一部分，网络以其开放性、交互性、平行性、全球性、多元性、自由性、共享性、平等性的特点，对人们的生存方式、生活方式、思维方式产生了巨大的影响。

高伟在《网络对当代大学生思维方式的影响及对策》一文中指出，随着信息、技术的迅猛发展，网络已深入社会生活的各个层面。网络对受众产生了广泛而深刻的影响。大学生作为特殊的、重要的受众群体，其生活情境、学习模式及交流手段等传统意义上的一般行为随之发生了前所未有的改变。尤为重要的是，网络以其虚拟、开放和自由的特质正在引起当代大学生思维方式的嬗变。充分发挥和利用网络的制导机能，对大学生施以积极的影响，是做好思想教育引导的有效对策。

林雄伟在《网络时代大学生思维方式新特点的挑战及对策思考》一文中指出，网络时代大学生思维方式的新特点是从求知性思维向求解性思维转变、从单一性向合成性转变、从群体性向高度个性化的转变。这些新特点给高校思想政治工作带来的挑战有：大学生思维的求解性要求思想政治工作者必须具有高度的求解性思维，大学生思维的合成性要求思想政治工作者必须具备更强的思想政治教育能力，大学生思维的个性化增加了思想政治教育的难度。该文同时对网络时代大学生思想政治教育工作的创新与对策提出了看法。

龙驰在《网络背景下大学生思维风格现状研究》一文中运用文献研究法、归纳延伸法，认为网络对大学生思维风格有影响，他首先界定了思维风格的内涵、特点和类型，经过问卷调查和数据分析，得出了在网络背景下大学生思维风格中执法型、等级型、无政府型、外向型较多，而审判型和专制型偏少的结论。又对网络背景下大学生的思维风格进行差异性比较，从男女、专业（理科、工科、文科）、年级、高校性质、使用网络的频率等进行比较，分析了大学生思维风格在网络背景下的发展趋势，认为网络对大学生思维风格的影响非常显著。其消极影响在于网络异化了大学生，动摇了人类思维的主体性地位；网络信息的扁平化导致大学生思维风格的局部性①突

① 该文根据人们的自我管理形式将思维风格的水平层次划分为全局型和局部性两种。全局型的人喜欢处理相对比较宏观和抽象的问题，但是会忽视或讨厌注重细节的工作或问题。局部性的人喜欢注重细节和事实的具体问题，在决策和判断中会重视情境中的各种具体因素，却难以将具体因素系统化为结构性因素，出现“只见树木不见森林”的局面。

出；网络使大学生思维风格产生趋同危机。究其原因在于网络超越了传统时空维度的界限，拓宽了大学生认识活动、实践活动的角度。

思维是对事物的间接反映，它通过其他媒介作用认识客观事物，以及借助已有的知识和经验、已知的条件推测未知的事物。思维的概括性表现在它对一类事物非本质属性的摒弃和对其共同本质特征的反映，是认识过程的高级阶段。网络对思维的影响基本上是用定性方式来确定，很难用定量的方法进行测量计算，但以上几篇论文都从定量的角度科学分析了网络对大学生思维的影响，研究深入透彻但还存在着一些不足，如问卷调查的范围不够大、对网络对思维影响的例证不够翔实具体、具有片面性。

4. 网络对大学生人格的影响

王瑶在《社交网络对大学生人格发展影响研究》一文中认为，社交网络对大学生人格的积极影响在于活跃大学生思维、提高大学生自我意识和自我价值感、增强大学生的参与意识和责任感、拓展大学生情绪宣泄渠道、改善大学生人际交往状况；消极影响在于易致认知混乱与偏差、疏离现实交往状态、意志受损、行为失范。造成消极影响的原因在于社交网络自身的弊端、缺乏适当的社交网络监管，具体表现在网络监管法律体系不完善、监管技术落后、监管机构各自为政等方面。①

王舜认为，以微博为代表的社交网络有利于规范大学生的行为、创建和谐的师生关系②。曾军顺指出，微博为大学生交流思想、开阔视野、记录生活、宣泄情绪、表达自我、娱乐心情提供了新的途径和平台③。梁世敏、孙理和张丽伟指出，社交网络用户群体的相似性和相对真实性有助于营造较为纯净的道德养成环境，并为大学生展示个性提供平台④。吴勇认为，社交网

---

① 王瑶：《社交网络对大学生人格发展影响研究》，硕士学位论文，青岛大学，2014 年。

② 王舜：《浅析微博在大学生思想政治教育工作中的作用》，《才智》2011 年第 18 期。

③ 曾军顺：《微博对大学生的影响及思想政治教育对策》，《教育理论研究》2011 年第 2 期。

④ 梁世敏、孙理、张丽伟：《基于校园 SNS 网络的大学生思想教育初探》，《长春工程学院学报（社会科学版）》2009 年第 10 期。

络信息海量化，易致大学生认知偏差；舆论主体多元化，增加了思想引导难度①。阚道远指出，社交网络使信息辨别更为复杂、意识形态整合受限、社会舆情管控成为难题②。单良认为，大学生沉迷社交网络降低了学习兴趣，不利于思想健康，导致“三观”偏差，淡化了现实交往意识③。宋朝程在《网络异化对大学生思想行为的影响及对策研究》中指出了“网络异化”现象。他认为，人们创造了网络，本应由人控制、造福于人，却由于受到各种因素的干扰，网络反客为主成为人类的异己力量，人不仅会变得像机器一样冷漠，而且机器还可以成为控制人、统治人和支配人的力量。④

5. 网络对大学生“三观”的影响

李芳在《网络信息对大学生思想影响的现状及对策研究》⑤ 一文中分析了网络信息对大学生世界观和人生观方面的负面影响。西方国家利用网络在全世界推广其价值观念、意识形态和政治经济模式。大学生社会经历和阅历尚浅，判断和鉴别能力也受知识和经验的限制，对网络信息的选择与处理就会带有一定的盲目性。一旦淹没在杂乱无章的网络信息之中，他们往往很难分清信息的对错、是非、真假，不知道利用对自己成长有用的信息并警惕和抵御不良信息。通过网络，西方一些别有用心的国家向我国渗透个人主义、享乐主义、拜金主义以及所谓“自由”“平等”“博爱”的“普世价值论”，这些形形色色的价值观念，影响着大学生的人生价值选择、价值判断和价值创造，使大学生的人生价值取向面临“多元价值”的腐蚀。部分大学生把“挣很多钱”“当官发财”作为人生幸福的标准，把奢侈享乐作为人生追求

① 吴勇：《微博：大学生思想政治教育的新载体》，《广西社会科学》2011 年第 8 期。

② 阚道远：《微博兴起视野下的思想政治工作》，《思想政治工作研究》2010 年第 4 期。

③ 单良：《社交网络对大学生思想的影响及对策研究》，硕士学位论文，东北农业大学，2012 年。

④ 宋朝程：《网络异化对大学生思想行为的影响及对策研究》，硕士学位论文，青岛大学，2014 年。

⑤ 李芳：《网络信息对大学生思想影响的现状及对策研究》，硕士学位论文，西南大学，2013 年。

的最大目标；部分大学生重物质利益、轻无私奉献，重金钱实惠、轻理想追求，重等价交换而不愿意奉献爱心。同时，李芳认为，西方国家凭借其主导全球的信息传播体系及其在网络上的优势向其他国家进行文化渗透，利用网络宣扬自身主张，更企图将其意识形态强加于他人，这就会对大学生的价值观产生渐进式的削弱。如果大学生缺乏相应的判断能力，特别是对其他国家以及地区文化只有比较片面的认识，就会显得被动，易被一些不符合社会发展规律的思想蒙蔽双眼，甚至颠倒黑白、混淆是非。一些大学生会对本民族的文化和价值观产生怀疑，而对西方价值观产生亲近感并且认同西方的价值观。同时，网络信息传播接受的自主性使大学生突出地感到自我的存在，甚至认为自己可以把控许多事物，从而认为自己就是法则。这导致一些大学生"自我中心"的思想日益严重，个人主义不断膨胀，影响了正确的价值取向。总之，大学生的价值观在网络信息的冲击下越来越趋向个性化、多样化，整个社会的价值观念也很难保持统一。

鞠晓天在《网络文化对大学生价值观的冲击与调适》① 一文中探讨了网络文化对大学生价值观的双重影响。其积极影响具体表现在：以交互性、多元性及开放性为特征的网络文化能够培养大学生的主体意识；先进的网络文化能够促进人的生命化、文明化，所以网络文化可以提高大学生价值创新意识；QQ、微信、微博、各种 BBS 等网络社交软件，扩大了大学生交友辐射范围，能够开阔大学生的认知价值视域。其消极影响在于道德意识趋向弱化、价值取向趋向多元化、人际情感趋向疏离化、主体精神取向迷失化四个方面。在网络匿名性的影响下，大学生可能会对自己放松要求或轻视网络伦理道德的践行，网络诚信问题也日益凸显；网络文化无边界性易导致非主流价值观横行；虚拟空间的沉溺减少了大学生在现实空间的人际交往，人际情感易趋向于冷漠、疏离，导致"交往异化"；在现实生活中，面对各方面的

① 鞠晓天：《网络文化对大学生价值观的冲击与调适》，硕士学位论文，大连海事大学，2013 年。

压力大学生往往在网络上寻找出口，在网络聊天、购物、游戏、娱乐中找到现实生活中所无法满足的“乐趣”，严重的话还可能染上“网瘾”，情绪低落、思维迟钝。近年来，大学生由网络的“主人”迷失为网络的“奴隶”，甚至导致学业荒废、道德失范乃至违法犯罪的例子屡见不鲜。

6. 网络对大学生道德的影响

关于网络对大学生思想道德的影响研究较多，其中网络信息对大学生思想道德的影响最具有代表性，网络信息中伪科学与迷信信息、暴力信息、网络淫秽色情信息、错误信息等对大学生道德的影响最具有危害性。

郝文清在《大学生网络心理健康研究》① 中认为，网络对大学生的认知、情感和人际关系都会产生积极和消极的影响。在认知、情感方面，网络的积极影响在于网络有助于大学生拓宽认知边界、提高综合素质；网络极大地拓展了大学生情感交流的空间，对于大学生情绪情感的完善、发展、丰富有着积极的意义，网络匿名性的特点可以帮助大学生释放心中的不良情绪，缓解心理压力，维护心理健康。其消极影响在于长时间接触网络会导致大学生降低感知能力、信息消化不良、过度依赖信息技术；处于高峰体验情感阶段的大学生难以体验与感受面对面交流的情感色彩，在现实中得不到表达而去追求网络空间中情感的刺激，极易引起冲突。网络人际交往有利于新型代际关系的建立，但是也会产生消极的影响，比如，网上不良信息会导致大学生人生观、价值观、道德观的扭曲；网络人际交往的安全性容易导致大学生人际交往的简单化和片面化；网络交往的匿名性也容易导致大学生产生攻击性心理和欲望；网上的色情信息容易诱导性犯罪。

李芳在《网络信息对大学生思想影响的现状及对策研究》② 中提出了网络致使大学生道德弱化的负面影响，例如，在校园网的帖子中，发布虚假信息欺骗他人；恶意谩骂和人身攻击，造谣败坏他人名誉；个别学生利用在线

---

① 郝文清：《大学生网络心理健康研究》，硕士学位论文，河海大学，2003 年。

② 李芳：《网络信息对大学生思想影响的现状及对策研究》，硕士学位论文，西南大学，2013 年。

视频技术进行低级趣味甚至色情活动；有的大学生利用网络对他人进行欺诈，从而获取不义之财；甚至还有的大学生掌握着网络和计算机技术，却成为网络黑客，对网络安全构成威胁。他们在网络社会中降低了对自己的要求，执行着与现实社会不同的双重道德标准。

刘晨在《网络色情对大学生思想道德的影响及对策》① 一文中分析了由于大学生成长环境单一经不住诱惑、自主意识较强、崇尚独立、容易接纳新思想、生理发育成熟且对异性渴望，网络色情信息虽然在一定程度上成为大学生接受性教育的渠道，但对其心理健康方面有着极大的负面影响。网络色情为了吸引浏览者，赚取利益，其内容往往充满了一些不健康的甚至是变态、乱伦、暴力性行为的描述。这些信息极大地影响了大学生正确的性观念、性道德、家庭伦理道德以及社会责任感的确立，往往使得他们把暴力、变态的性行为当作正常的性行为，使其身心健康受到更为严重的影响。沉溺于虚拟世界还有可能造成虚拟与现实的混淆、错位，现实与想象不分，丧失最基本的事实和道德判断能力，甚至把虚拟的一切照搬到现实生活中，表现出对他人的不负责任、为所欲为。这在无形中令沉溺于其中的学生正义感退化、道德滑坡，甚至走向犯罪道路。

庞晓冬在《伪科学、迷信网络传播状况及对策》② 中则阐明了伪科学与迷信信息对大学生思想道德的影响。随着互联网的发展，在信息化的今天，封建迷信的传播呈现着新的特点，表现为打着科学探索、科学研究、弘扬传统文化的旗号对大学生产生不良影响。近年来，网络上许多算命、风水、八字、解梦、灵异现象、特异功能、属相研究、笔仙、占星术、灵修、世界末日、心灵感应、超自然能力等为主题的网上店铺和迷信信息在大学生中日渐流行。一些大学生越来越成为迷信与伪科学网络信息传播的主要受害者，甚至造成个别因迷信而自杀的惨剧，严重危害大学生的身心

① 刘晨：《网络色情对大学生思想道德的影响及对策》，《民办教育研究》2010 年第 7 期。

② 庞晓冬：《伪科学、迷信网络传播状况及对策》，《科普研究》2015 年第 6 期。

健康。除了广大青少年天然的逆反心理，网络作为传播介质的负面影响更是罪魁祸首。

杨志坚在《大学生网络心理问题及其成因分析研究》① 中认为，网络会引起人格冲突与障碍，具体表现为持续性的人格偏离常态、网络世界易造成角色混乱、网络沉溺带来的人格障碍、网络虚拟世界中的道德失范等。网络会导致大学生网上人际交往中的心理问题增多，具体表现为：自我封闭，人际交往受阻；网络孤独，交往心理变异；人际情感的疏远和缺损。深究其原因，杨志坚认为，网络特性与大学生的心理特质相契合，具体表现在网络传播信息的高速性符合当代大学生追求时效化的个性，网络的自由性符合大学生强烈追求个性的心理，上网的时尚性符合大学生的追求心理，网络交往的隐蔽性、广泛性符合大学生渴望真情又怀疑真情的心理特点。

关于网络信息的研究还远远落后于网络科技技术的发展与普及速度，随着大学生受到的网络教育不断深化、网络应用技术以及开发技术不断在高等院校普及，这些网络信息对大学生思想道德等的影响会更加广泛与复杂，特别是一些网络的灰色地带会使负面信息如毒品、交易、欺诈等层出不穷地暴露在大学生面前，对大学生的思想产生负面影响。

综上所述，学界关于网络对大学生认知、情感、思维、人格、“三观”和道德等思想方面的影响的研究内容丰富，成果较多，对于本课题的研究大有裨益。如何消解网络在大学生认知、情感、意志、思维等方面的负面影响，目前尚缺少有效的措施。可以预见，随着计算机和通信技术的迅猛发展，网络对大学生思想的影响会更加深刻，也更为彻底；同时，科学技术也必将能够提供更加科学先进的方法帮助我们去认识和量化网络对大学生认知、情感、意志、思维等方面的影响。

---

① 杨志坚：《大学生网络心理问题及其成因分析研究》，硕士学位论文，西北工业大学，2004 年。

（四）关于网络对大学生行为的影响

1. 网络对大学生学习行为的影响

网络的快速发展，对大学生的学习生活产生了重要影响。从总体来说，网络学习行为对大学生是有利有弊的。笔者在 CNKI 的高级查询中找到的关于大学生网络学习行为影响的文章只有 46 篇，其中相关性较强的有以下几篇。

辛桂京、赵丛楠在《网络时代的到来对大学生学习生活的影响》中分析了网络对于大学生学习行为的积极影响和消极影响。积极影响首先表现为网络内容的多样性，其次就是获取知识的便捷性，最后是为大学生提供了更多的就业机遇。消极影响就是网络破坏了大学生独立思考能力和文字能力，并且网络的虚拟性拉远了人的距离，对于自控能力较差的学生来说网络学习行为并非是一种好的学习方式。①

张新贤在《大学生网络学习行为研究》中认为，大学生的网络学习行为是一种无序学习，学习的内容和方式随机性较强；大学生的信息素养还不能完全适应网络学习的需要，大学生关于网络知识的学习技能并没有得到专业的训练，对有效信息的筛选仍然停留在最初阶段；教师在网络学习中的主体性不强，网络使学习主体和客体角色扁平化，大学生在利用网络学习时，缺乏教师的正确指导，导致对于专业知识的学习资源理解程度不深。面对这些问题，该文提出了强化学习动机、加强教师主体地位和加强信息资源建设等建议。②

郭倩云在《大学生网络学习行为研究》中认为，大学生网络学习行为在推动学习方式向前发展的同时存在着一定的问题，大学生在使用网络进行学习的过程中容易对网络形成依赖性、大学生的信息素养不高、自控能力和

---

① 辛桂京、赵丛楠：《网络时代的到来对大学生学习生活的影响》，《潍坊学院学报》2017 年第 2 期。

② 张新贤：《大学生网络学习行为研究》，《考试周刊》2007 年第 31 期。

时间管理能力较低以及对大学生接受在线教学时的指导和监督不足等问题的存在，导致大学生网络学习效率并没有达到预想的结果。①

吴伟伟在《网络环境下大学生自主学习：问题及对策》中认为，网络环境下大学生自主学习行为存在的主要问题是大学生缺乏自主学习的意识、学习资源利用低下，缺乏信息素养，网络信息资源缺乏管理这三个方面。②

田佳、乜勇在《大学生网络问题学习行为探究》中主要针对大学生网络学习所存在的问题进行探究，认为大学生网络学习行为存在着一些问题，如缺失网络学习行为，随机性网络学习和不当网络学习等。该文从学者、教师和环境出发探析了这些问题存在的原因并提出了相关策略。③

2. 网络对大学生社会交往行为的影响

随着“互联网+”时代的出现和发展，人们的日常生活行为发生了翻天覆地的变化，传统的社会结构、社会行动和社会分层在网络的影响下开始改变原有形态，向着难以预测的方向发展。网络改变了当代大学生的社会交往方式，使网络社交成为大学生网络生活的主要组成部分。关于大学生网络行为的影响的论文，在 CNKI 的常规查询以“网络对大学生社交方式的影响”为标题的相关文献有 107 篇，以“大学生网络社交的影响”为标题的相关文献有 79 篇，在高级检索中，2000—2018 年在核心期刊发表的关于大学生网络社交的影响的文献有 58 篇，其中相关性较强的文献有 16 篇。这些文献主要是网络社交对大学生人际交往的影响，关于大学生网络社交的影响主要有以下观点。

张冬瑾、陈垚在《浅谈网络社交对大学生人际交往的影响》中，指出了网络社交对大学生人际交往的积极影响和消极影响。积极影响是网络社交不仅可以拓宽大学生的交往范围和交流话题范围，而且缓解了大学生垂直交往产生的隔阂和现实交往的障碍，激发了大学生的创造性。消极影响主要是

① 郭倩云：《大学生网络学习行为研究》，硕士学位论文，武汉工程大学，2016 年。
② 吴伟伟：《网络环境下大学生自主学习：问题及对策》，《学理论》2010 年第 16 期。
③ 田佳、乜勇：《大学生网络问题学习行为探究》，《数字教育》2016 年第 2 期。

网络社交加深了大学生对网络的依赖性，对实际交往能力有所削弱，并且会产生在现实生活中的信任危机，网络社交的匿名性和虚拟性容易造成角色混乱。对于网络社交对大学生人际交往所产生的问题主要从学生、学校和相关部门着手进行解决。①

叶海燕在《网络社交工具对当代大学生影响》中，从积极影响和消极影响两个方面对网络社交对大学生的影响进行了分析。积极影响是网络社交工具扩展了大学生的朋友圈、缩减了大学生的社交成本及对于压力较大的大学生来说是一种缓解心理压力的方式；消极影响即对网络形成依赖和对现实的社交关系形成信任危机，阻碍了现实社交关系的形成和发展。②

尹国欣在《网络社交媒体对大学生流行文化的影响与思考》中指出网络社交会造成大学生网络成瘾的现状，并且对当代大学生的心理健康状态造成影响，网络依赖对大学生的心理健康会造成更多的负面影响。③

刘玉仙、赵金蕾在《社交网络对大学生心理健康的影响及对策研究》中着重研究了社交网络对大学生心理健康产生的影响。社交网络以其真实、便捷、交互性强等特点深受大学生的喜爱，但社交网络的存在也造成了大学生的诸多心理问题，给大学生的认知、情绪情感、意志品质等方面带来了冲击。④

翁琪慧、滕秋玲在《网络交友工具对大学生影响的研究》中主要针对网络交友工具对大学生造成的负面影响进行研究。就网络成瘾而言，主要是网络游戏成瘾和网络色情成瘾在网络社交中比较普遍；就大学生现实社交问题而言，在网络中获得平等体验、网络角色的扁平化，会使大学生对现实社

---

① 张冬瑾、陈垚：《浅谈网络社交对大学生人际交往的影响》，《西部皮革》2017 年第 8 期。

② 叶海燕：《网络社交工具对当代大学生影响》，《商》2016 年第 34 期。

③ 尹国欣：《网络社交媒体对大学生流行文化的影响与思考》，《教育现代化》2017 年第 38 期。

④ 刘玉仙、赵金蕾：《社交网络对大学生心理健康的影响及对策研究》，Information Engineering Research Institute，USA. Proceedings of 2015 5th International Conference on Education and Sports Education（ESE 2015），Information Engineering Research Institute，USA，2015 年 4 月。

会关系中存在的等级现象产生厌恶感从而逃避现实社会。①

姜新瑞、姜新宇和杨晓雯在《当代网络社交对大学生人际交往能力影响研究》中认为，网络社交对大学生的日常生活和学习，大学生个人财产和隐私，大学生身心健康成长及大学生现实人际关系等方面造成了影响，并对大学生人际交往能力的影响进行了详细的分析。其中，积极影响是网络社交有利于大学生培养独立意识、培养自信心和建立个人的社交体系；消极影响是易使大学生在现实生活中缺乏安全感和信任感，削弱大学生在现实生活中的人际交往能力，长时间的网络社交也会影响大学生的生理和心理健康。该文从大学生和高校的角度出发分析了相应的应对策略。②

魏双锋在《大学生网络社交的常见心理问题及对策》中主要针对网络社交对当代大学生的心理健康造成的负面影响进行了探讨，负面影响主要体现在使大学生产生孤独心理和厌学心理、道德水平降低、人际关系简单化和人格扭曲凸显等，并且对大学生构建和谐网络社交的基本原则和相应对策进行了讨论，对解决网络社交对大学生产生负面影响有一定的指导作用。③

3. 网络对大学生消费行为的影响

大学生的网络消费行为主要可以分为网络购物、知识消费、信息消费和娱乐消费。在中国知网的高级查询中，就“大学生网络消费行为的影响”进行搜索，时间限定在2000—2018年，得到相关文献78篇，其中大部分文献都是对大学生网络消费的影响因素进行分析，而网络消费行为对大学生所造成的影响的相关文献偏少，相关性较强的文献有以下几篇。

朱晓辰在《论网购对大学生消费行为的影响》中认为，大学生网络消费行为产生的影响主要有正反两方面。正面影响就是提高了大学生在购物方

---

① 翁琪慧、滕秋玲：《网络交友工具对大学生影响的研究》，《新闻研究导刊》2016年第7期。

② 姜新瑞、姜新宇、杨晓雯：《当代网络社交对大学生人际交往能力影响研究》，《现代商贸工业》2018年第1期。

③ 魏双锋：《大学生网络社交的常见心理问题及对策》，《辽宁行政学院学报》2011年第12期。

面的效率，节省了大量的时间和金钱，也丰富了大学生的闲暇时间，并且购物经验分享会提高人际交往能力。负面影响则是网络购物会浪费大学生的时间、精力和金钱，并且网络购物带来的商品质量问题会使大学生对网络消费产生信任危机。对此，大学生需要以更理性的态度看待网络消费。①

杜哲在《网络消费对大学生思想行为的影响及对策研究》中认为，网络消费对大学生消费的积极影响是培养主体意识，推动大学生个性发展、拓展活动范围，提高大学生综合素质、接收先进理念，增强大学生创新能力及激发创业热情，培养大学生创新创业精神；而消极影响是容易助长大学生不良的消费心理及消费行为、网络消费存在的风险损害了大学生权益、加剧了大学生网络成瘾问题、弱化了大学生对主流意识形态的认同感、大学生价值取向出现偏失及大学生道德失范甚至违法等方面。②

陈路路在《当代大学生网络消费研究——基于网络消费价值观的视角》中认为：网络消费对大学生的积极影响是促进了大学生自由全面发展、增强了大学生社会化发展、帮助了大学生终身学习与激励大学生自主创业；消极影响是消费结构不合理、重物质享受消费，造成大学生超前消费和过度消费，淡化了大学生社会责任感及弱化了对中华传统美德的认同感。该文对大学生在网络消费中存在的问题进行了相关的对策分析。③

4. 关于大学生网络失范行为

大学生网络失范行为是大学生在使用网络时违背需要遵守的网络道德和法律规范而出现的不恰当的行为偏差。网络失范行为主要涉及网络对当代大学生造成的负面影响。在中国知网中，通过普通查询，关于“大学生网络失范行为”的文章有 400 篇，其中期刊发表的 257 篇，硕博士论文 88 篇，会议文献 3 篇，报纸 1 篇。大部分文献对大学生网络失范行为的现状和特征

---

① 朱晓辰：《论网购对大学生消费行为的影响》，《商业时代》2013 年第 22 期。

② 杜哲：《网络消费对大学生思想行为的影响及对策研究》，硕士学位论文，延安大学，2017 年。

③ 陈路路：《当代大学生网络消费研究——基于网络消费价值观的视角》，硕士学位论文，淮北师范大学，2017 年。

进行了研究，并且对大学生网络失范行为影响因素进行了大量分析。通过高级检索，2000—2018 年，在学术期刊发表的相关主题文章有 111 篇，其中相关性较强的有以下几篇。

刘鹏在《浅析大学生网络失范行为》中认为，大学生网络失范行为主要表现为：首先是随意浏览不健康网页，当代大学生性意识比较薄弱，但是网络上的黄色网站会误导大学生对性的认识。其次是在网络"匿名狂欢"的状态下，社会道德法律的约束力被削弱，大学生的社会公德意识也逐渐弱化。再次是网络犯罪行为时有发生，大学生有着大量可以随意支配的时间，通过网络进行诈骗、制造网络病毒、散播网络谣言和进行网络暴力都会在大学生网民群体中发生。最后是网络成瘾问题严重，大学生在生活中的各个方面比较依赖网络，生活、工作、学习、娱乐等都离不开网络，会形成对网络的依赖，最终导致网络成瘾问题的形成。①

陈茜在《大学生网络道德失范行为的主要特征及其有效防范与教育对策研究》中，对大学生网络失范行为的特征进行了以下概括：首先是言行放纵性的随意谩骂与人身攻击行为，这是由网络的匿名性和虚拟性决定的，大学生可以在网络平台上随意进行评论，可能会出现无所顾忌的语言攻击和谩骂。其次是诚信缺失性的撒谎与欺诈行为，这也是由网络的特点所决定的。再次是不负责任性的模拟游戏与双重人格行为和有意性的色情与暴力行为。最后是利益倾向性的恶意侵犯与破坏行为，这是指大学生恶意盗取他人信息、侵犯他人隐私的行为。②

谢董汉在《大学生网络道德失范行为特征及对策》中认为，网络社会是一个与现实社会有本质区别的虚拟社会。随着互联网的普及，大学生网络道德失范行为在网络社会中表现日益突出，主要特征是网络行为缺乏有效的约束力、网络行为抱着游戏的心态与网络行为带有很大的盲目性。

---

① 刘鹏：《浅析大学生网络失范行为》，《北方经贸》2013 年第 3 期。

② 陈茜：《大学生网络道德失范行为的主要特征及其有效防范与教育对策研究》，《当代教育论坛》（上半月刊）2009 年第 4 期。

该文对大学生网络失范问题提出了相关策略，主要是强化网络道德行为“自律”和“他律”、更新大学生的网络道德观念与提高大学生网络行为的目的性。①

陶韶菁、王功敏在《关于大学生网络失范行为的调查和思考》中，通过调查问卷的方式对大学生网络失范行为进行了相关调查，指出大学生在享受自由的网络学习、便捷的网络生活和轻松的网络交往的同时，也产生了网络侵权、网络暴力甚至网络犯罪等网络道德失范行为。深入探究大学生网络行为失范的成因，引导大学生形成良好的网络行为规范，对于增强大学生思想政治教育实效性意义重大。②

胡剑芬、饶烜在《行为学视角下大学生网络失范行为研究》中，从行为学的角度出发对大学生网络失范行为进行分析，认为大学生的网络心理主要是侥幸心理、好奇心理、从众心理、宣泄心理、空虚心理和逃避心理。侥幸心理催生网络抄袭行为，好奇心理诱导浏览色情网站，从众心理驱使网络欺骗行为，宣泄心理繁衍网络恶意言论，空虚心理滋生沉溺网络行为，逃避心理促使迷恋网络交友，这些都是在大学生中出现的网络失范行为。面对这些问题，该文提出了关于防止不良需求的滋生、杜绝外在刺激的诱导和对网络失范行为进行负强化等措施以矫正大学生的网络失范行为。③

张机在《论大学生网络道德失范行为的表现及调适对策》中，作者将大学生的网络道德失范行为归为四类，即谩骂与攻击行为、撒谎与欺诈行为、侵犯与破坏行为和色情与暴力行为。面对这些行为，该文主要从大学生主体和网络客体两方面提出了解决办法：从大学生自身角度来看，提高大学生自教自律水平是调适的根本；从网络客体来看，加强网络的规范与引导是

① 谢董汉：《大学生网络道德失范行为特征及对策》《管理观察》2009 第 15 期。

② 陶韶菁、王功敏：《关于大学生网络失范行为的调查和思考》，《思想理论教育导刊》2011 年第 7 期。

③ 胡剑芬、饶烜：《行为学视角下大学生网络失范行为研究》，《中国教育信息化》2014 年第 3 期。

调适的保障。①

张道明在《大学生网络失范行为研究》中，对大学生网络失范行为的表现从两方面进行了分析。一是网络道德失范行为，大学生网络道德失范行为主要表现在网络信息选择不当、网络交往的不文明以及网络沉迷三个方面。二是法律失范行为，大学生违反法律规范行为常见的主要有恶意攻击他人、侵犯个人隐私、侵犯知识产权、网络黑客、网络色情五种现象。该文从主观和客观两个方面对大学生网络失范行为的原因进行了探析，并对大学生网络失范行为的应对策略进行了探讨。②

闵辉、梁莉在《大学生网络失范行为的规制研究》中，主要从大学生网络失范行为的表现、原因和对策三个方面进行了研究和探析，大学生网络失范行为外在表现为侵权行为、网络攻击行为、网络盗窃及诈骗行为和其他失范行为如色情方面，该文从法律、大学生和网络三个方面探究了原因和相关对策。③

王刚、田云辉在《失范与规范：大学生网络安全问题研究》中，首先对大学生网络失范行为的表现进行了分析，指出大学生网络失范行为主要表现在价值观念、规范制度及行为方式三个方面。该文对于大学生网络失范行为的归因和相应对策分析主要是从法律、高校管理和学生自身三个方面着手，对于大学生网络失范行为的解决有一定的指导作用。④

通过文献梳理，我们发现大学生在网络中学习、交流、娱乐、购物等方面仍然存在着不少问题，有不少文献对大学生网络行为中存在问题的原因和对策进行了详细阐述，但是大部分文献都是从主体的角度进行分析即从大学生、高校、网络和国家的角度出发，也可将其归类为大学生的主观

---

① 张机：《论大学生网络道德失范行为的表现及调适对策》，《韩山师范学院学报》2008年第1期。

② 张道明：《大学生网络行为失范研究》，硕士学位论文，中国海洋大学，2011年。

③ 闵辉、梁莉：《大学生网络失范行为的规制研究》，《思想理论教育》2013年第9期。

④ 王刚山、田云辉：《失范与规范：大学生网络安全问题研究》，《大众文艺》2018年第1期。

原因和社会网络环境的客观原因两个方面进行分析，探析影响因素的文献都比较单一，也有少量文献从社会学、心理学、伦理学、行为学等角度展开分析，这些从不同学科进行分析的文献主要是硕博士学位论文，参考价值相对较大，对一个论点的阐述比较明确和详细，无论是从宏观还是微观的角度探析，网络对大学生产生影响的成因从不同的角度分析都有一定的合理性。

综上所述，国内外学术界主要从传播学、社会学、心理学、文化学、思想政治教育学等学科视角来研究网络对大学生思想和行为的影响问题，并进行了一些有益的探索，也为本选题的研究提供了十分有益的借鉴。总体来说，这些研究还比较零散、不够系统和深入，仍需作进一步的研究和探讨。

第五节　研究思路与研究方法

一、研究思路

本课题以网络为媒介，以马克思主义相关理论为指导，以中国古代先贤和西方哲人的思想为源流和借鉴，以大学生网民群体的网络实践活动为研究对象，深入考察网络环境对大学生网民的思想和行为所产生的影响并系统揭示网络对大学生思想和行为影响的具体表征与机理机制，进而通过问卷调查、网络跟踪观察、个别访谈等实证手段揭示了网络对大学生网民群体产生影响的具体表现等，勾勒出在网络匿名和身体缺场环境下大学生网民在思想与行为方面凸显的诸多问题，然后针对这些问题，利用思想政治教育的理论与方法，提出如何对大学生网民群体进行思想的引导和行为的规范，以便因势利导继续强化网络对大学生网民群体的正面影响和趋利避害消解网络对大学生网民群体带来的负面影响。

二、研究方法

本书采用的研究方法主要有理论分析法、文献研究法、实证研究法（如网络跟踪观察法、问卷调查法和个别访谈法）、定性研究与定量研究相结合的方法。

1. 理论分析法

本书围绕网络、网络技术、网络社会等相关概念进行理论分析，旨在阐明网络对大学生的思想和行为是否有影响以及影响的多少、大小、长短等，并试图从理论上揭示网络对大学生思想和行为影响的机理，最后在明确网络对大学生思想和行为影响机理的基础上，因势利导，以发挥网络对大学生思想和行为的积极、正面的影响优势，积极地引导大学生更好地认识网络和使用网络；同时，趋利避害，以消解网络对大学生思想和行为的消极、负面的影响。

2. 文献研究法

作为一个理论和实践应用相结合的研究课题，本书尽可能系统透彻地梳理、分析与把握现有的相关学术研究成果，尤其是有关网络和思想政治教育理论方面的论著和学术论文，以汲取理论营养，拓展研究视野和夯实理论研究的基础。

3. 实证研究法

网络对大学生思想和行为有没有影响，如果有影响的话，具体表现在哪些方面，不能完全依靠理论分析，还必须通过实证研究加以验证。本课题借助问卷调查、网络跟踪和个别访谈，开展了大规模的实证研究，并结合调查问卷与学生的回答做了网络对大学生思想和行为影响的因子分析和结构方程。

4. 定性研究与定量研究相结合的方法

定性研究是根据社会现象或事物所具有的属性和在运动中的矛盾变化，

从事物的内在规定性来研究事物的一种方法。它以普遍承认的公理、一套演绎逻辑和大量的历史事实为分析基础，从事物的矛盾性出发，描述、阐释所研究的事物。在本课题研究中定性研究方法主要侧重于阐述网络对大学生思想和行为影响的内涵、特征和种类，影响的表征及其机理等，重在文字的描述。定量研究是指从量的方面认识事物的研究方法，即侧重对事物的规模、程度、速度、范围和空间结构的测量、计算和分析，以精确地认识事物的方法。在本课题研究中定量研究体现为通过问卷调查法、个别访谈、网络跟踪、统计分析、结构方程分析等实证方法摸清网络对大学生思想和行为的影响的具体情况以及影响的多少或影响的大小等。

第一章

网络对大学生思想和行为影响研究的理论基础和思想借鉴

从古到今，从中国到西方，人们无不在思考人与环境之间的关系，探索作为万物之灵的人类如何在改造自然与改造社会的生产实践中发明创造出新的工具（或技术）以及如何适应新的技术（或工具）所带来的伟大的社会变革。如导论第三节“核心概念分析”中所述，我们将网络界定为一种技术存在，网络也是一种崭新的人类生存空间，更是一种不同于现实社会生活的新样态。对大学生网民来说，网络既是他们赖以生存的客观环境，又是一种技术存在。因此，在研究网络对大学生思想和行为的影响时，我们必须以马克思主义关于人与环境、人与技术关系的基本原理作为研究的理论基础，以中国古代先贤的相关论述作为研究的思想资源，同时以西方哲人的相关论述作为研究的思想借鉴。通过梳理、提炼前人关于人与环境以及人与（科学）技术的关系等方面的宝贵思想，既可以为本课题的研究奠定扎实的理论基础，又可以启迪人们的智慧、获得更为充足的养分。

第一节　网络对大学生思想和行为影响研究的马克思主义理论基础

马克思主义理论博大精深，涉及哲学、政治经济学、科学社会主义等学科。同时，马克思主义理论又是一个完整、严密的体系，它的每个组成部分和每个组成部分里的每个原理、结论都是相互贯通的，体现着一种整体精神。根据课题研究的需要，我们在本节内容中主要撷取了马克思主义理论中关于人与环境以及人与技术之间关系的相关论述和基本原理，作为本课题研究的理论基础和根本遵循。

一、马克思主义关于人与环境关系的理论基石

马克思和恩格斯在《德意志意识形态》中说："人创造环境，同样，环境也创造人。"① 就是说人类的生存、生产和生活离不开一定的环境，人既是环境的产物，又是环境的创造者与改造者，人与环境的关系是有机统一的。"马克思认为，人的自我改变与环境的改变是实践过程的两个不同方面，实践过程中的人与自然是相互作用，辩证统一的。一方面，环境创造了人，人的实践活动使自然客体内化为主体自我；另一方面，人也创造了环境，人通过实践使主体客体化，通过客观对象展现人的目的、意志和本质力量。环境的改变和人的改造是实践过程的两个不同方面，他们在实践基础上实现统一，人'在改造环境的同时改变着自己'。"②

马克思在《论费尔巴哈》中说，"有一种唯物主义学说，认为人是环

① 《马克思恩格斯选集》第1卷，人民出版社2012年版，第172—173页。

② 李龙强、李桂丽：《马克思主义实践观和生态文明建设——〈关于费尔巴哈的提纲〉中人与自然关系的当代解读》，《甘肃理论学刊》2012年第2期。

境和教育的产物，因而认为改变了的人是另一种环境和改变了的教育的产物”，此处所讲的“有一种唯物主义学说”专指18世纪以爱尔维修和霍尔巴赫为代表的法国唯物主义。这种学说把人视为环境和教育的产物，但是他们对于环境和教育的来源却无法做出唯物主义的合理解释。针对这种唯物主义的错误观点，马克思特别指出：“这种学说忘记了：环境正是由人来改变的，而教育者本人一定是受教育的。”因此，马克思认为：“环境的改变和人的活动的一致，只能被看做是并合理地理解为变革的实践。”①

马克思在《关于费尔巴哈的提纲》中指出：“环境的改变和人的活动或自我改变的一致，只能被看做是并合理地理解为革命的实践。”② 这是对人和环境的关系所做的科学论断。人们通过自身的社会实践活动，一方面在不断地改造着自然，另一方面也在改造自然的历史进程中改造着自身，二者在实践的基础上达到了统一。换言之，环境客体的改变与主体人的自我改造是同一过程。

总之，环境影响和制约着人的思想的形成和发展，人的活动又在不断地改变环境，使其有利于人的发展，这是基于马克思主义关于人与环境关系的基本观点所得出的一个结论。运用马克思主义关于人与环境关系的理论，我们可以得出以下结论：网络的出现是人类改造自然和改造社会伟大实践的产物，是一种“人化自然”。同时，网络一旦降临人间就成为影响和改变人自身的环境的一部分，网络影响下人类的生产方式、生活方式、学习方式、思维方式等方面都将产生根本性变革。总之，套用马克思和恩格斯“人创造环境，同样，环境也创造人”的名言，我们也可以讲“人创造网络，同样，网络也创造人”。二者在实践的基础上实现了统一。

---

① 《马克思恩格斯选集》第1卷，人民出版社2012年版，第138页。
② 《马克思恩格斯选集》第1卷，人民出版社2012年版，第134页。

二、马克思主义人与技术关系思想的理论启迪

（一）（科学）技术“是一种在历史上起推动作用的、革命的力量”

马克思在《1844年经济学哲学手稿》中说，“生产力中也包括科学”①；又说，“劳动生产力是随着科学和技术的不断进步而不断发展的”②。在《机器。自然力和科学的应用》中，他又指出：“火药、指南针、印刷术——这是预告资产阶级社会到来的三大发明。火药把骑士阶层炸得粉碎，指南针打开了世界市场并建立了殖民地，而印刷术则变成新教的工具，总体来说，变成科学复兴的手段，变成对精神发展创造必要前提的最强大的杠杆。”③ 在《哲学的贫困》中马克思指出：“社会关系和生产力密切相联。随着新生产力的获得，人们改变自己的生产方式，随着生产方式即谋生的方式的改变，人们也就改变自己的一切社会关系。手推磨产生的是封建主的社会，蒸汽磨产生的是工业资本家的社会。”④ 在《在〈人民报〉创刊纪念会上的演说》中，他又说：“蒸汽、电力和自动走锭纺纱机甚至是比巴尔贝斯、拉斯拜尔和布朗基诸位公民更危险万分的革命家。”⑤ 马克思深深地认识到，只有（科学）技术才是最大的革命者，它将不断引起社会生活、生产新的变化。恩格斯也表达了与马克思相同的观点。他指出，蒸汽机和棉花加工机的发明“推动了产业革命，产业革命同时又引起了市民社会中的全面变革”⑥。恩格斯认为，科学技术进步导致社会革命，他说：“科学和实践

---

① 《马克思恩格斯全集》第31卷，人民出版社1998版，第94页。
② 《马克思恩格斯全集》第23卷，人民出版社1972版，第664页。
③ 《马克思恩格斯文集》第8卷，人民出版社2009年版，第338页。
④ 《马克思恩格斯选集》第1卷，人民出版社2012年版，第222页。
⑤ 《马克思恩格斯选集》第1卷，人民出版社2012年版，第775页。
⑥ 《马克思恩格斯全集》第2卷，人民出版社1957年版，第281页。

结合的结果就是英国的社会革命。”① 他盛赞马克思关于（科学）技术是一种伟大革命力量的观点，并将其与马克思的两个发展——唯物史观和剩余价值学说——相提并论。

技术不仅能带来经济上的好处，还创造了人民感知现实的方式，而这些方式是理解各种社会及精神生活的关键。马克思和恩格斯在《德意志意识形态》中指出：“……一定的生产方式或一定的工业阶段始终是与一定的共同活动方式或一定的社会阶段联系着的，而这种共同活动方式本身就是‘生产力’；由此可见，人们所达到的生产力的总和决定着社会状况，因而，始终必须把‘人类的历史’同工业和交换的历史联系起来研究和探讨。”② 不仅如此，马克思和恩格斯还把（科学）技术当作人类解放自己、实现人的自由全面发展的根本途径。马克思和恩格斯指出：“人”的“解放”，“只有在现实的世界中并使用现实的手段才能实现真正的解放；没有蒸汽机和珍妮走锭精纺机就不能消灭奴隶制；没有改良的农业就不能消灭农奴制；当人们还不能使自己的吃喝住穿在质和量方面得到充分保证的时候，人们就根本不能获得解放。‘解放’是一种历史活动，不是思想活动，‘解放’是由历史的关系，是由工业状况、商业状况、农业状况、交往状况促成的”。③ 在这里，马克思和恩格斯批判了费尔巴哈在社会史观上的唯心主义。费尔巴哈在没有考察人的实践及人的各种社会关系的情况下认为，人的解放就是扬弃宗教、通过宗教批判实现的。马克思和恩格斯认为，人的解放是一种历史活动，而不是思想活动，从而把人的解放建立在唯物史观的基础上，认为人类解放的“现实手段”是由工业状况、商业状况、农业状况、交往状况促成的，从而把无产阶级和人类解放奠基于生产力充分发展的巨大基石之上。并且，他们认为人类自由的范围是由现有的生产力所规定和容许的，“人们每次都不是在他们关于人的理想所规定和所容许的范围之内，而是在现有的生

---

① 《马克思恩格斯全集》第1卷，人民出版社1956年版，第667页。
② 《马克思恩格斯选集》第1卷，人民出版社2012年版，第160页。
③ 《马克思恩格斯选集》第1卷，人民出版社2012年版，第154页。

产力所规定和所容许的范围之内取得自由的。而到现在为止取得的一切自由的基础是有限的生产力”。①

（二）技术也会造成人与自然、人与人之间关系的疏离

马克思和恩格斯一方面积极地肯定了科学技术在人类社会发展中所起到的革命性作用，另一方面也对科学技术实践给人类生存与发展所带来的消极、负面的影响给予了高度关注。马克思和恩格斯对科学技术发展的消极、负面的影响有较多论述，而且还有许多深刻见解。恩格斯在《自然辩证法》中说：“我们不要过分陶醉于我们人类对自然界的胜利。对于每一次这样的胜利，自然界都对我们进行报复。每一次胜利，起初确实取得了我们预期的结果，但是往后和再往后却发生完全不同的、出乎预料的影响，常常把最初的结果又消除了。美索不达米亚、希腊、小亚细亚以及其他各地的居民，为了得到耕地，毁灭了森林，但是他们做梦也想不到，这些地方今天竟因此而成为不毛之地，因为他们使这些地方失去了森林，也就失去了水分的积聚中心和贮藏库。阿尔卑斯山的意大利人，当他们在山南坡把那些在山北坡得到精心保护的枞树林砍光用尽时，没有预料到，这样一来，他们就把本地区的高山畜牧业的根基毁掉了；他们更没有预料到，他们这样做，竟使山泉在一年中的大部分时间内枯竭了，同时在雨季又使更加凶猛的洪水倾泻到平原上。”② 这段话揭露的是人们借助科技的力量乱砍滥伐，从而造成了人与自然之间关系的疏离，告诫我们绝不能沾沾自喜于眼前科学技术给人类带来积极作用，还必须长远看到科学技术可能给人类带来的负面影响。正如控制论创始人维纳在其《人有人的用处》一书中曾说的“技术是一柄双刃剑”。它既可以造福人类，也可以为害人类。同时，我们必须正确对待与处理人与自然的关系，尊重自然，敬畏自然，真正做到人与自然的和谐统一。

---

① ［德］马克思、恩格斯：《德意志意识形态（节选本）》，人民出版社 2018 年版，第 95 页。

② 《马克思恩格斯选集》第 3 卷，人民出版社 2012 年版，第 998 页。

马克思则痛斥了资本主义条件下（科学）技术成果的广泛应用造成了人与人之间关系的疏离。他指出："在我们这个时代，每一种事物好像都包含有自己的反面。我们看到，机器具有减少人类劳动和使劳动更有成效的神奇力量，然而却引起了饥饿和过度的疲劳。财富的新源泉，由于某种奇怪的、不可思议的魔力而变成贫困的源泉。技术的胜利，似乎是以道德的败坏为代价换来的。随着人类愈益控制自然，个人却似乎愈益成为别人的奴隶或自身的卑劣行为的奴隶。甚至科学的纯洁光辉仿佛也只能在愚昧无知的黑暗背景上闪耀。我们的一切发明和进步，似乎结果是使物质力量成为有智慧的生命，而人的生命则化为愚钝的物质力量。"①

在信息时代，网络是当代科学技术的集大成者。马克思主义关于人与技术关系的思想带给我们的启迪是：在网络这一最新（科学）技术给我们人类带来积极、正面影响的同时，我们也一定不能忽略其带来的负面的、消极的影响。比如，人们对网络的过度依赖和对作为移动互联网终端之一的手机的过度依赖就是很好的例证。因此，对待网络，我们也需要以辩证的、一分为二的观点去看待。既不能迷信于"技术决定论"者技术至上、技术统治一切的狂热，也不能做对新的技术视若无睹甚至是一味排斥的"卢德主义"者②。

第二节 网络对大学生思想和行为影响研究之中国古代的思想资源

中国古代涌现出许许多多杰出的思想家，也留下了无数充满哲理的优秀

① 《马克思恩格斯选集》第 1 卷，人民出版社 2012 年版，第 776 页。

② 卢德主义（Luddism）是指对新技术和新事物的一种盲目冲动的反抗。卢德主义出现于工业革命初期，那时的工人对于大机器生产的出现认识不足，盲目地认为是大机器的出现使自己丧失了就业，于是憎恨大机器，开始破坏这些新出现的机器设备，以换取就业。

作品，其中就有大量的关于人与环境关系和人与技术关系方面的思考。整理、重温中国古代思想家关于这两个方面的智慧，可以为网络对大学生思想和行为影响的研究提供宝贵的思想资源，从而为研究的展开和深入厘清历史脉络。

一、中国古代关于人与环境关系的思想

（一）儒家的“里仁”、“陷溺”与“渐积”思想

儒家思想的开山鼻祖孔子十分重视教育环境的作用，十分强调客观环境对人的道德品质形成的影响。他说：“性相近也，习相远也”①；“德之不修，学之不讲”②。他从理论上阐明了人的道德品质并不是先天形成的，而是后天在客观环境中通过学习、教育、培养形成的。孔子十分重视家庭环境和生活环境对人的影响作用。他要求“居必择乡”“游必择士”，就是说一个人居住以及外出旅行时一定要对周围环境和同行人员有所选择，不然就会受到周围环境潜移默化的影响，或者受到同行人员不良德行的熏染。他说：“里仁为美。择不处仁，焉得知?”③ 意思是与讲仁德的人做邻居，才是美好的；而在选择邻居时不考虑其是否仁德，是很不明智的。同时，孔子还十分注重把人的成长及其道德修养同社会环境紧密联系在一起，尤其重视作为社会环境组成部分的人际环境的作用，如朋友关系、同事关系、师生关系等。所以，他认为要特别重视择友。同正直的人、诚实的人、见闻广博的人交友，会有益于己，这样的朋友称为“益友”。只有坚持“近君子，远小人”的交友原则，才能远离“损友”，避免交友不慎给人的德行修养带来的危害。

孟子主张先天的性善论，否定客观环境和教育对人性的影响作用。面对

① 《论语·阳货》。
② 《论语·述而》。
③ 《论语·里仁》。

客观环境中铁的事实，他也不能完全无视环境的作用。他在《告子上》中说："富岁，子弟多赖；凶岁，子弟多暴。非天之降才尔殊也，其所以陷溺其心者然也。"① 丰收年成，少年子弟多半懒惰；灾荒年成，少年子弟多半横暴，不是天生资质如此不同，而是由于外部环境使他们的心境变坏的缘故。可见，孟子在这里承认了富岁和凶岁的客观环境直接影响人的道德品质，承认了外来条件对人性所起的作用，否定了人的道德品质是天生的。

荀子十分重视教育过程中的环境因素，认为"政教习俗，相顺而后行"②。他认为，环境可以使生活在其中的个体慢慢习惯和改变，最终具有环境的特性，被环境所同化。因此，他强调要在环境的积渐习染中选择积极因素，避免消极影响。荀子说："蓬生麻中，不扶而直；白沙在涅，与之俱黑。兰槐之根是为芷，其渐之滫，君子不近，庶人不服。其质非不美也，所渐者然也。故君子居必择乡，游必就士，所以防邪僻而近中正也。"③ 意思是说生长在麻地里的蓬草，不需要借助任何扶持就能高高地挺立，如果将白沙混进黑土里面，其颜色就会变成黑色而失去了其原有的白色。兰槐的根茎被叫作香艾，可是一旦将其浸入臭水里，君子和下人都会避之不及，不是香艾本身不香了，而是被臭水给浸泡得变臭了。所以，君子选择居住之地时一定要考虑周围的环境，外出旅行一定要选择结交那些有道德的人，这样才能够防微杜渐，避免被周围的环境和德行不好的小人改变，以保持自己中庸正直的本性。在《儒效》篇中，荀子又指出："人积耨耕而为农夫，积斲削而为工匠，积反货而为商贾，积礼义而为君子。工匠之子，莫不继事，而都国之民安习其服，居楚而楚，居越而越，居夏而夏。是非天性也，积靡使然也。故人知谨注错，慎习俗，大积靡，则为君子矣；纵情性而不足问学，则为小人矣。"④ 意思是说，一个人如果长期积累锄草和耕地的经验与本领就

① 《孟子·告子上》。
② 《荀子·大略》。
③ 《荀子·劝学》。
④ 《荀子·儒效》。

自然成为农夫，如果长期积累砍伐树木和刨削木头的本领就会成为工匠，长期累积贩卖货物的经验就有可能成为商人，同样的道理，一个人如果积累了足够多的合乎礼义的德行就会成为正人君子。工匠的儿子无不继承父亲的事业，而国都里的居民都安心习惯于本地的习俗，居住在楚国就像楚国人一样生活，居住在越国就像越国人一样生活，居住在中原各国就像中原各国的人一样生活。这不是天生的本性，而是后天的积习和磨炼使他们这样的。可见，后天的积习和客观环境对人的思想和行为的影响至深至远，对其今后的职业和行为习惯起着决定性作用。荀子在强调环境作用的同时，也注意到了人的主观努力，他把这种努力称为“积”。他把人的善德看作在客观环境中通过教育而逐步积累起来的，而不是天生就有的。这种积累，又取决于人们对环境的取舍，而不是由环境机械决定的。正如他说的，“肉腐出虫，鱼枯生蠹。怠慢忘身，祸灾乃作。强自取柱，柔自取束”①，意思是环境对我们究竟发生积极作用还是消极作用，是由我们“自取”的。荀子通过环境的“渐”和主观的“积”相结合，来说明人的主观思想与客观环境的关系，揭示德育对人的本性变化所起的作用，是很有见地和借鉴意义的。

总之，重视居住的环境，重视对朋友的选择，这是儒家一贯注重的问题。所谓“近朱者赤，近墨者黑”。与有仁德的人住在一起，耳濡目染，都会受到仁德者的影响；反之，就不大可能养成仁的情操。网络环境，网民素质良莠不齐，我们更需要擦亮眼睛，学会辨识“益友”与“损友”，真正做到“近君子，远小人。”

（二）墨家的“习染论”思想

墨家思想的代表人物墨子提出了“习染论”的思想，认为环境对人的影响很大，在不同的环境和受不同人的影响必然会生成不同道德品质的人。

---

① 《荀子·劝学》。

他在《所染篇》中提出："染于苍则苍，染于黄则黄。所入者变，其色亦变。"[①] 意思是说（丝）染了青颜料就变成青色，染了黄颜料就变成黄色。染料不同，丝的颜色也跟着变化。丝是这样，人亦如此。生活在一定社会环境中，人受到环境的熏染是不可避免的。不同的环境必然塑造出不同思想道德素质的人。环境对人的熏染作用是巨大的。然后，墨子以舜、禹、商汤、周武王四位圣贤和夏桀、殷纣、周厉王、周幽王四位暴君为例说明古代君王的贤明与暴戾都是与其身边的人对他的影响即习染有关。君王如此，人臣亦然。正所谓："非独国有染也，士亦有染。"[②] 如果一个人所交的朋友都爱好仁义，都淳朴谨慎，慑于法纪，那么他的家道就日益兴盛，身体日益平安，名声日益光耀，居官治政也合于正道，如段干木、禽子、傅说等人即属此类（朋友）。如果一个人所交的朋友都不安分守己，结党营私，那么他的家道就日益衰落，身体日益危险，名声日益败坏，居官治政也不得其道，如子西、易牙、竖刁等人即属此类（朋友）。由此可见，墨家的"习染论"与儒家的"里仁"思想相同，都重视居住的环境，重视对朋友的选择。

（三）道家的"返朴归真"思想

道家的创始人老子主张"人法地、地法天、天法道、道法自然"[③]。所谓道法自然，就是要遵循自然的规律，顺应自然，引导人们在道德修养方面实现"返朴归真"。老子一生向往朴实无华，主张"见素抱朴""复归于婴儿""复归于朴"。他说："道常无名，朴虽小，天下莫能臣也。"[④] 在老子看来，"道"永远是无名而质朴的，它虽然很小不可见，天下没有谁能使它服从自己。因此，他主张："大丈夫处其厚，不居其薄；处其实，不居其

① 《墨子·所染》。
② 《墨子·所染》。
③ 《道德经》第二十五章。
④ 《道德经》第三十二章。

华。”① 意思是堂堂正正的士子总是持守质朴醇厚之“道”，而绝不实行虚华无用之“礼”；他的居处行为总是那么忠厚朴实，而摒弃那些浮华浅薄之事。为了达到这一目的，他把“无为”作为人生的座右铭，反对竞争，主张与世无争，提倡少私寡欲，知荣守辱，处虚守静，希望由此实现道德上的朴真境界。

在网络环境中，计算机中介交流的匿名性和社会线索的减少十分容易助长个人的放纵行为，从而导致网络行为的失范，甚至出现网络暴民。假如每一个网民都能够恪守老子“见素抱朴”与“返朴归真”的思想训导，不论身在何处、穿上什么样的“马甲”，时时刻刻都能够做到“处其厚，不居其薄；处其实，不居其华”，或者像婴儿那样，讲真话，办真事，不弄虚作假、曲学阿世，保持一颗赤子之心。那么，网络空间必然少了许多喧嚣和吵闹，也必然会多一些清净与和谐。

（四）王夫之的“日生日成”思想

明末清初著名理学家王夫之认为，“性为最初之生理，而善与不善皆后起之途也”②，就是说人性是人的生理本能，其善恶不是先天就如此的，而是依靠后天环境和教育的影响作用。他说：“性者，生理也，日生则日成也”。人在初生之时就具有特定的“气禀”，就是我们所说的人之本性，经过环境和教育的长期影响和作用，人的本性就会多次发生改变，“未成者可成，已成者可革”③。人性不是先天就有的，而是后天逐渐生成的，并且人性也不是定型不变的，而是随着环境和教育的变化而变化的。王夫之认为，“人们的思想意识和行为与现实生活的环境有密切关系，环境能决定人们意志的坚定性，意志则支配人们的行为。人生活在痛苦贫困的环境中，其思想则疲乏而不能展开；人生活在奢侈腐化的环境中，其意识必然骄奢。因此，

① 《道德经》第三十八章。

② 王夫之《四书训义》卷三十五。

③ 王夫之《尚书引义》卷三。

他认为物质生活条件对人的思想意识起决定作用，主张对环境进行有效的控制，促使人们形成坚定的意志。”①

二、中国古代关于人与技术关系的思想

中国古代蕴藏着丰富的关于人与技术关系的思想，这些思想像一颗颗璀璨的明珠散见于先秦时期诸子百家的论述中，也散见于古代历史典籍中，更见诸不同历史时期的技术实践及其相关的管理活动中。它不仅仅作为一种抽象的思想而存在，而且被勤劳、智慧、勇敢的中华儿女运用于利用自然和改造自然的伟大社会实践中，从而创造出了辉煌、灿烂的中华文明。

（一）中国古代处理人与自然关系的基本准则——“顺应自然”

英国近代生物化学家和科学技术史专家李约瑟博士认为，“事实上，在中国，确实一切科学技术的成长都和道家是分不开的”②，“道家思想乃是中国科学和技术的根本，但由于道家对知识的自相矛盾的态度，以致这一点往往不能为人所理解。”③ 李约瑟博士将中国先秦时期的道家和东汉末年出现的道教组织混为一谈，道家是先秦诸子百家中的一个学术派别，而道教则是中国本土产生的一种宗教。道教以黄、老道家思想为理论根据，承袭战国以来的神仙方术衍化形成，它既是一种宗教信仰，也是一种生活实践活动。道教对中国古代科技有较大贡献，在一些术士寻找长生不老灵丹妙药的炼丹实践中产生了大量的古代科技成果。先秦道家则对人类社会的科技文明基本上持否定态度，他们排斥新技术的发明及其应用。当然，道家对待科技的拒斥态度与他们“道法自然”和“无为而治”的哲学思想和政

---

① 陈万柏、张耀灿主编：《思想政治教育学原理》，高等教育出版社 2007 年版，第 95 页。

② ［英］李约瑟：《四海之内》，劳陇译，生活·读书·新知三联书店 1987 年版，第 90 页。

③ ［英］李约瑟：《中国科学技术史》第 2 卷，科学出版社 1991 年版，第 145 页。

治主张是一致的。

“道法自然”揭示的是整个宇宙的特性，高度概括了天地之间一切事物的基本属性，要求宇宙天地间万事万物都要效法或遵循“道”的“自然而然”的规律。有学者认为，从技术活动的角度看，“‘道’是‘技’的理想境界”①。作为中国哲学范畴的“道”，并非实在的道路，也不限于各种实践活动中的具体方法和途径。道是一种客观存在。老子说：“迎之不见其首，随之不见其后。”② 管子则言：“不见其形，不闻其声，而序其成，谓之道”。③ 可见，他们都强调“道”本身无具体形象，不可言说，只是对于应“先做什么，后做什么，再做什么”这种步骤性活动自身的本质特征的体验。因此，这里讲的“道”指的应该是凌驾于各种具体的途径或方法即“技”之上的合理、最优的途径和方法。“无为而治”，“就是摒弃一切圣智技巧之类的名利活动，使百姓见素抱朴，无欲无争”。④ 老子说：“以正治国，以奇用兵，以无事取天下。……民多利器，国家滋昏；人多伎巧，奇物滋起；法令滋彰，盗贼多有。”⑤ 这里的“正”是指道家所主张的清静无为，“奇”则是指奇思妙想的谋略；这里“巧”主要是指工匠的技术发明和应用，而“利”则是指应用技术而省工获利的结果。老子主张“绝巧弃利”，就是要杜绝技术的创造和使用。因为在他看来，技术应用会使人投机取巧，危害人的纯朴天性。因此，他认为工匠们所谓的发明创造只是“拙”而不是“巧”，只有毁弃那些技术和发明，无巧可用，不去无利，回归到清心寡欲的状态才是真正的“巧”。这种观点截然不同于墨家和儒家等学派的观点。墨家认为“利于人谓之巧；不利于人谓之拙。”⑥ 儒家则批评道家的

① 王前：《“道”“技”之间——中国文化背景的技术哲学》，人民出版社 2009 年版，第 9 页。

② 《道德经》第十四章。

③ 《管子 · 业内》。

④ 胡化凯：《道家技术观对现代科技文明发展的启示》，《自然辩证法通讯》2008 年第 2 期。

⑤ 《道德经》第五十七章。

⑥ 《墨子 · 鲁问》，见《诸子集成》，上海书店，1986 年。

这种认识是“识其一，不知其二；治其内，而不治其外”①。应该说，儒家的批判还是比较切中肯綮的。因为“道家只看到技术应用对人的心理产生的影响，而忽视了其功利价值和社会的现实需要；只知保持内心的纯朴天性，而不知适应外在世界的变化”②。

我国传统文化强调“顺应自然”，就是说一切技术活动都要考虑到事物自然的本性，适应事物变化的规律。“顺应自然”本意并非指对自然界无所作为、一味顺应，而是指技术活动要遵循“道”的引导，遵照事物自然的本性来改变自然界，从根本上保证人与自然关系的动态稳定，保证人类的可持续发展。按照“道”的合理性和最优化的要求，“顺应自然”意味着顺应自然规律，避免倒行逆施；也意味着“充分利用自然界本身的力量实现人的预期目标，以尽可能少的人为投入和干预获得尽可能多的收益”③。

“顺应自然”作为中国古代处理人与技术之间关系的基本准则贯穿中国传统文化的始终。儒家经典《中庸》指出：“唯天下至诚，为能尽其性；能尽其性，则能尽人之性；能尽人之性，则能尽物之性；能尽物之性，则可以赞天地之化育；可以赞天地之化育，则可以与天地参矣。”这段话反映了我国古代技术实践活动在人与自然关系上的典型写照。说的是人的活动应该依照自然界的规律，顺应天地的化育过程，不要违背自然规律，也不要取代自然界的化育过程，而要积极有为地遵循自然。只有做到这些，才能“尽人之性”“尽物之性”，进而就“可以与天地参矣”。《易传》中更是对人类的技术实践活动如何顺应自然提出了明确的要求，即人的活动应该“与天地合其德，与日月合其名，与四时合其序”，这就要求人们的技术活动符合天地生养、昼夜更替、四季代序的规律，使技术活动过程尽可能与自然规律相

---

① 《庄子·天地》，见《诸子集成》，上海书店，1986年。

② 胡化凯：《道家技术观对现代科技文明发展的启示》，《自然辩证法通讯》2008年第2期。

③ 王前：《“道”“技”之间——中国文化背景的技术哲学》，人民出版社2009年版，第51页。

符合，以达到提高技术活动效益的目的。《天工开物·序》也开宗明义地说："天覆地载，物数号万，而事因之曲成而不遗，岂人力也哉!"明确地表达了自然规律是不以人的意志而存在的，不是由人创造出来的。因而人要想从丰富多彩的自然界中获得生存资料，就要使自己的活动"顺应自然"，遵循自然的本性及其运动变化发展的规律。

中国古代"顺应自然"的技术思想博大精深，上述论证难免挂一漏万。整体上讲，"顺应自然"的理念并不是要求人类简单地服从天地万物自然变化的秩序，而是强调"人为"的选择要从天地万物整体关系出发，视天地万物为一体，在这样的思想背景下确立人的恰当位置，权衡"人为"的利弊，使人类活动与天地万物变化互相融合，保障自身的稳定生存和发展。"顺应自然"思想对本课题研究的启示是：对于网络这一人化自然我们不能心存畏惧，将其视为洪水猛兽，甚至对之唯恐避之不及，而应积极主动去适应，以顺应网络发展的大趋势，并利用网络获得最大的收益，做到网络发展与人自身发展的双赢局面，实现人与网络的和谐共处，甚至达到"人网合一"的最佳境界。

（二）中国古代技术活动的社会价值评判——"经世致用"

"经世致用"是我国技术选择的一种导向和社会评估标准，其实质是在技术与社会的关系上强调技术对社会的适应，注重技术发展同社会生活中各相关要素关系的和谐。"经世致用"首先是"经世"，即技术发展服从于政治上的制度设计。"致用"要服从于"经世"的要求。这种"致用"标准不是单纯从经济效益出发的，而是强调经济效益与社会效益的统一。①

虽然"经世致用"的提法来自明末清初实学家，但其思想特征贯穿中国古代思想体系中，"经世致用"的思想内核具体地表现为遏制"奇技淫

① 王前：《"道""技"之间——中国文化背景的技术哲学》，人民出版社2009年版，第84页。

巧”和推崇“抑奢尚俭”的主张和实践。

《尚书·旅獒》中讲：“不役耳目，百度惟贞。玩人丧德，玩物丧志。志以道宁，言以道接。不作无益害有益，功乃成；不贵异物贱用物，民乃足。”这里的“玩物丧志”“贵异物”，指的都是“奇技淫巧”之物，而非有用之物。“奇技淫巧”华而不实，不能给社会大众带来实惠，因而要被抑制。反对“奇技淫巧”、奢侈浪费的主张，自先秦以来一直是我国古代社会处理技术与社会关系的主流。

我国传统的关于“节俭”的最早言论是“克勤克邦，克俭于家”①。《左传·庄公二十四年》中讲：“俭，德之共也；侈，恶之大也。”与儒家一样，先秦道家也推崇节俭反对奢侈浪费。老子提出“治人事，莫若啬”。他还说：“我有三宝，持而保之。一曰慈，二曰俭，三曰不敢为天下先。”将“俭”视为一“宝”。与此类似，法家也反对那些“雕文刻镂”之类华而不实的无用技术。比如，李悝认为：“雕文刻镂，伤农事者也；锦绣纂组，害女工者也。农事伤，则饥之本也；女工害，则寒之原也。”韩非子也说：“仓廪之所以实者，耕农之本务也。而綦组、锦绣、刻画为末作者富。”《管子》一书中说：“今工以巧矣，而民不足于备用者，其悦在玩好；农以劳矣，而天下饥者，其悦在珍怪，方丈陈于前；女以巧矣，而天下寒者，其悦在文绣。”可见，管子学派反对“奇技淫巧”，因而《管子》提出：“毋听淫辞，毋作淫巧。”墨家学派对技术应用中的奢靡风气也持反对态度。《墨子·辞过》说，“当今之主，其为衣服……必厚作敛于百姓，暴夺衣食之财，以为锦绣文采靡曼之衣。铸金以为钩，珠玉以为佩。女工作文采，男工作刻镂，以为身服”，这是“单财劳力，毕归之于无用也”。如此形成风气，则“其民淫僻而难治，其君奢侈而难谏”，必然导致天下大乱。综上所述，先秦诸子普遍强调遏制“淫巧”“文巧”，激烈地抨击“奇技淫巧”，反对技术应用中的奢靡之风。

秦代至唐代的技术评价标准沿袭先秦传统，力求遏制奢靡之风，保持自

① 《尚书·大禹谟》。

然经济的稳定发展。自宋代商品经济有所发展，社会上对“经世致用”的理解也有了相应的变化。商品经济的繁荣使得普通民众逐渐从技术进步中得到好处，以往技艺工巧与奢侈品的密切联系逐渐淡化，因而“抑奢”的要求尽管依然存在，但并不突出了。成书于明代的《幼学琼林》中说：“人之所需，百工斯为备。但用则各适其用，而名则每异其名”，“然奇技似无益于人，而百艺则有济于用”。意思是说，奇巧的技能如果于人没有益处，再奇巧也是没有价值的；而百工技艺总有实际的用处，即使无奇巧处，也是有价值的。在此背景下，人们“重农抑商”的观念也有所转变，对工商业活动中技术的创造和应用采取了较为宽松的态度。

明末清初西方近现代技术逐渐传入我国。由于受到传统技术经世致用导向的影响，能够被接受的开始只能是某些实用的技艺和产品，尚停留在“用”的层次。至于源于西方的近现代技术的社会文化本体，则尽可能被排斥或过滤掉了。洋务运动的指导思想“中学为体，西学为用”，实际上是将整个西学都置于“用”的位置上，按照我国传统的“实用”标准加以选择。“中体西用”的观念推动了传统社会对近现代技术的接纳，但牵制了近现代技术的发展速度。

中国古代“经世致用”思想突出强调的是人的目的的合理性问题，高扬人的合理的目的性需求，而抑制人的不合理的目的性需求，这对当下审视和评判人与网络的关系问题无疑具有重要的借鉴意义。

（三）中国古代技术活动的伦理规范——“以道驭术”

中国古代的技术实践不仅强调对自然的遵循、对社会的适应，而且突出对伦理道德的坚守，严格地用伦理道德规范技术活动，以引导技术的发展。所谓“以道驭术”，简单地讲，就是在古代的技术实践活动中，要求作为技术活动主体的工匠艺人们所有的技术行为和技术应用都应该受到伦理道德的规范和约束。

“先秦儒家的‘以道驭术’观念强调工程技术活动所产生的宏观社会效

果，力求限制和消除不适当的技术应用带来的消极影响。”① 孔子讲：“志于道，据于德，依于仁，游于艺。”把道德作为人类一切社会活动的根本遵循。先秦儒家还强调“术”要以仁为本。孟子说：“矢人岂不仁与函人哉？矢人唯恐不伤人，函人唯恐伤人。巫匠亦然。故术不可不慎也。”墨家的“以道驭术”是“注重以技术道规范约束群体或个体工匠的技术活动，要求门徒学习大禹治水吃苦耐劳、栉风沐雨的精神，毫无功名利禄之心，勤生薄死，以赴天下之急”②。墨子要求“后世之墨者，多以裘褐为衣，以跂蹻为服，日夜不休，以自苦为极”，并说：“不能如此，非禹之道也，不足谓墨。”“兼利天下”既是墨家的政治主张，也是其对技术发展的道德要求。管子学派主张“非诚工不得食于工，非诚农不得食于农”，就是要求工匠和农民都要忠于职守、遵守劳作规则。这里“诚工”“诚农”是对那些有道德的工匠和农夫的称谓，《管子》中还提出了“良工”这一工匠的道德人格，说：“古之良工，不劳其知巧以为玩好。是故无用之物，守法者不失。”③ 总之，“以道驭术”的技术价值观对古代社会的工匠们提出了较高的道德要求。如果他们的技术实践活动不符合“以道驭术”的道德就会被视为“奇技淫巧”，就会受到社会舆论的谴责和抨击。

自秦代以降，我国技术发展中形成了比较稳定的道德规范，要求技术应用应该利国利民，各行各业的技术人员都应该吃苦耐劳、严肃认真、世守家业、尊师重教、恪守规矩，等等。后世的工匠艺人在招收学徒传授手艺时也大都沿用这一传统，而且在某些方面还有所发展。比如“物勒工名”制度对于保证产品质量就起到了很好的效果。值得注意的是，由于我国古代长期奉行“重农抑商”的政策，工商业活动在宋代以前规模都不大，对技术活动的伦理约束主要靠外在的监督和教化，这种约束机制其实并不完善。宋代至清代

---

① 王前：《“以道驭术”——我国先秦时期的技术伦理及其现代意义》，《自然辩证法通讯》2008年第1期。

② 王前：《“道”“技”之间——中国文化背景的技术哲学》，人民出版社2009年版，第137页。

③ 《管子·小匡》。

前期商品经济渐趋繁荣，在社会管理和伦理约束方面相对滞后的情况下，很容易导致技术活动的不规范现象，使得伪劣产品泛滥，即所谓“行滥”。于是，对这种现象从制度和伦理角度及时加以遏制，就成为宋代至清代“以道驭术”的核心问题。中国近代，以詹天佑、徐寿父子等为代表的工程师的身上既有传统技术伦理的深刻烙印，又受到近代西方技术伦理的某些影响；既注重技术应用利国利民的社会效果，又强调严格精细的技术管理，实现了由传统技术伦理向近代技术伦理的顺利转变，从而为“以道驭术”赋予了新的时代内容。

网络空间的无中心、无权威、高度自由以及大多数场景的匿名状态和社会身份线索的缺失，极易导致网民的网络行为失范现象，如何发挥伦理道德对网民的网络行为的规范与约束作用已经成为一个迫切而又颇为棘手的问题，深入体悟中国古代“以道驭术”的精髓势必对破解这一难题大有裨益。只有用“道”的“紧箍咒”才能缚住失去肉身的“数字苍龙”，这既要求工程技术人员在网络技术的开发与利用上严格以伦理道德规范作价值导引，又要求广大网民在各种网络活动中自觉地坚守道德规范，唯有如此才能还网络一片宁静、和谐、规范和清朗的天空。

综上所述，中国古代技术实践中的“顺应自然”思想、“经世致用”思想和“以道驭术”思想反映了我国古代技术实践的基本准则、价值评判和伦理规范，体现了合规律性与合目的性的统一、工具理性和价值理性的统一，对我们审视当下人与网络之间的关系，倡导“人网和谐”与“人网一体”，并切实规范人们的网络实践活动具有诸多启发意义和借鉴价值，是我们研究网络对人的影响这一问题的重要思想资源。

第三节 网络对大学生思想和行为影响研究之西方的思想借鉴

人类的生存离不开周围的环境，其思想和行为的形成和发展也必定会受到外界环境的影响与制约。同时，在人类认识自然和征服自然的漫漫征途上，也不断有新的技术诞生，如何认识人与技术之间的关系一直是与人类自身发展相伴而生的课题。环境对人的影响与人与技术的关系问题，很早以来就受到人们的重视，相关的观点也层出不穷，西方国家在这两个方面的思想蔚为大观。梳理、归纳西方国家关于人与环境以及人与技术之间的关系的论述，可以为网络对大学生思想和行为影响的研究提供宝贵的思想借鉴，从而为研究的展开和深入夯实理论支撑。

一、西方关于人与环境关系的思想演进

梳理西方国家历史发展的脉络，大体上可以将西方学者们关于人与环境关系的思想分为以下三种。

（一）“环境有用论”思想

古希腊哲学家德谟克利特认为，“人只有经过环境的熏陶、日常的锻炼和教育才能获得‘第二本性’”。① 他说“本性和教育有某些方面相似：教育可以改变一个人，但这样做了它就创造了一种第二本性。”他认为，交朋友一定要选择高尚的人，“连一个高尚朋友都没有的人，是不值得活着的。”要求人们注意接触周围的人，警告要避免坏的榜样的影响，他说：“应该反对那种做了一件不义的事情的人，但如果这不可能，也应该避免做他的从犯。”“模仿坏人而甚至不愿模仿好人，是很恶劣的。”德谟克利特主张把实际练习、养成提到德育的首位，“应该热心地致力于照道德行事，而不要空谈道德”。② 强调在实际练习与养成过程中形成良好的道德习惯。

亚里士多德很好地继承和发展了德谟克利特的“环境有用论”思想。

① 郑永廷：《德育环境理论比较研究》，《学校思想教育》1992 年第 5 期。

② 北京大学哲学系编译：《古希腊罗马哲学》，商务印书馆 1982 年版，第 108—111 页。

他说，“人不可能离开周围的环境，不可能脱离城邦。离开城邦，脱离与他人的社会关系，个人就不可能获得真正的幸福”①。在亚里士多德看来，“存在就是活动，活动、发展是一切存在的基础”。他指出：“肉体是灵魂活动的必要条件；德行是一种善于实现相应活动的能力；‘没有活动也就没有幸福，幸福是一切活动的完成’；发展人的能力要依赖教育活动；教育活动要依据自然，把体育、德育和智育紧密联系在一起，并且‘体育应先于智育’。”亚里士多德十分重视教育环境的作用，认为“儿童到了一定的年龄，就应当入学校。学校统统要由国家来办，而且要为学生普遍创造适宜的教育环境”②。

（二）“环境无用论”思想

古希腊著名的哲学家苏格拉底从唯心主义原则出发，认为“所谓真正的道德必须以承认灵魂和神为出发点，道德教育就是对绝对道德概念的探索，而不是对我们周围环境和现实世界的认识与反映”③。他否定客观环境和外部世界对人的道德教育所起的作用。柏拉图的德育理论是以客观唯心主义为基础的。他认为，“道德是与现实生活无关的先天存在的‘绝对理念’，只要人们对这种绝对理念进行认识或沉思，接近和向往绝对理念，就能回忆起绝对理念。只要接近、向往和回忆绝对理念，就是道德的，就是在接受德育”④。由此可见，柏拉图和他的老师苏格拉底一样都是典型的德育环境无用论者，也是彻底的德育神秘主义者。

欧洲中世纪时期，宗教神学统治一切，哲学、文学、艺术等都变成了神学的附庸。基督教哲学及其道德观认为，人和万事万物都是由上帝创造的，万事皆空，外部环境转瞬即逝，人生就是一场噩梦。为了摆脱苦难，必须终

---

① 郑永廷：《德育环境理论比较研究》，《学校思想教育》1992 年第 5 期。
② 郑永廷：《德育环境理论比较研究》，《学校思想教育》1992 年第 5 期。
③ 郑永廷：《德育环境理论比较研究》，《学校思想教育》1992 年第 5 期。
④ 郑永廷：《德育环境理论比较研究》，《学校思想教育》1992 年第 5 期。

身热爱、信仰和服从上帝，以期求来世之好运。奥古斯丁认为，“什么周围环境的作用，现实生活和影响，以及各种各样的教育，都是没有用的”①。由此可见，中世纪基督教也是宣扬教育环境无用论的。

（三）“环境决定论”思想

17世纪，英国哲学家洛克提出了道德教育的“白板说”。他认为，“人出生时心灵像一块白板或一张白纸，上面没有任何标记，思想观念是从后天的经验中获得的”。“客观环境对人的感觉产生刺激，引起反映，从而获得经验，在经验的基础上产生思想道德观念”。显然，洛克是持“环境有用论”者。他“依据外部经验论，比较强调教育环境的作用”。认为“对学生的教育不能主要靠口头的教训，而应当为学生树立榜样，进行示范，注意周围的环境影响”。② 洛克强调：“务必接受一个不容置疑的真理，无论给儿童什么样的教训，无论每日给他什么样的聪明而文雅的训练，对他的行为能发生最大影响的依然是他周围的同伴，是他的监护人的行动的榜样。”③ 此外，洛克还认为，必须要培养学生的良好习惯。当然，那些良好习惯的养成绝不能只靠向学生们讲述规则，还必须通过实践活动去培养。他说：“绝不能用一些固定不变的规则来教育学生，因为这会被忘掉的。如果认为必须给儿童养成某种习惯，那就要通过实践使这种习惯在儿童身上巩固起来。”④

法国启蒙思想家孟德斯鸠认为，气候对一个民族的性格、感情、道德、风俗等会产生巨大影响，也认为土壤同居民性格之间，尤其同民族的政治制度之间有非常密切的联系。他在《论法的精神》第三卷中用了五章内容详尽地阐述了法律、民事奴隶制的法律、家庭奴隶制的法律、政治奴役的法律和气候的性质的关系以及法律和土壤的性质的关系。他认为：“人们在寒冷

---

① 郑永廷：《德育环境理论比较研究》，《学校思想教育》1992年第5期。
② 郑永廷：《德育环境理论比较研究》，《学校思想教育》1992年第6期。
③ 曹孚编：《外国教育史》，人民教育出版社1981年版。
④ 曹孚编：《外国教育史》，人民教育出版社1981年版。

气候下，便有较充沛的精力。”“如果把一个人放在闷热的地方……他便要感到心神非常萎靡”；“炎热国家的人民，就像老头子一样怯懦；寒冷国家的人民，则像青年人一样勇敢”。“在寒冷的国家，人们对快乐的感受性是很低的。在温暖的国家，人们对快乐的感受性就多些”；“不同气候的不同需要产生了不同的生活方式，不同的生活方式产生了不同种类的法律”。①同时，他还指出，“一个国家土地优良就自然地产生依赖性”，“土地肥沃的国家常常是‘单人统治的政体’，而土地不太肥沃的国家则常常是‘数人统治的政体’”。他说：“肥沃的地方常常是平原，无法同强者对抗，只好向强者屈服；一经屈服，自由的精神便一去不复返了”；“多山国家的人民，保存着比较宽和的政体，因为他们不那么容易被征服”。“土地贫瘠，使人勤奋、俭朴、耐劳、勇敢和适宜于战争……土地膏腴使人因生活宽裕而柔弱、怠情、贪生怕死。”② 孟德斯鸠的“地理环境决定论”只是看到气候、土壤等地理环境对人类生活影响的诸多表象，而没有揭示出这些表象背后的深层原因。历史唯物主义认为，人类的物质生产活动才是影响社会历史发展（包括民族性格的形成）的决定性因素。

18 世纪法国唯物主义哲学家爱尔维修是“环境决定论”和“教育万能论”的典型代表。他特别强调“环境和一个国家的社会政治制度对人的思想和行为的重大作用”。他认为：“青年的新的主要的教师，是他所生活于其中的国家的统治形式和由这个统治形式所产生的人民的习俗。”“人是环境和教育的产物，恶习和美德完全是社会影响的结果。要改善社会道德状况，提高人们的道德品质，关键在于教学良好的公共教育，改良社会环境和政治法律。”③ 这里爱尔维修所强调的教育，实际上包括人们所处的环境。他认为“教育是万能的，它甚至还能够创造天才”，“教育把我们变成现在

---

① ［法］孟德斯鸠：《论法的精神》（上册），张雁深译，商务印书馆 1993 年版，第 227—229、235 页。

② ［法］孟德斯鸠：《论法的精神》（上册），张雁深译，商务印书馆 1993 年版，第 280—282 页。

③ 郑永廷：《德育环境理论比较研究》，《学校思想教育》1992 年第 6 期。

的这种样子”。

19 世纪空想社会主义者欧文也是“环境决定论”者。他说：“‘人是环境的产物’，他一生的每一时刻中所处的环境和他的天生品质使他成为什么样的人，他就是什么样的人。”① 20 世纪行为主义学派创始人华生否定遗传的作用，认为人的道德和不道德的行为都是环境影响的结果，环境和教育决定人的发展。他说过这样一段话：“给我一打健全的儿童，一个由我支配的特殊环境，我可以用特殊的方法任意地加以改变，或者使他们成为医生、律师……或者使他们成为乞丐、盗贼。”② 由此可见，华生也是一个绝对的“环境决定论”者。

社会学习理论的代表人物班图拉认为，人与环境是一个互动体，人的行为是这个互动体的反映，人既能够对环境的刺激作出反应，也能够主动地解释并作用于情境；人的行为不仅可以被现实经验所规定，也受未来预测所影响。它的核心是观察学习。他强调，人可以从环境中直接学习，榜样示范是道德教育的主要手段。③

综上所述，西方思想家们关于人与环境关系的各种思想观点，提出了许多有价值的见解，对本课题的研究具有重要的借鉴意义。需要指出的是，由于受历史和阶级的局限，这些思想观点都不可能科学地揭示环境和人们的思想道德之间的正确关系。只有马克思主义的关于人与环境的基本原理才是唯物的、辩证的，因而也是科学的。

二、西方关于人与技术关系的思想流变

自人类出现以来，技术就一直与人类的生存与发展息息相关，及至近现代，这两者之间的联系愈加紧密。可以说，人类的历史就是一部利用工具和

① 《欧文选集》（下卷），柯象峰等译，商务印书馆 1965 年版，第 337 页。
② 郑永廷：《德育环境理论比较研究》，《学校思想教育》1992 年第 6 期。
③ 张耀灿、郑永廷等：《现代思想政治教育学》，人民出版社 2006 年版，第 309 页。

制作工具的历史，工具使用的历史贯穿人类的历史始终。对人类来说，技术像是一把“双刃剑”，时而会呈现善的一面，时而也会呈现恶的一面。

早在古希腊时期，柏拉图在他的《斐德罗篇》（*Phaedrus*）中就记载了一个关于埃及国王塔姆斯（Thamus）和大发明家提乌斯（Theuth）的故事。提乌斯在向国王介绍他发明的文字时说道：“国王陛下，这项发明将改进埃及人民的智慧和记忆。我所发现的正是这样一瓶提升记忆和智慧的灵丹妙药。”国王塔姆斯则回应道：“提乌斯先生，您真是一位伟大的发明家，但在评价某种技艺对使用者所带来的好处和坏处时，技艺的发明人往往不能做出最好的评价。就像您刚才提到的文字，您是文字之父，自然会喜欢自己发明的文字，却可能因此看不到这项发明实际作用的反面。人们学会读文字之后，就不会再锻炼自己的记忆力，因此会变得健忘。人们对文字产生依赖之后，需要外在的标识才能唤醒记忆中的信息，而不再运用自身内在的资源。您所发明的灵丹妙药，能改善的只是回忆，而不是记忆。至于智慧，人们即使掌握了文字这项技能，也可能只是虚有其表、名不副实，因为他们虽然获取了大量的信息，却得不到适当的指引。因此最后可能出现的情况是，他们虽然看似学识渊博，其实对大多数事情都一无所知。这些人满脑子都是虚假的智慧，而非真正的智慧，因而将成为社会的负担。”这段塔姆斯和提乌斯关于文字发明的对话令人深思，它也是人类历史上第一次对新的技术或发明可能带来的社会影响的思考。姑且不论塔姆斯认为文字将损害记忆并制造虚假智慧的论断是否失之偏颇，从这个故事我们或许能够学会如何以谨慎的态度思考现代技术社会。认为某种技术发明仅存在单一效应的这种想法是错误的。任何一种技术都既是负担，又是福音；不是非黑即白，而是利弊并存。①

被马克思誉为“英国唯物主义和整个近代实验科学的真正始祖”、“实验哲学之父”和“近代自然科学直接的或感性的缔造者”的弗朗西斯·培根在

---

① ［美］尼尔·波兹曼：《技术垄断：文明向技术投降》，机械工业出版社 2013 年版，第 2—3 页。

《新工具》一书中写道："还应该注意到新发现的力量、作用和后果，最明显的例子当数印刷术、火药和指南针。这三种发明在远古时代并未出现，其起源虽在近世，却依然模糊不清。三大发明彻底改变了整个世界的面貌和事物：印刷术改变了学术，火药改变了战争，指南针改变了航海术，在此基础上还引发了无穷无尽的变化。其改变之深远，是任何一个帝国、教派或星球的力量和影响所不能比拟的。"这里，培根十分清楚地肯定了技术对文明创造的影响并提出了"科学是力量和进步的源泉"这一至理名言。

西方国家对人类技术实践的全面思考主要发端于近代尤其是工业革命兴起之后，在审视人类技术实践的过程中，出现了许多技术思潮，形成了多种技术观，如"技术乌托邦主义""技术悲观主义""技术无政府主义""技术理性主义"等。总体来看，西方近代的技术思想呈现学派众多、知名人物众多、思想体系众多、派别纷争众多、思想格局繁杂的状况。鉴于笔者技术哲学知识的匮乏和所掌握文献资料的有限，下面主要从技术工具论和技术价值论两个维度来梳理西方国家关于人与技术关系的认识。

（一）技术工具论

技术工具论（instrumentalism）又称"技术中性论（value-neutral）"，认为"技术不过是一种达到目的的手段或工具体系，技术本身是中性的，它听命于人的目的，只是在技术的使用者手里才成为行善或施恶的力量"①。比如，德国存在主义哲学大师雅思贝尔斯认为："技术本身既非善亦非恶，但它能用于善也能用于恶。它本身不包含任何思想，既无尽善尽美的思想，也无毁灭的恶魔般的思想。二者皆来自人类中的另一些根源，人类赋予技术以意义。"② 将技术作为工具或手段，关注的是技术的自然属性及技术内在

① 古娟、刘志业、张召媛：《关于技术工具论和技术价值论的哲学思考》，《湖北经济学院学报（人文社会科学版）》2010 年第 9 期。

② ［德］雅思贝尔斯：《历史的起源与目标》，魏楚雄、俞新天译，华夏出版社 1989 年版，第 132 页。

价值的存在。

早在古希腊就有了“技术观工具论”的萌芽。例如，亚里士多德认为：“技术本身并非目的，而只是一种手段，由于目的对工具具有有限性地位，因此相比于人，技术是第二性的东西。”① 及至18世纪的工业革命时代，技术的发展不仅带来了巨大的物质财富，而且也导致了一系列社会和文化的变革，技术被视为达到人类发展目的的最重要的工具。此后，“工具论”一直成为占主导地位的技术观念和流行观念。正如美国著名的思想家梭罗曾说的，“我们大多数人都容易沦为工具的工具”。

“工具论”技术观往往容易得到大众的理解与支持，在日常生活领域和纯技术领域，很多人都坚持认为技术只是人认识世界和改造世界的工具。技术本身没有价值，人类所有技术实践的价值效应是人赋予的而与工具本身无关。“毋庸置疑，技术工具论的观点具有其历史合理性，这种视技术为‘工具’的观点反映了相当长时期内技术在社会中的地位和形象。”② 但是，从技术工具论出发，人们往往容易放大工具的意义，进而扩张人作为工具的主宰地位，于是容易陷于工具理性的膨胀和人类中心主义。

（二）技术价值论

“在对工具论技术观进行批判性反思的过程中，人们逐步认识到，技术是文化、文明和社会不可分割的一部分；技术本身同时具有‘目的’和‘手段’的双重甚至多重意义；技术并非‘中性’，而是反映了一种价值、文化甚至利益和权力。”③ 当前，人们对技术给人类带来的到底是善还是恶的认识越来越困难，因为技术活动与其产生的后果之间的因果链条传递的时

① 张成岗：《西方技术观的历史嬗变与当代启示》，《南京大学学报（哲学·人文科学·社会科学）》2013年第4期。

② 张成岗：《西方技术观的历史嬗变与当代启示》，《南京大学学报（哲学·人文科学·社会科学）》2013年第4期。

③ 张成岗：《西方技术观的历史嬗变与当代启示》，《南京大学学报（哲学·人文科学·社会科学）》2013年第4期。

间越来越长、空间范围越来越广。比如，人们现在对食品转基因技术的争论，就是因为暂时还没有看到这种技术对人类明显的负面作用，但是谁都不能保证在长远的未来这种技术对人绝对没有任何负面作用。在当代社会，我们已经很难把技术及其应用截然地分开了。正如埃鲁尔指出的："在技术与它的使用之间不存在什么差别。个人在技术面前面临着唯一的选择，要么按照技术规则所要求的去使用技术，要么就根本不使用技术。"①

在此背景下，技术中性论受到技术价值论的批判。技术价值论认为，"技术是价值负荷的，技术不仅仅是方法或手段，它在政治、经济、文化、伦理上并不是中性的，我们可以对技术做出是非善恶的价值判断。②" 技术是一种体现自身特定价值和具有独立性的社会力量。技术价值论又可以细分为社会建构论（social constructivism）和技术决定论（technological determinism）两种学派。"社会建构论认为，技术发展依赖于特定的社会情境，技术活动受技术主体的经济利益、文化背景、价值取向等社会因素决定，在技术与社会的互动整合中形成了技术的价值负载，技术不仅体现技术价值判断，更体现出广泛的社会价值和技术主体利益。……按照技术决定论的观点，'技术已经成为一种自主的技术'，技术包含了某些它本来意义上的后果，表现出某种特定的结构和要求，引起人和社会做特定的调整，这种调整是强加于我们的，而不管我们是否喜欢。"③

总体而言，技术价值论把技术作为一种文化系统来看待，认为技术被赋予了价值，它远远不是中性工具的总和。技术拥有了自主性，从而在人与技术的关系中挑战人的主体地位，走向技术对人的统治，人类开始意识到技术的威胁，并生发出种种文化的批判和反思。人与技术关系的文化反思往往容易陷入技术悲观主义的泥淖，出现反技术、抑制技术、回归"原始"等主

---

① 张成岗：《西方技术观的历史嬗变与当代启示》，《南京大学学报（哲学·人文科学·社会科学）》2013 年第 4 期。

② 古娟、刘志业、张召媛：《关于技术工具论和技术价值论的哲学思考》，《湖北经济学院学报（人文社会科学版）》2010 年第 9 期。

③ 李宏伟：《技术的价值观》，《自然辩证法通讯》2005 年第 5 期。

张，感性的批判大于理性的审视。

综上所述，西方学者关于人与技术之间关系的论争不仅拓宽了我们认识技术的视野，而且也深化了我们对技术的理解，为网络对人的思想和行为影响的研究提供了诸多可借鉴的理论资源。

第二章

网络对大学生思想和行为影响的内涵、特征与类型

互联网自诞生以来，就一直受到人们的广泛关注，它给人们的生活带来了难以想象的巨大变化，不断改变着人们的思想观念和行为方式。21 世纪，互联网的迅猛发展使得人们的生活越来越离不开网络，特别是大学生网民群体，由于其身心发育的特殊性，网络对其影响之大不言而喻。本章旨在通过对“网络对大学生思想和行为的影响”这一概念进行剖析与解读，试图从内涵与外延两个方面比较科学完整地界定本课题研究的基本理论，奠定本课题研究的逻辑基石，厘清本课题的研究对象和研究范围。在此基础上，根据网络对大学生思想和行为影响的不同类型，分别讨论网络对大学生思想和行为的直接影响与间接影响、积极影响与消极影响、显在影响与潜在影响、近期影响与长远影响等，以回答网络对大学生思想和行为是否有影响，影响具体表现在哪些方面以及影响的大小、深浅、长短等问题。

第一节　网络对大学生思想和行为影响概述

网络对大学生思想和行为的影响，是指网络对大学生的思想和行为所起

的作用。网络信息时代，网络对大学生的影响是全方位的，具有全面多样性、深刻复杂性、双重性、长期性和不可逆性等特征。根据不同的标准，可将网络对大学生思想和行为的影响进行不同的分类。正所谓“横看成岭侧成峰，远近高低各不同”，每种分类都有助于我们进一步认识网络对大学生思想和行为影响的全面性和深刻性，以便绘制出网络对大学生思想和行为影响的全息影像。

一、网络对大学生思想和行为影响的基本内涵

根据《现代汉语词典》的解释，“影响”一词主要有两层意思。其一，对别人的思想或行为起作用（如影之随形、响之应声）；其二，对人或事物所起的作用。百度百科“影响”词条的解释是“以间接或无形的方式来作用或改变人或事的行为、思想或性质”。

根据“影响”的词义，我们认为，网络对大学生思想和行为的影响，就是指网络对大学生思想和行为所起的作用。具体而言，网络对大学生的影响包括网络对大学生认知、情感、意志、思维、个性、人格、道德等思想方面的影响和网络对大学生学习、日常生活、社会交往、娱乐、消费等行为方面的影响。

需要强调的是，当今我国高校各类在校大学生有四千多万人，因此，我们在研究网络对大学生思想和行为的影响时不可能针对具体的大学生个体，而必须把他们作为一个统一的整体，通过对个体的抽象、归纳和概括，从整体上来把握他们的思想和行为特点。因此，本课题研究中所讲的“网络对大学生思想和行为的影响”，就是针对大学生网民群体而言的，也就是说大学生网民群体是本课题研究和考察的对象，即研究和考察网络对大学生网民群体的思想和行为所起的作用。

二、网络对大学生思想和行为影响的主要特征

网络作为具有社会变革意义的信息传递工具，其对大学生思想和行为的影响是全方位、全过程的，也是多方面的。透过各种千差万别的表象，我们可以抽象出以下具体特征：

其一，全面多样性。当代大学生是网络原住民，也是全员网民。因此，网络影响的不是一个大学生或者某几个大学生，而是所有的在校大学生。同时，网络对大学生的影响不是局限在某个方面或者某一领域，而是涉及他们大学生活的全部，不仅包括学习、生活、社会交往，而且也会影响到他们未来的整个人生，网络改变着其认知世界、省察人生和了解社会的思维模式和行为导向。网络既影响到大学生的世界观、人生观、价值观和道德观等思想意识，也会在潜移默化中改变着他们的行为。

其二，深刻复杂性。网络的出场和对人类日常生活的渗透使作为个体的人的思想行为以直接或间接的方式发生了相应的转移，被赋予了网络化的实践色彩和互联网的价值属性。大学生是社会人群中最活跃并最青睐新鲜事物的群体，但是，由于大学生的认知结构、情感能力、心智水平和价值观念等均处于尚未定型的塑形阶段，故而他们也最容易受到外界事物的影响和冲击，并由此形成复杂多变的思想与行为。网络对大学生网民的影响是深刻的，不仅深入其思想意识和灵魂深处，改变其认知、情感、意志、思维、个性和人格，也会在无形之中形塑大学生的“三观”，更会影响和改变大学生的学习方式、生活方式、社会交往方式、消费方式和工作方式。网络对大学生的影响也是复杂的，网络对大学生的影响既有积极的一面，也有消极的一面；有正面的影响，也有负面的影响；有些影响是近期的，有些影响则是长期的；有些影响是显在的，也有暂时看不见的潜在影响。一言以蔽之，网络对大学生的影响具有深刻复杂性。

其三，影响的双重性。网络的虚拟生存方式给大学生造成了双重的、悖

论性的发展境遇，使其主体性的提升与新的主体依赖并存、个性发展与个性异化的背反、交往的单纯化与交往异化共在、道德发展与道德失范共生，从而为网络思想政治教育的主客体关系等方面带来难得的发展背景、发展机遇和发展平台，也带来了空前的挑战和难题。总体上讲，网络对当代大学生思想和行为的影响是双重的，既表现为积极的影响，也表现为消极的影响；既表现为正面的影响，也表现为负面的影响；既表现为显在的影响，也表现为潜在的影响；既表现为直接影响，也表现为间接影响；既有长远的影响，也有近期的影响。

其四，影响的长期性和不可逆性。网络对人们的影响是长期的，并且是不可逆的，就像我们习惯了每天看报纸、听广播和看电视一样，一旦无法看到相关的报纸、收听不到广播、无法观看电视，我们就会感到极度的不适应和高度的焦虑。网络亦是如此，从网络诞生以来，我们就日益依赖于它，甚至如影随形、须臾不离。“我们越来越依赖虚拟世界——网络所创造的一切，人们已经无法想象没有电脑、没有网络的生活，我们好像患上了某种强迫症，一遍遍地刷新网页，而短暂的断网也使我们心绪不宁。注意力极易分散，记忆力严重退化，想象力和创造力被极度扼杀……我们在网络越来越强大的信息世界面前，越来越措手不及，越来越被机器所主宰。”① 没有手机，没有网络，我们好像就不会学习了，更不知道该怎么去工作，我们的人际关系也可能会遭受重大损失。正如弗兰克·施尔玛赫所言：“假设一下，如果我明天和网络或者电脑脱离关系的话，这可不仅仅是离开信息提供者这么简单的事情，它更是我社会关系的终结，这一结果将会使我非常痛苦。”② 大学生网民对网络的依赖程度更要高于一般群体，比如校园里随处可见的“低头族”和“键盘侠”，没有网络，他们就无法学习，甚至无法生活，网络对当代大学生已经产生了不可逆转的影响。

---

① ［德］弗兰克·施尔玛赫：《网络至死》，邱袁炜译，龙门书局 2011 年版，封二内容简介。

② ［德］弗兰克·施尔玛赫：《网络至死》，邱袁炜译，龙门书局 2011 年版，第 3 页。

三、网络对大学生思想和行为影响的类型分析

网络对当代大学生思想和行为的影响是复杂的，也是多方面的，按照不同标准可以将网络对大学生思想和行为的影响划分为不同的类型。主要有以下几种分类：

第一，按照网络对大学生思想和行为影响的性质不同，可以将其分为积极影响和消极影响。前者是指网络给大学生的思想和行为带来的有益于其身心健康并有利于其成长成才所起到的积极作用；后者是指网络给大学生的思想和行为带来的不利于其身心健康及其成长成才所起到的消极作用。

第二，按照网络对大学生思想和行为影响的方向不同，可以将其分为正面影响与负面影响。前者是指网络对大学生的世界观、人生观、价值观和道德观的形成与发展以及大学生的成长成才所具有的正向作用；后者是指网络对大学生世界观、人生观、价值观和道德观的形成与发展以及大学生的成长成才所具有的反向作用。网络对大学生思想和行为的正面影响有助于大学生形成区分是非、好坏、荣辱、得失、祸福、苦乐和利害等问题的基本观点，帮助他们形成正确的审美观；而网络对大学生思想和行为的负面影响则可能使他们是非、美丑、荣辱不分，从而形成错误的审丑观。

第三，按照网络对大学生思想和行为影响的作用方式不同，可以将其分为显在影响与潜在影响。显在影响是指网络对大学生思想和行为影响的直接性、浅层性、可见性和不稳定性；潜在影响是指网络对大学生思想和行为影响的间接性、深层性、稳定性。

第四，按照网络对大学生思想和行为影响的时间远近不同，可以将其分为近期影响与长远影响。近期与长远是一对相互对应的概念，均以对方的存在为自身存在的前提。不存在绝对的近与远，都是以一定的参考时间为标准。所以，在这里笔者把网络对大学生思想和行为的近期影响限定为网络对大学生在校学习和生活期间的影响，把网络对大学生思想和行为的长远影响

限定为网络对大学生离校以后乃至整个人生阶段的影响。当然这种划分只有相对的意义，因为近期与长远影响是可能产生交互影响的。

第五，按照网络对大学生思想和行为影响的作用效果，可以将其分为有影响与无影响或者影响大与影响小四种情况。恩格斯在书信中曾谈到人与环境之间的关系，“我们每一个人都或多或少地受着我们主要在其中活动的精神环境的影响”①。网络作为一种新兴事物，是人造物，同时反作用于人。大学生的学习和生活离不开网络，自然也受到网络影响。根据网络对每个学生个体的影响程度，就存在着有影响和无影响以及影响大与影响小的区别。

需要说明的是，由于网络自身的特性，其对大学生思想与行为的影响必然是多方面的，以上划分就是从不同的层次和角度进行的。同时，网络对大学生的影响也是全方位的，各种不同的影响也是同步交叉发生的，不存在绝对单一性的影响。也就是说，上述分类必然存在着交叉与重叠，从某一角度看是积极的影响，从另一角度看则是正面影响，又或者是显在的影响或者长远的影响，如此等等，不一而足。根据不同标准划分出不同的种类，其意义在于帮助我们更加深入地认识和理解网络对大学生思想和行为影响的全面深刻性。

第二节　网络对大学生思想和行为的积极影响和消极影响

随着信息技术的发展，网络极大地改变了人类的生产和生活。网络便于人们迅速而全面地查询所需资料，帮助人们获得及时更新的资讯，人们也可以通过网络转账、缴费、购买各种商品等。通过网络，人们可以与全世界建立联系，可以和全国各地甚至是全球各地的人们随时交流，极大地压缩了人

① 《马克思恩格斯选集》第4卷，人民出版社2012年版，第517页。

们之间的时空距离。当今时代，我们几乎每个人都置身于网络之中，与其说网络改变了我们的生活，毋宁说网络已经成为我们的生活中不可或缺的组成部分。尤其是高校大学生群体，网络对他们的生活、学习、交往、娱乐、消费等都产生了巨大的挑战与冲击。网络文化几乎已经浸润到大学生思想和行为的每个细胞之中。

一、网络对大学生思想的积极影响和消极影响

大学生是网络活动的主要参与者，在网络实践活动中，网络从不同的方面对大学生的思想产生了巨大的影响，其中既有积极的一面，也有消极的一面。

（一）网络对大学生思想的积极影响

1. 网络有利于满足大学生多层次的需要

大学生自我意识渐趋成熟，自尊心日益增强，网络的丰富信息、快速传播和广泛影响等功能，对具有较强求知欲的大学生具有较大诱惑力。网络能够满足他们多层次的需要。

第一，能够满足他们安全方面的需要。个人只有归属于群体时，才会增强信心和力量，互相依赖，互相帮助，免于孤独、寂寞、恐惧感，获得心理上的安全感。

第二，能够满足他们归属的需要和社会交往的需要。人生活于关系世界，是人区别于动物的根本特征之一。一个人无论在什么时候、什么地方，都会寻找归属感，寻找自己的位置，而群体能满足这一需要。群体中的个体不仅能体会到自己是群体的一分子，而且能进一步体会到自己是社会的一分子，能够确认自己在群体和社会中的地位。人是社会的人，具有社会属性，个体只有在群体中才能得到社会交往的机会，满足其社会交往的需要。网络可以使人们超越时空的限制，真正实现全天候的交往，无论何时，也无论你

身处何地，更无论你有着什么特殊的爱好或者抱着什么样的目的，你都可以在网络上找到志同道合者。不同类型的网民群体可以满足其成员各自不同的社会交往的需要，为他们提供广阔的活动天地，帮助成员解决困难，增加知识，促进成员之间的信任与合作，并在交往中获得友谊、关怀、支持和帮助。

第三，能够满足他们心理上慰藉的需要。当今时代，大学生面对来自学习、工作、生活等方面的竞争，需要承受无数的压力，难免会产生一些烦恼和苦闷。但是，他们总是发现，在现实社会中，要么是“知音少，弦断无人听”，找不到可以倾诉的对象；要么就是自己甩不开脸面，不愿意向别人展示自己脆弱的一面或者害怕别人知道自己的隐私。因此，他们不愿意向他人去倾诉。网络的匿名性和身体缺场则使得他们可以大胆地向他人倾诉，也不用担心找不到倾诉对象。在网络上，一天 24 小时都有人在线，倾诉者可以随时注册加入一个网民群体中，淋漓尽致地向其他成员倾诉；而且群体的其他成员总会带着“关爱”的心情接受倾诉，并给予倾诉者适时的劝导和共享情感体验，使得倾诉者获得极大的心理慰藉。

第四，能够满足他们尊重的需要。人有尊重的需要，而它必须依赖与人交往才能得到满足。个人在群体中的地位，无论是职位上的地位还是心理上的地位，如受人欢迎、受人尊重、受人爱护等，都可以在群体中得到满足。另外，一个人工作上的功过只由个人来评价是不客观的，也是不公正的，必须由群体来评价才可能得到公认。因此，个人的工作成就必须在群体中进行评价，并获得群体的认可，个人才可获得荣誉，得到群体成员的尊重，获得自尊的满足。

第五，能够满足他们“责任感”“成就感”的需要。个人要做出某方面的成就，总离不开他人的帮助与合作，个人的成长、进步与事业上的成功，总离不开群体的帮助。[①] 人只有在群体中才会有归属感，通过与他人分享自

---

① 曹银忠：《大学生网民群体研究》，人民出版社 2019 年，第 110—111 页。

己取得的成就而获得心理的慰藉，通过对群体和他人承担责任，才会感受到自身的存在价值。

2. 网络有利于树立大学生开放包容意识

网络是自由的、开放的，不同地区、不同民族、不同国家之间的思想文化彼此交流、交融和激荡，从而构成了多元并存、兼容并蓄的网络文化。本土文化与外来文化、传统文化与流行文化、精英文化与草根文化共同组成了一个琳琅满目、蔚为大观的文化宝库。网络技术促进了时间和空间的“压缩”，位于地球两端的两个人，不仅可以“实时”交谈，还可以借助网络聊天工具向对方发送文件和图像。互联网和移动电话的广泛使用加深和加速了全球化过程，把不同年龄、不同肤色、不同种族、不同语言、不同文化和不同信仰的人汇聚在一起，他们彼此之间相互沟通、相互交流、相互学习、相互包容，形成了一个更适宜于人类生存与发展的网络空间新场域。大学生经常会在网络社区里分享自己的经验、上传各种资料，表现出对社区网友的友爱和信任。因此，网络不仅拓宽了大学生的视野，为他们搭建了精神寄托和共鸣的平台，也有助于他们突破地域上的狭隘性与文化上的保守性，加深他们对世界文化多样性的理解、认识与认同，有利于他们树立开放包容的意识。

3. 网络有利于大学生形成自由独立的个性

网络空间相对于现实社会，具有更加开放、自由、民主和平等的特性。在网络中，每位网络用户原本的先赋角色如种族、性别、家庭出身、年龄、外貌等和自致角色如身份、地位、权势等都同时被遮蔽或被消解，大家只剩下一个共同的身份——网民。网民们因共同的兴趣、爱好、信仰、价值观念而聚集成群，结成不同的网络社区或论坛。在网络社区或论坛里，大学生网民都可以就国际国内的时政新闻、社会民生、改革发展等社会热点问题自由地发表各自的不同观点，对社会上涌现出的好人好事进行褒奖与点赞，对那些不道德、不合法等给社会带来负能量的人和事进行抨击与批判。大学生网民通过亲身体验各种不同信息的筛选与判断，不同观点的冲突与激荡，不仅培育了自由意识和平等观念，也尽情地展示自己的个性，进行自我认识与自我评价，从而达到价值的内化和自我意识的强化。这也使大学生可以从对权威的盲目跟从中走出来，提高了他们的主体意识，增强了他们的权利观念，最终有利于大学生独立个性的形成。

（二）网络对大学生思想的消极影响

1. 网络会助长大学生的个人主义倾向

网络消解了传统的社会权威，使个人主义勃兴，对传统权利与义务关系的解释模式构成挑战与威胁，容易滋生个人主义和无政府主义。国外有学者认为，“互联网鼓励更偏重个人中心的取向，而这是由互联网的 DNA 决定的。……韦尔曼及其同仁断言，互联网强化了‘网络化的个人主义’，损害了‘群体或地域的团结’”。① 人类社会在长期的合作中逐渐形成的社会道德、法律规范、家庭伦理和日常生活中的礼仪，对社会的稳定和发展有着巨大的作用。网络的匿名性和隐蔽性，容易使一些大学生将网络视为真空地带，在网络实践和互动中突破道德伦理、法律规范和礼仪制度的约束，产生“无人在场”或“绝对自由”的心理。例如，互联网世界中有一个著名的说法：“你永远不知道网络的对面是一个人还是一条狗!”网络交流中，时常有人利用虚假信息，编造假身份，骗取他人的信任。在网络环境下，现实社会通行的道德和法律调节机制失灵。当大学生习惯了在网络中放松对自我的道德约束，为所欲为、肆无忌惮后，再回归到现实社会时，他们就可能出现心态失衡与藐视社会道德和法律的倾向。

2. 网络导致大学生法治意识淡薄

网络中充斥着大量毒化心灵的色情、暴力和迷信的信息。大学生在好奇心的驱使下会浏览这些不良信息并且还有可能分享和转发这些信息，这

---

① ［英］詹姆斯·柯兰、娜塔莉·芬顿、德斯·弗里德曼：《互联网的误读》，何道宽译，中国人民大学出版社 2014 年版，第 66 页。

不仅损害了青年大学生的身心健康，也触犯了《中华人民共和国刑法》的规定。《中华人民共和国刑法》第364条规定，传播淫秽物品罪，是指不以牟利为目的，传播淫秽的书刊、影片、音像、图片或者其他淫秽物品，情节严重的行为。每年都有大学生因此而后悔莫及。网络环境下也容易造成对个人隐私权的侵犯，时常有大学生将他人隐私暴露在网络上，有时某些社会热点问题也会引发大学生掀起对当事人的“人肉搜索”，这不仅给当事人的生活带来极大的困扰，也是对当事人隐私权的侵犯。此外，网络上侵犯他人知识产权、商业欺诈、网络盗窃、非法交易等违法行为，不胜枚举。网络管理的相对宽松、网络法律规范的缺位、网络实名制没有得到严格地执行等原因导致部分大学生网络法治意识淡薄，触犯法律而不知。

3. 网络淡化了大学生的社会责任意识

网络的虚拟性、隐蔽性特征使得网民在发表个人意见、传播信息时相对自由和宽松，加之，网民在上网时都是使用一个别具特色的昵称或者虚拟的数字身份，从而过滤掉了自己在现实社会的真实姓名和身份线索，这在某种程度上摆脱了现实社会对人的诸多管理和控制，从而有可能淡化甚至消解当代大学生的社会责任意识。正如华莱士在《互联网心理学》中所说：“匿名或别名在互联网上是一种用于攻击潜在的成分。人们相信他们的行为并不完全归因于他们自身，他们正日益变得不受社会习俗的约束和限制。”① 在网络空间里，我们可以看到部分大学生使用虚假身份，罔顾客观事实散布虚假信息；或者因鸡毛蒜皮的小事就发表过激言论，或者因一言不合就在网上展开骂战；或者逾越道德和法律底线进行网络“人肉搜索”，使用网络暴力以达到个人不法目的；或者利用自己掌握的网络技术，窃取他人账号，进入学校教学管理系统，为自己或者帮别人修改学业成绩；或者窥探

① ［美］Patricia Wallace：《互联网心理学》，谢影、苟建新译，中国轻工业出版社2001年版，第142页。

他人隐私，盗窃他人虚拟货币和其他游戏装备，有的学生甚至构成违法犯罪而不自知。

4. 网络容易造成大学生的情感萎缩和人际关系疏离

“HomeNet 的一些使用结果表明过多地使用互联网对人们的健康和社会交往不利。……研究人员发现：人们花在网上的时间越多，与家人的沟通越少，实际生活中的朋友就越少，同时越感到孤独和沮丧。”① 大学生长时间沉浸在网络中，加入那些以兴趣偏好为主的网络社区，与网友建立了紧密的虚拟情感联系。这种网络交往超越了时间、空间和身份、地位的限制，付出较少的时间和精力成本，具有相对于现实交往的便捷性。因此，从成本收益的角度来看，大学生更倾向于接受网络上的虚拟情感而回避现实社会中的人际交往。他们常常因沉湎于网络上扮演的角色而忘记了自己在现实生活中的真实角色，从而造成了角色固着和角色倒错，以致忽略甚至逃避现实生活中人与人之间的近距离接触，淡漠了亲情、友情和师生之情，长此以往就会导致自我隔离、情感萎缩和现实人际关系的疏离。

二、网络对大学生行为的积极影响和消极影响

网络作为一种最新的和最具活力的技术性存在，不仅对当代大学生的思想产生了巨大的影响，而且也对大学生的行为产生了重要的影响。网络生活已经成为当代大学精神文化生活的一个重要组成部分。大学生的网络行为具体包括大学生的信息阅读行为、学习行为、交往行为、娱乐消遣行为和消费行为等。网络对大学生网络行为产生的深刻影响，既体现在对大学生行为的直接影响上，例如消费模式、学习方式的转变，也体现在网络通过对大学生动机、需求、认知等心理层面的影响，进而间接影响大学生的政治参与、职

① ［美］Patricia Wallace：《互联网心理学》，谢影、苟建新译，中国轻工业出版社 2001 年版，第 192 页。

业选择等方面。

（一）网络对大学生行为的积极影响

1. 网络有利于大学生获取丰富的学习资源，提高其学习效率

网络的出现改变了大学生的学习方式。当代大学生学习的自主性都比较强，一方面是因为自我学习意识的提高，另一方面则归因于网络所提供的自主学习平台。学生除在课堂上聆听老师的讲解外，还能在课外利用网络查询来补充相关知识。目前，网络已经成为人类知识创新和信息集成的最大载体，网络的海量信息和强大的搜索功能，为当代大学生的学习提供了无与伦比的便利。大学生输入一个关键词，然后轻轻点击一下搜索按钮就会找到无穷无尽的学习资源；而且，学生们还可以借助电子邮件、网络聊天工具（如 MSN、QQ、微信等）、手机应用 APP（如蓝墨云、立人微教）等网络通信手段和老师开展学术交流，解答学习中遇到的疑难问题；大学生的选课、借阅书籍、作业提交甚至是考试都可以通过网络平台进行；他们还可以在校园 BBS、百度“贴吧”等各种论坛里相互交流学习、考研、留学、求职择业和就业方面的信息。此外，网络所提供的多媒体、数字化环境，也使大学生自主学习、网络远程学习变得更加容易和便捷，赋予了大学生较高的自由度和个性化，学生可以通过“慕课”“微课”等新型的教学资源，在线收看大规模视频公开课，点击精品课程或者资源共享课，极大地激发了大学生的学习兴趣，提高了他们的学习效率。

2. 网络拓展了大学生的人际交往圈

传统社会中，人们主要以血缘、地缘、学缘和业缘为基础来构建自己的人际交往圈，总会受到时空距离、地理环境、经济条件、文化风俗、宗教信仰等限制。网络的出现，使得“海内存知己，天涯若比邻”的美好设想变成了现实，地球俨然成为一个小小的村落即“地球村”。网络是一个可以获得与他人平等交往机会的重要窗口。正如尼葛洛庞帝所说：“在广大浩瀚的宇宙中，数字化生存能使每个人变得更容易接近，让弱小孤寂

者也能发出他们的心声。”① 借助于各种网络工具和社交网络，大学生完全可以根据自己的兴趣爱好、“三观”和社交观来选择机会，结交世界各地的朋友。而且，网络的即时性、互动性特点使得双方的交往可以同步地、即时地进行，不仅大大节省了他们的时间，也极大地提高了他们人际交往的效率。

3. 网络丰富了大学生休闲娱乐的内容

现代社会是高速发展和快速变化的时代，人们置身于快节奏、高强度、重压力的生活状态之下，大学生也难逃这种发展变化的趋势。学业和就业的双重压力经常使大学生感觉十分疲倦、生活枯燥、前途渺茫，等等。因此，为大学生提供丰富的课余活动以调节他们学习和生活的状态就显得格外重要，而信息网络的普及则为其提供了可能性。网络的飞速发展，使得以前不可能共享的资源变得唾手可得，也使得过去十分渺茫的希望变成了随时都可以实现的现实，从而极大地丰富了大学生的精神文化生活。“传统媒体的受众虽然也可以在不同的媒体之间或者在同一媒体为他们提供的节目中进行选择，但是这种主动性是有限的，因为他们不能从根本上改变媒体为他们设置的有限‘议程’，而只能表现为‘要么接受，要么拒绝’。网络出现后，尤其是 web2. 0 技术不仅使网民可以主动地从网络上挑选信息，而且还能主动地把自己生成的信息发布在网络上。这就意味着传统媒体的主导权和控制权的减弱和丧失，网民可以直接参与到网络传播过程中去，从而实现受者和传者的转换。”② 也就是说，网络克服了传统媒体的不足使人们实现了一对多或多对多的交流和互动，交流的双方可以进行多方面、多层次的交流和互动。当代大学生通过直播、视频分享、弹幕评论等方式进行交流和互动，不仅能够享受丰富的文化活动，也能够自由地表达和交流见解，分享朋辈观点。

---

① ［美］尼葛洛庞帝：《数字化生存》，胡泳、范海燕译，海南出版社 1996 年版，第 7 页。

② 曹银忠：《大学生网民群体研究》，人民出版社 2019 年，第 59 页。

（二）网络对大学生行为的消极影响

由于网络的特殊性，在其对大学生的行为带来积极影响的同时，也给他们带来了一定程度上的消极影响。“Young 的研究发现过度的网络使用对用户的损害是多方面的：损害身体健康、导致人际关系障碍、学业成绩下降及影响正常工作。她的另一项研究发现，网络使用依赖者具备特定的人格特质。Kraut 等的研究发现过多的网络使用导致用户同家人的交流减少、社交圈子缩小、抑郁和孤独感增加。”① 具体而言，网络对大学生行为的消极影响如下。

1. 网络对大学生的学习带来了诸多负面的影响

首先，部分大学生每天花费过多的时间和精力穿梭于互联网上，因而挤占了原本用于学习的大量时间，甚至有少数学生因痴迷于网络而逃课，以致因荒废学业而被勒令退学。其次，因习惯于智能输入法而出现“提笔忘字”的情况经常发生。诺伊曼道伊奇报告指出：“‘习惯于用电脑写作的人不得不用手写字时，经常会不知所措’。就在他们逐渐习惯敲击键盘、观看魔术般出现在屏幕上的文字的过程中，他们‘把思想转换成手写文字’的能力衰退了。如今，孩子从很小的时候就开始使用键盘，学校也不再开设书法课，有足够的证明表明，手写能力正在从我们的文化中彻底消失。书写正在变成一种失落的艺术。”② 再次，网络的碎片化信息对大学生的阅读习惯、思维和注意力也造成了不良影响。对此，美国学者尼古拉斯·尼尔在《浅薄——互联网如何毒化了我们的大脑》这本专著中有很多论述，他指出：“以前我们很容易沉浸在一本书或者一篇长文中。观点的论证时而平铺直叙，时而急转直下，二者交织推进，把我的思绪紧紧抓住。即使是索然无味

① 陈侠、黄希庭、白纲：《关于网络成瘾的心理学研究》，《心理科学进展》2003 年第 11 期。

② ［美］尼古拉斯·卡尔：《浅薄——互联网如何毒化了我们的大脑》，刘纯毅译，中信出版社 2010 年版，第 228 页。

的长篇大论，我也能花上几个小时徜徉其间。但现在这种情形已经很少见了。现在看上两三页，注意力开始游移不定，我就会感到心绪不宁，思路不清，于是开始找点别的事情做。”他进而举例说，“他们上网越多，阅读长篇文章中就越难集中注意力。有些人担心自己正在患上慢性注意力分散症”。于是他断言：“互联网所做的似乎就是把我们的专注和思考力撕成碎片，抛到一边。”① 同时，网络的交互性、超链接、可检索、多媒体等特点也导致了人们精力的分散，卡尔指出：“互联网多媒体技术融多种不同类型的信息于一屏，从而进一步加剧了内容的碎片化，也进一步分散了我们的注意力。”② 最后，由于网络搜索功能的强大，部分大学生丧失了独立思考的习惯和能力，他们在学习中一旦遇到难题就找“百度”、问“知乎”，甚至有时他们完成老师布置作业的方法也常常是“剪切”“复制”加“粘贴”，无须动任何脑筋，并且养成了剽窃他人成果的恶习，缺乏深度思考和创新能力。

2. 部分学生由于过度使用网络而罹患某些身心疾病

少部分同学由于长时间使用网络而患上了某些生理和心理方面的疾病，比如，由于长时间盯着电脑屏幕或者手机屏幕导致眼睛过度疲劳以致加深眼睛近视的度数，颈椎也骨质增生，因经常敲击键盘、发手机短信而变成了“鼠标手”，因过度沉溺于网络而患上了“网瘾症”，个别严重者甚至会出现网络综合征，其临床症状包括抑郁、失眠、精力难以集中等。美国著名网瘾心理学专家金伯利·S. 扬说：“对电脑爱好者来说，因特网用它那巨大的联系和沟通的力量与能力令人感到眼花缭乱”，“因特网上瘾者就像酒鬼和吸毒者一样，在日常生活的各个方面（家庭、人际关系、学习）遇到了很多

---

① ［美］尼古拉斯·卡尔：《浅薄——互联网如何毒化了我们的大脑》，刘纯毅译，中信出版社 2010 年版，第 3—5 页。

② ［美］尼古拉斯·卡尔：《浅薄——互联网如何毒化了我们的大脑》，刘纯毅译，中信出版社 2010 年版，第 228 页。

问题”。[①] 英国牛津大学神经学教授苏珊·格林菲尔德的研究报告指出：“数字技术的广泛应用将改变我们大脑的形态和化学构成，激烈的视频游戏和高强度的网络互动将导致精神疾病，例如孤僻、无精打采、思维混乱和神经过度疲惫等。”[②]

3. 网络极易诱发大学生网民的“群体极化”现象

美国芝加哥大学法学院教授凯斯·桑斯坦认为：“所谓群体极化就是这样一种趋势，即志趣相投者彼此强化他们的观点以致达到极端。”因为网络让“人们更容易听到志同道合的言论，却也让自己更孤立，听不到相反的意见。仅仅由于这一原因，这就种下了极端化的因子”[③]。在网络社区中，志同道合的人会彼此进行沟通讨论最后形成一致的声音，加上人为的信息“协同过滤”和团体认同与从众，都可能使人们的眼界因此变得越来越窄小，这样就容易出现“群体极化”。“当人们身处由持相同观点的人组成的群体中的时候，他们尤其可能走向极端。当这种群体中出现指挥群体做什么，让群体成员承担某些社会角色的权威人士的时候，很坏的事情就可能发生。”[④] 网络“群体极化”容易使大学生失去理性的判断与选择，对他人的观点要么全盘接受，要么全盘否定，从而给其带来极为不利的消极影响。

综上所述，网络的普及和云计算催生了大数据时代的降临，而大数据则“开启了一次重大的时代转型，就像望远镜让我们能感受宇宙，显微镜让我们能够观测微生物一样，大数据正在改变着我们的生活和理解世界的方式，

① ［美］金伯利·S. 杨：《网络心魔：网瘾的症状与康复策略》，毛英明等译，上海译文出版社 2005 年版，第 20 页。

② ［美］安德鲁·基恩：《网民的狂欢：关于互联网弊端的反思》，丁德良译，南海出版公司 2010 年版，第 158 页。

③ ［美］凯斯·桑斯坦：《网络共和国——网络社会中民主问题》，黄维明译，上海人民出版社 2003 年版，第 151、第 48 页。

④ ［美］凯斯·桑斯坦：《极端的人群：群体行为心理学》，尹弘毅、郭彬彬译，新华出版社 2010 年版，第 3 页。

成为新发明和新服务的源泉"，大数据催生了"一场生活、工作和思维的大变革"。[①] 大学生是网络社会的重要主体和客体，他们创造着网络文化，传播着网络文化，又接受着网络文化的熏陶。网络是一把锋利的双刃剑，如何有效发挥网络对大学生思想行为的积极影响，并因势利导减少网络对大学生思想和行为的消极影响，是高校思想政治教育工作者必须面对的一个挑战。

第三节 网络对大学生思想和行为的显在影响和潜在影响

互联网作为一种新兴的计算机技术和通信技术，其迅猛发展给人类社会带来了巨大的进步，也在方方面面改变着人类的生存方式、生产方式和生活方式。"不可否认，每一项发明在搭建工具和文明之间的新型关系的过程中都发挥了重要的作用。但是工具对文明的破坏和影响却不是显而易见的，以致我们迷失在技术的丛林中而不自知，逐渐忽略了信仰、希望和爱，而没有这些，我们也只是工具而已。"[②] 正如尼尔·波兹曼所言："技术不受控制的发展摧毁了人类至关重要的根源。技术所创造的文化缺乏道德根基，它破坏了某些心理过程和社会关系，破坏了人类生存的价值根基。总而言之，技术垄断既是朋友，又是敌人。"[③] 当前值得我们警惕的是，在人们对互联网顶礼膜拜的同时，也在无形之中产生了网络技术对人的异化现象。在此大背景下，部分大学生网民也正在不自觉地陷入网络异化的深渊之中。

---

① ［英］维克托·迈尔-舍恩伯格、肯尼思·库克耶：《大数据时代》，盛杨燕、周涛译，浙江人民出版社 2013 年版，引言。

② ［美］尼尔·波兹曼：《技术垄断：文明向技术投降》，蔡金栋、梁薇译，机械工业出版社 2013 年版，译者序。

③ ［美］尼尔·波兹曼：《技术垄断：文明向技术投降》，蔡金栋、梁薇译，机械工业出版社 2013 年版，序。

一、网络对大学生思想和行为的显在影响

（一）校园“低头族”随处可见

“低头族”，又称为“手机控”，是伴随3G、4G通信技术快速发展和智能手机普及而产生的一种对手机过分依赖而形成的现代心理疾病。当今中国社会正处于从传统向现代的转型时期，新旧文化的冲突给人们带来了许多困惑和迷惘，尤其是网络社会的降临，使得人们的社会行为变得较以前更为复杂。可以说，网络尤其是移动互联网对大学生日常生活方式最明显的改变就是“低头族”的登场。

世界各地，中国的城市农村，不管是大街小巷，还是人群相对集中的商场、公园、影剧院、车站、码头等，只要有人的地方就不难看见那些“低头族”。大学校园里，“低头族”现象也随处可见。大学生早上起床后的第一反应是看手机，上厕所也要看手机，走在校园的马路上同样要看手机；有些学生甚至在骑单车、电动车时要看手机，乘坐公交车、地铁时也要看手机；到了课堂、图书馆、寝室里照样玩手机。“手机没带在身边就心烦意乱，无法认真工作；一段时间手机铃声不响，就会下意识地看一下铃声设置是否正确；经常把别人的手机铃声当成自己的手机在响，脾气也变得暴躁起来……”①“机不离身，机不离手”就是对那些“低头族”的真实写照，可以说当代大学生的“手机依赖症”十分严重。

根据电子科技大学校内2015—2016年“手机依赖症”的调查数据显示，在被调查的对象中男性占63.41%，女性占36.59%。每天使用手机时间3—5小时的占到33.33%，5—7小时的占到21.95%，7小时以上的占到16.26%。每天花费时间最多的是社交功能，占到63.41%。当问到他们对手

---

① 百度百科，https：//baike. baidu. com/item/手机依赖症/。

机的依赖程度时，表示非常依赖的学生占到 10.57%、比较依赖的占到 48.78%、一般依赖的占到 39.02%、不依赖的只占到 1.63%。当问到是否因为使用手机而导致视力降低时，有 60.16%的学生回答“是”。当问到是否试图刻意避免玩手机（如把手机放在远离自己的地方）时，60.16%的学生回答“是”。

表 2-1 性别与睡前使用手机时间交叉表

	Q15：0（我就看下时间和闹钟）	Q15：0~30min	Q15：30~60min	Q15：60+min（一直到把想做的做完）	受访总人数
Q1：男性	3.85% 3	46.15% 36	28.21% 22	21.79% 17	78
Q1：女性	2.22% 1	44.44% 20	33.33% 15	20.0% 9	45
受访总人数	4	56	37	26	123

表 2-1 显示，在性别与睡前使用手机时间的关系上，睡前使用手机半个小时以内的男生比女生多 1.71%，但是使用半个小时到一个小时的女生比男生多 5.12%，20%以上的男生和女生都是必须把要做的事情做完才休息。

在注重科研的“985”高校电子科技大学的学生存在着不同程度的手机依赖症，并且程度日渐加深趋势明显，尤其以本科生和硕士研究生为主，他们中有近一半的学生表示“比较依赖”，而博士研究生则表示为“一般依赖”。回答“非常依赖”的学生占 76.92%，文科学生是其三分之一，回答“比较依赖”的理工科学生占 78.33%，文科学生接近其四分之一。本科生和硕士研究生在一天内使用手机的时间都很长，而本科生最长，当然有一部分是使用学习功能，但是每天花费时间最多的是社交功能，占 63.41%。

表 2-2　专业与出门忘记带手机的反应交叉表

	Q9：感觉不安，想方设法取手机	Q9：有点担心，但觉得问题不大	Q9：不带手机出门，反而觉得轻松	受访总人数
Q3：文史哲类	30.3% 10	60.61% 20	9.09% 3	33
Q3：理工类	38.89% 35	45.56% 41	15.56% 14	90
受访总人数	45	61	17	123

表 2-3　你想对依赖手机的同学说的一句话

多培养兴趣，多与人交流，不要只顾手机忽视了人与人之间的交往
少玩
可以通过与现实中的同学交朋友，而不只是在网上聊天，减少使用手机的时间
学会控制自己
自制力不强的少安装软件
合理利用
自制啊少年
合理控制时间
不清楚
受访人数：123 人

调查中当被问及最想对依赖手机的同学说的一句话是什么时发现：学历越高的学生越能够理性地对待手机，自控能力越强并了解手机危害的学生总是尝试控制自己对手机的使用时间，而不是让手机控制自己，学历与手机依赖成反比。从学生们对主观题的回答中可以看出，他们都知道手机是电子鸦片，有的呼吁远离手机，有的表示又爱又恨的矛盾心理（见表 2-3）。可见，对于作为移动互联网终端的手机如何使用，大家想法各异，有的解释貌似合理。例如，在访谈电子科技大学刘同学时，他就回答了自己对手机依赖

性非常大，出门没有带手机就会感到六神无主，感觉今天什么也做不了，他说出门骑自行车需要手机、购物在线支付需要手机、包括上课记录老师的课件都需要用手机拍照等。

手机依赖症的出现原因较多。首先，目前高校有些课程设置不尽合理，课堂教学手段也较为单一，教学内容不够新颖，缺乏对学生的吸引力，学生或者是对教学内容感觉无用，或者是对老师的讲授不感兴趣，或者是本身就缺乏专业学习的兴趣，因而他们在听课时感觉乏味、无聊，没精打采，注意力下降，于是拿出手机上网、听音乐、看视频甚至打游戏以消磨时间。加之，部分教师害怕学生网上评教时对自己不利，于是不敢进行课堂管理，更不敢严格要求学生，对学生课堂上玩手机的情况不闻不问，我讲我的，你玩你的，这就使得学生的行为更加放纵，因而养成不良习惯。其次，小学、初中和高中阶段，家长、老师对学生管理过严，动辄就以考试成绩作为衡量学生优秀与否的标准，学生们在各种重压之下从事任务繁重、充满挑战和十分紧张的学习活动。在老师和家长的严格的管理和看护下，他们无暇接触网络或者很少有机会使用手机。进入大学之后，没有老师的严格管理，也缺少家长在身边看护，大学生们一下就感觉到校园生活的自由和宽松，他们在使用手机、接触网络、体验网络带来的新奇和便利的同时，也容易受到网络中的各种诱惑，有的学生因学习目标不明，或者发现班级里高手如云，原本优势地位不再突出，因而学习动力不足，一个学期结束后竟然出现了个别科目“不及格”的情况，产生了严重的心理落差，于是干脆躲进网络中，最终形成了对网络和手机的依赖。最后，人都有社会交往和自我实现的需要。大学生在社会交往中能够获得自尊、确证自我、树立自信。同时，大学生自身的特长和优势等也需要在社会交往中得以体现出来；但是由于种种原因和条件的制约，部分大学生在现实的人际交往中遇到障碍，于是他们就会转移到网络虚拟空间，借助于网络媒介来弥补社会交往的不足。

（二）对身心健康的危害

网络的吸引力往往让人欲罢不能，很多大学生因为寂寞空虚缺乏正常的学习和社交生活，而选择沉迷于网络，将网络作为自己情感的“栖息地”。根据有关调查数据显示，在大学生网络网民中，超过半数的人经常点击娱乐网站和进行网络聊天。“互联网使得一些孤僻、内向的青年大学生成为资深的‘宅男’或者‘宅女’，他们终日待在家里或者学生宿舍，依赖网络与外界联系，他们没有现实生活中的朋友，害怕面对一些社交场合，有人形象地将他们称为‘茧居族’。”① 由于习惯于虚拟的社会交往，少数学生选择逃避现实生活中的社会交往，远离家人、朋友和同学，甚至人为进行自我孤立，引发了孤独、情绪低落、莫名的焦躁，从而诱发各种心理健康问题。同时，随着网络游戏和手机游戏的普及和发展，某些充斥着血腥、暴力、色情等不良内容的游戏对大学生用户的身心健康造成了很大的危害，还可能产生某些不良的社会影响。例如 2017 年以来，《绝地求生》成为一款风靡全球的网络游戏。根据游戏平台 Steam Stats 的数据统计，该游戏截至 2018 年 4 月，销量已经突破 4400 万，位于热门游戏排名榜首，远超第二名，火爆程度可见一斑。然而，该游戏中存在着大量的血腥和暴力内容，必然会对大学生的身心健康造成无形的危害。

三、网络对大学生思想和行为的潜在影响

（一）世界观一定程度上的混乱

由于网络的开放性，在使用网络的过程中，各种社会思潮、各种民族国家的观念都可以通过互联网这一平台进行充分表达；各种信息，无论是真实

---

① 曹银忠：《大学生网民群体研究》，人民出版社 2019 年，第 175 页。

的还是未经证实的，通过文字、图片或者视频都可以在网络平台上轻易传播。由于大学生的世界观尚未成熟，在接受这些信息的时候，很难分辨其真伪，某些错误的思想或者观念就会直接或者潜移默化地影响大学生正确世界观的形成，科学的理想信念遭到冲击。长期影响之下，大学生可能会逐渐失去对事物正确与否的判断能力，造成世界观的混乱。

（二）道德观念的模糊

“网络构建了一个虚拟的世界，就像一场假面舞会，人人都隐去了自己原有的身份和地位，按照自己的意愿和想象，重新塑造出新的角色，尽情抒发自己的情感，发泄自己的欲望，宣泄心灵的重负。但是，由于匿名和身体缺场使得部分大学生网民把网络空间视为可以不受任何约束的‘电子边疆’。他们并不为大胆的言辞、挑逗的表露负责任或感到难为情，反而感到惬意、刺激并且流连忘返。过度的开放和自由使青年大学生在一定程度上丧失了真实感并产生放纵感和迷乱感，进而导致其行为脱离规范的约束，随意放纵自己，产生不道德行为。”① 美国学者安德鲁·基恩指出：“虚拟世界成为人们摆脱现实世界压力和困境的避难所。虚拟世界中的用户具有自由的身份，可以做任何事情——包括飞行、变性，甚至可以去杀人却不必负任何刑事责任。因此，对很多人来说，虚拟世界的诱惑是不可抗拒的。”② 比如2009年以来曾一度流行的“开心农场”“QQ农场”游戏，“偷菜”瞬间蹿红网络，席卷全国各地，也有不少大学生网民因沉湎于“偷菜”游戏而不能自拔，有的学生甚至设定闹钟半夜三更起床只是为了收取自己农场里成熟的菜并趁机“偷”取他人的菜。“有的人认为从中找到了乐趣，而有的人则觉得这无聊的游戏让人迷失。过去人们总是谈‘偷’色变，而现在却气定神闲，甚至没有任何道德上的自责。因为‘偷’在网络中是不犯法的，甚

---

① 曹银忠：《大学生网民群体研究》，人民出版社2019年，第176页。

② ［美］安德鲁·基恩：《网民的狂欢：关于互联网弊端的反思》，丁德良译，南海出版公司2010年版，第157页。

至有人认为可以将现实中的压力、焦虑、愤怒等负面情绪通过‘偷’进行安全的发泄。当然，如果长期痴迷于类似的游戏，必然会模糊人们的是非观念和道德标准。”① 再如，有少数大学生喜欢玩暴力、血腥的网络杀人游戏，究其原因或者因为自己胆小而借此练胆，或者因心情不好需要发泄自己的愤怒，或者是为了逃避现实生活中遇到的挫折，等等，但是如果长期习惯于网络上的砍杀、爆破、枪战、射击等游戏的话，必然就会在潜移默化中接受游戏中的尔虞我诈、弱肉强食、钩心斗角、不择手段等规则，而这些内容往往容易使他们模糊道德认知，淡化虚拟游戏与现实生活的差异，误认为这种通过伤害他人而达成目的的方式是合理的。同时，玩这些网络杀人游戏也需要“练级”和购买装备，需要花费大量的时间和金钱，这在无形之中也会增加大学生经济上的压力，当有的学生无法承受负担时，他们便会想出各种办法来解决，为此就有个别学生盗取别人的账号，偷窃别人的虚拟货币和装备，从而引发网络道德失范、行为越轨甚至构成违法犯罪。

（三）价值观的扭曲

网络的多元价值和海量信息为大学生正确价值观的形成带来了选择困境，使部分大学生的价值观在一定程度出现扭曲。网络信息良莠不齐，一些商业网站的新闻从业人员为了经济目的，一味追求点击量，为达到吸睛的目的，不惜制造噱头而罔顾新闻报道的客观性、真实性和价值中立的原则，甚至只在标题上做文章，“挂羊头卖狗肉”，沦为纯粹的“标题党”。尤其是网络上某些偏激观点和错误思想都会给大学生造成一定的矛盾和困惑，让他们对网络信息产生怀疑的同时，也对自身既有的价值观念产生一定程度的怀疑。此外，由于网络媒体自律的不足和网络监管的不力，一些低俗、庸俗和媚俗的信息在网络上大行其道，这对大学生的价值观必然产生一些消极的影响。比如，“网红”现象的火爆和蔓延就使很多人错误地认为这个世界只遵

① 曹银忠：《大学生网民群体研究》，人民出版社 2019 年，第 176—177 页。

循“看脸”的逻辑，以至于有不少人都觉得只要自己的脸蛋长得好看或者说颜值高，文化水平、内在涵养、素质等都无所谓，同样可以成为“网红”，同样可以获得世俗意义上的成功。显然，这种错误的认知不仅毒化了社会环境，而且也导致部分大学生审美观和价值观的扭曲，使之忽视了自身努力和内在素质的发展，仅仅是寄希望于外在的改变。这种情况显然就需要进行正确的引导，树立正面的榜样形象，让大学生对审美与自我素养的提升形成正确的认识，从而以更良性的方式完成自我的成长。

同时，网络强烈地冲击着大学生政治价值观，使之具有偏差的倾向与可能。“互联网独占鳌头的属性将使世界焕然一新，其特色是互动性、全球化、廉价、快速、联网便捷、具备知识储存的性能，以及难以驾驭。”① 西方国家是互联网的滥觞之地，他们不仅拥有强大的网络硬件和软件方面的技术优势，更是利用英语语言的独占优势，不遗余力地在网络上推行西方的意识形态和文化霸权，这一切都对我国主流政治文化和社会主义核心价值观的传播造成了强烈冲击。大学生网民群体内部政治素养差异较大，部分大学生网民缺乏理性的思辨能力和独立的政治分析能力，容易受到那些别有用心的“网络大V”和所谓“网络公知”的影响，被网络舆论主导和同化，容易轻信西方国家政治制度和意识形态的优越，从而对中国特色社会主义制度、理论、道路和文化缺乏自信，对我国社会主义意识形态产生动摇。

第四节　网络对大学生思想和行为的直接影响和间接影响

伴随着信息技术的蓬勃发展和相应科技产品的更迭换代，网络对当代大

---

① ［英］詹姆斯·柯兰、娜塔莉·芬顿、德斯·弗里德曼：《互联网的误读》，何道宽译，中国人民大学出版社 2014 年版，第 3 页。

学生的影响日渐全面和深入，作用方式日趋多样和隐蔽，能够通过多种技术手段和途径来对大学生的思想行为产生直接和间接的影响，不仅使大学生学习、生活、交往实践活动的空间场域和时间逻辑都发生了网络化的转移，也使当代大学生对世界、社会、他人、自我的认知与确证，对情感的体悟与感知，以及意志的建设和信仰的树立等都发生了迥异于前网络时代的深刻变化。简言之，网络的出现及其各种应用的普及不仅直接地对大学生的实践过程发生了外显的、物质性的作用，同时还经由更加间接和隐蔽的方式对大学生的认知感受、人格品质和心理结构等施加了富有互联网价值属性的间接影响。可以说，网络不仅为大学生创造了新的实践场域，更为大学生生成了新的文化空间，最终使大学生自内而外地实现了网络化的生存和发展。

一、直接影响与间接影响的辩驳

（一）直接影响与间接影响的相互关系

《现代汉语词典》将“直接”一词解释为“不经过中间事物发生关系”[①] 的作用方式，“间接”则与“直接”相对应，被释义为“通过中间事物发生关系”[②] 的作用方式，而“中间事物”即影响的一方意欲对另一方施加效果所必须借助的中介和媒体。因此，从《现代汉语词典》中的解释可以顺应推导出，“直接影响”与“间接影响”都指向事物之间的关系范畴和互动方式，二者之间的区别首先表现为主体对客体产生影响和施加作用时是否借助了第三方的媒介或载体来实现效果，以及在主体的功能和价值实现的过程中是否必须经过某种工具性的存在对效果和影响进行放大或

---

① 中国社会科学院语言研究所词典编辑室编：《现代汉语词典》（第 7 版），商务印书馆 2016 年版，第 1681 页。

② 中国社会科学院语言研究所词典编辑室编：《现代汉语词典》（第 7 版），商务印书馆 2016 年版，第 640 页。

缩小。其次，正如万事万物的相互关系不仅存在空间意义，还具有时间向度，“直接影响”与“间接影响”的根本差异除了体现在空间维度中，往往还呈现于时间的层面之上。具体而言，在空间场域中，“直接影响”的主体与客体相互间作用关系的发生和运动呈现为无须经过任何转折点或中间枢纽的直线型关系，主体的影响效果在发出和抵达客体前后不会发生较大的偏移。“间接影响”则相反，其中主体与客体之间的关系作用形态呈现为非线性，并且主体所产生的影响会在中间环节的过渡下发生较大的变动。最后，在时间场域中，“直接影响”的主体与客体相互之间影响效果的发生和施效往往呈现为即时、立显的，无须经过较长时间的酝酿与融合，在发生当下即可立刻发挥，并且一般都是通过显性的方式表现出来。相反地，“间接影响”的施效过程一般而言都是长期的、累积的、循序渐进的，需要经过一定的时间来协助效果的深化和扩展，从而对客体产生更长远的影响，其作用的形式主要是潜在的，并会在影响因素积累到一定程度之后爆发为显在的。

一直以来，关于“直接影响”与“间接影响”孰优孰劣的争论旷日持久地进行着。事实上，作为事物之间关系的存在方式和作用的指向路径，“直接影响”与“间接影响”彼此之间并不存在绝对的高下之分，也没有严格的轻重区别，而是在基于主体与客体状况、主观与客观现实所提供的相应条件的限制下，依据事物及事物之间关系的矛盾规律和外界指向事物及其相互关系的客观需求而自然、自为地形成的主体对客体的影响方式和作用路径。一般来说，无论影响的形式是直接还是间接，其根本目的都在于使事物之间的关系作用实现最优化，以及主体对客体所施加的影响范围和影响效果的最大化。因此，在观察和判定事物之间相互关系的生长与发展时，不仅要看到显性的、即时的、线性的直接影响，也要发现隐性的、长期的、非线性的间接影响，并将直接影响与间接影响二者进行有机联系，从而对事物之间的相互关系和作用过程形成完整、清晰、深刻的认识，进而有效、准确地判明其存在与发展的规律性。

（二）网络对人的直接影响与间接影响

从现状来看，网络化已经成为人类社会发展的主题，互联网以工具性或价值性的存在构成了人们当前生活几乎全部的内容，并渗透于社会大众的生产与交往始终。伴随着网络空间与现实空间、线上社会与线下社会彼此间界限的不断模糊和交融，两个原本泾渭分明的时空场域相互间开始趋于重叠与融合，二者相互渗透和扩张，并在此过程中生成新的时空场所。网络不仅全方位地构建了人类进行交往和实践的活动空间，也全面地重塑了人类存在本身：人们由现实的单维度存在发展到虚拟化的立体存在，再一步步演进至当下的现实与虚拟的融合，成为兼具现实与网络形态的多维度的主体性存在。随着虚拟实践活动的进一步深化发展，互联网开始以新的方式架构着人与世界、社会和自我之间的各种关系，并由外在的实践行为和活动方式到内在的认知联结、情感生长、心理结构来重新诠释人类的存在，赋予人以新的意义和尺度。

互联网已经开始对人类本身进行全方位的重新赋值，并从多个角度对人们的多维度存在施加着富有网络内涵的影响，其作用手段既包括了直接性的影响方式，也涵盖了间接性的辐射渗透，从而以密集无间、多向并进的方式来对当代人类的身与心、形与神、理性与感性、行为与心理等方面都进行了网络化的构型，使互联网的价值和意义不仅渗透到人类在当下的发展中，也绵延到人类与人类社会更加长远的未来演进过程中。总体来看，网络带来的直接影响即在实践的过程中改变了人们进行生产、生活和交往的物质媒介和手段，并由此重新塑造了人类存在与实践的时间和空间维度，架构了截然不同于以往的人类社会组织形态和实践方式，建立了全新的线上世界。在直接影响运作的过程中，互联网始终是以工具性手段的角色介入人类的活动过程中来实现自身的效应和价值，展现出其独特的工具理性。与之相对应，网络带来的间接影响即通过其独有的价值理性而对人类及其社会的组织方式、文化范式、心理结构以及更长远的发展所形成的更隐蔽、更深刻也更永续的作用，是从内而外以更加彻底的方式改变人类和社会的存在。相较于直接发生的改变，网络对人类的间接影响一方面需要借助于一系列生产、生活、交往实践等中间环节来逐渐渗透到人类及其社会的组织结构中，并经由机制结构的运行与社会背景的布局而逐步与传统社会文化发生涵化作用，伴随着与主体既有的内部图式进行同化、顺化与平衡作用的同时不断生成新的社会文化空间和心理结构。另一方面，网络以间接的方式对人类施加的影响还需要经过较长一段时间的内化、融合、组织、重构之后才能逐步得以显现。在此期间，互联网一般是以理念的、价值的、思维的形态出场，在现实虚拟的实践过程中与人们既成的思维习惯和价值理念进行互动与碰撞，逐步深入地完成对后者的改造和整合，使后者的言语行为更加符合网络发展的客观要求和规律。同时，网络会在人们长期的社会交往活动中完成整体思维、理念和价值体系的进一步整合，在潜移默化中重新构型人类社会的文化布局和价值心理，使传统的社会文化与信息网络文化实现更深入的全面接合。

可见，网络对人产生的影响总体上是由直接和间接两种方式合力促成的。其中，直接影响展示了互联网本质的工具理性，间接影响则以更深刻和隐蔽的方式体现着互联网的价值理性。网络的直接影响是其间接影响形成的前提和发展的基础，而网络的间接影响不仅是其直接影响作用的指向和效果的归依，还从更深的层次上制约着直接影响的进一步拓展。网络对人的直接影响和间接影响共同构成着网络与人类及社会的关系，诠释了网络本质意义上的技术属性和社会属性，是探讨互联网的“人性”议题所不能回避的重要内容。

二、网络对大学生思想和行为的直接影响与间接影响

网络在宏观的层面上对社会组织和文化结构产生了深刻的影响，在微观层面上也无形地塑造着作为个体的人的思想与行为。大学生是当代中国青年人中最敏锐、最富有朝气和活力的组成部分，潜藏着巨大的创造力和发展能

量，是未来建设新时代中国特色社会主义和实现中华民族伟大复兴的中流砥柱，肩负着至高的历史使命和国家责任。同时，大学生也是最乐于尝试新鲜事物、最易于受到新事物影响的社会群体，他们能够在实践的过程中快速地将新事物、新方式、新思维、新理念等纳入自身的实践系统和认知图式中，进而与自身既有的思维结构、认知图谱及言行方式加以联结整合，使知、情、意、信、行各方面实现全新塑造。因此，具有强大渗透力的互联网也借助于工具性和价值性的形式对当代大学生的思想和行为产生着深远的影响，它不仅改变了大学生进行思想和行为的时空场所及媒介方式，还使大学生得以以全新的方式完成学习、生活和交往，形成具有网络属性的情感、价值、意志与对世界和社会的体认、感知，从而从根本上实现彻底网络化生存。这种影响也是以直接和间接的方式来完成的。

（一）网络对大学生思想和行为的直接影响

互联网为大学生的思想活动和行为方式带来的最直接的影响即通过网络这一全新的技术媒介架构了全新的时空场域，并相应地改变了大学生进行实践活动的方式选择。

1. 网络改变了大学生思想和行为的时间逻辑

网络改变了大学生思想和行为的时间逻辑，使线性的时间方式转变为非线性的时间逻辑。在前网络时代，人们进行思想和行为的方式主要呈现为线性序列，这种活动方式一般体现为实践递进安排的线性演进和实践内容布置的线性逻辑。线性的实践方式具有逻辑缜密、布局严谨、主次分明的特点，人们的思考和实践能够沿着这一逻辑轨迹层层推进，做到首尾呼应的一致与连贯，但这一特点又在一定程度上剥夺了人们的选择权和自主权，并在线状惯性思维的导引下使大众逐步失去把握全局的能力，从而也难以对事物发展的整体形势进行深入的批判和反思。互联网的出现打破了线性的时间演进理路，颠覆了人类认识和体验时间的方式，开启了非线性发展的帷幕。网络一开始从全新传播媒介的角度突破了线性信息传播方式的束缚，逐渐地由点及面、从浅到深，在全面重构人类社会各领域关系的同时将非线性的发展逻辑和价值思维方式渗透其中，进而相应地架构起新的时间逻辑。在网络空间中，信息主体的地位是平等的，主体的实践和交往方式是共在的、交互的，信息的传播方式是非线性、立体、链接与超链接、圈层的，实践与交往的制度化背景是弱规制、去中心的，空间中的各方面内容都呈现鲜明的碎片化、多样、多元和不确定的特征。总体来看，数字网络成为社会各种声音与意见的集散地和交互场。“在互联网世界，各种信息和观点如同一个个强度不同的振动波，相互间充分碰撞，相互改变，能量相互叠加，此消彼长。整体的、联系的、非线性的、综合的思维方式成为主流。尤其在社交媒体形态中，小众的、碎片化的信息不断集聚，网络的长尾效应造就了无数在线性传播时代不可能的小群体聚集，意见主体泛化、分散。”① 简言之，同质与异质信息不分先后争相涌现，前网络时代单向的、确定的、不可逆的时间顺序被打破，人们思维与实践的内容所具有的提前预设和不可选择的关系被消解，社会影响的递进和演变由节点式的逐步推进转变为了“蝴蝶效应”式的快速裂变与蔓延，“某些初始信息或观点在非线性传播中，受到上下左右各种变量的推动，最终可能转变为冲击性的信息流，对社会造成巨大的影响”②。显然，网络空间的非线性时间逻辑不仅改变了社会信息呈现与信息实践的基本样态，也转变了社会主体的思维方式，从而使人类存在的逻辑方式也在根本上发生了改变。总体来看，这种转变表现为以下几个方面：

第一，在时间逻辑非线性的网络社会中，实践、交往活动的主动者与受动者之间的角色定位不再恒久固定，主体间以往存在的绝对的支配与被支配、决定与被决定的关系在很大程度上被间性式的双向互动关系所取代，其功能与角色不仅能够实现瞬间置换，也能共时重叠。

---

① 陈力丹：《互联网的非线性传播及对其的批判思维》，《新闻记者》2017 年第 10 期，第 46 页。

② 陈力丹：《互联网的非线性传播及对其的批判思维》，《新闻记者》2017 年第 10 期，第 47 页。

第二，在时间逻辑非线性的网络社会，实践和沟通信息的出场方式显示出不同于以往的链接与超链接特征。在网络空间中，人们思维和实践的主要客体即信息，因而信息的出场方式主导并塑造了人类活动的根本逻辑。在网络传媒的规制下，信息内容的呈现和出场顺序往往是按照关键词、标签、联结、搜索方式等进行索引，是链接和超链接出场方式的集合，并且往往通过隐性或显性的方式体现着主体的价值倾向和心理偏好。

第三，在时间逻辑非线性的网络社会，人类进行交往与实践活动的方式已经全方位地超越了传统时间的存在。受限于技术欠缺对信息进行长久储存和回放的能力，前网络时代始终难以突破线性时间单向发展的限制。网络技术视域下人和事物皆具有自相似性，它们不再是相互孤立的存在，相似的、多次出现的事物被链接和组织形成集合，能够通过某一特征或标签而不分先后地被读取和使用。正如圣经所说："已有的事，后必再有，已行的事，后必再行，日光之下并无新事。"这种全新的信息方式构成了人类新的生存样态，并全方位地跨越了时间的限制。

第四，在时间逻辑非线性的网络社会，社会各方面内容的祛魅与解蔽大大提升，社会交往与实践活动日趋公开和透明。在社会交往沟通系统中，信息的作用在于对内容的全方位揭示，并完成对交往主体、客体乃至交往全过程的解蔽。在前网络时代，大众传播媒介在实践过程中存在着严谨的议题设置，这一程序一方面使传播内容井然有序；另一方面也限制了社会公众的关注重点和信息接收范围，使公众只能在有限的选择空间中对所捕获的信息进行具有相当局限性的组合和解读，因而在这种情况下，一些具有重要价值的信息常常被媒介的逻辑边缘化并忽视，社会交往与实践活动难以以真正公开、透明、真诚的方式展开。在网络时代，社会公众可以对信息进行即时、主动、全面、快捷的选择和读取。在虚拟实践参与者的合作之下，很少有重要的信息被完全忽视，社会交往与实践活动实现了真正在大众的共同商榷和集体作用下推进，社会信息系统的不确定性被大幅消解，社会真正实现祛魅。

网络从以媒介身份改变线性时间逻辑的角度出发，逐步对社会的生产、生活和交往实践活动产生深远的影响，施加着具有互联网价值意义的改变，使人类实现着网络化的生存。在使用网络媒介与平台进行全方位网络实践的过程中，大学生的思维方式与行为取向也必然地为网络所影响，逐步内嵌着非线性时间逻辑的价值属性，其学习、生活与人际交往也表现出新的实践发展向度，不断生成着全新的面貌。

第一，开放、包容、便捷的信息网络降低了信息获取的门槛与限制，使本性乐于接受并使用新事物的大学生在教师和学校之外获得了新的教育信息平台，开始领先于教师抢占信息先机。网络中不仅流动着丰富多彩、包罗万象的社会信息，并且互联网的低门槛和低准入特征也大幅放宽了社会公众参与信息获取和信息发布的限制，使得拥有一些重要信息不再是某一层面或某一领域人群的特权，而是供社会大众消费和利用的公共资源。在网络社会中，每个人都有机会成为信息的生产者、信息的消费者和信息过程的支配者，信息和知识成为向所有人开放的公共领域，每个人都是这个空间中的重要主体。因此，大学生也不再是单纯受动于教育者的信息接收者，相反，在网络话语场中，大学生能够自由、自主地去捕获、选择、汲取自身需要的信息资源，并使这些信息成为自身知识来源的一部分。基于青年大学生较强的主动性和创造性，这种对信息的主动性甚至使之获得了优于教育者的信息先机。

第二，大学生与教师之间的关系开始发生质的飞跃，师生由单向度的支配与被支配、主动与被动的互动关系转变为平等的主体间性关系，大学生开始在教育过程中获得话语权。信息资源是网络社会中最重要的资源，它不仅决定着现实网络社会中主体主动性和自主性的变迁，也决定着社会主体地位的流动和话语权的发展。在传统的教育格局中，受制于教育资源的分布和严格的教育布局，教师始终在大学生面前承担着支配者与主导者的角色，学生的教育自觉性和自为性被压制，自我教育能力难以真正得到发展和实现，并且难以在教育过程中形成属于自身的话语权。互联网的出现彻底改变了这一局面。网络使大学生能够自主地获得丰富广泛的教育信息，逐步形成自身在教育过程中的话语地位和话语权力，改变了师生间传统的话语关系，使支配与被支配的不平等关系演变为进行平等互动与有效对话的主体间性关系。与此同时，学生不再是教师话语权的附属，相反，大学生成为自主、自觉、自为的教育活动参与主体，拥有了不同于教育者的话语能力和话语权力。

第三，大学生进行学习、生活和交往的活动范围不再仅仅局限于高校范围内，而是逐步延伸到了校外社会中，大学生不仅能够及时获取校园外的各种资讯和信息，还能有效地对外发声，扩大自身群体的社会影响力和号召力。互联网平台的开放性和包容性不仅使校园外的信息能够在弱规制和弱监督的情况下较快地涌入大学校园内部，同时学生可以借助于网络的媒介功能、通过网络实践活动与校园外的社会进行随时的互联互动，并适时地发出声音，表达自身的意愿和观点，完成与社会的交流，不断扩大大学生群体在社会公共话语场和舆论空间的号召力和影响力。基于此，大学生群体开始走出校园，实现与社会整体的交汇和融合，并开始扮演社会与高校校园之间的沟通渠道的重要角色。不过，由于大学生的认知、情感和心智发育都尚未成熟，过早与外界进行无过滤、无监管的联结与互动必然存在着值得深思和加以防范的安全隐患，并且社会信息中暗藏的“恶意”信息毫无疑问地会对大学生的思想认知和情感理智的建设带来极大的负面影响，这在相当大的程度上增加了教育者工作的难度。此外，由于大学生的文化素养和政治素质还没有完全定型和完善，因而过早地向外界发表大学生的声音并表达不成熟的观点和意见，无疑会对大学生的社会公众形象造成不好的影响，这种不良影响最终会形成不利于大学生生活和成长的社会环境。因此，设置大学校园的网络信息把关人、加强网络思想政治教育的工作是现实发展的客观需要，势在必行。

2. 网络改变了大学生思想和行为的空间逻辑

网络改变了大学生思想和行为的空间场域，突破了空间在传统意义上的内涵，架构了具有超文本特征的网络空间场域，逐步形成了人类新的存在方式和发展向度。在马克思主义理论的视域之中，时间是人类发展的空间。同时，空间也是人类的实践活动的产物，即“整个所谓世界历史不外是人通过人的劳动而诞生的过程，是自然界对人说来的生成过程”①。空间在人类实践活动的基础上实现了物质性、社会性与历史性的统一，它与时间、社会存在一起构成了人类生存和生活的全部内容。因而甚至可以说，空间本质上是一种社会存在方式，承载着社会生活，展示着社会关系。空间是社会的，也是实践的，空间的内涵和意义会伴随着人类的生产、生活和交往实践的变迁而不断进行拓展。科学技术是人类社会的内容与组织结构发展的核心动力，对空间的内涵与边界的发展也具有决定性作用。显然，互联网的出现从根本上改变了传统时间运转的线性逻辑，并由时间的角度切入来重新组织人类活动的方式，再次划定并确认了相应的界域和功能，逐步转变了人们生产、生活和交往的整体方式和存在状态，进而形成了新的空间场域。因此，吴满意教授就明确地指出：“在当今新技术的促动下，特别是网络交往的形成与发展，对于人们而言，不再简单是用时间消灭空间或者用空间取代时间，也不是什么时空压缩问题，而是时空的延展。”② 互联网对传统空间内涵进行的延伸和重新组织架构的理路在于赋予其独一无二的“超文本性”。“超文本性”即“就结构而言，超文本采用标记语言等技术手段对传统文本进行‘赋码’，通过给原有文本增加属性和标识，将不同的文本单元嵌套、链接在一起”③。显然，超文本重新整合并组织了传统空间思维的线性文本逻辑轨迹，以开放、多元、包容的层级嵌套逻辑取而代之。这种全新的空间逻辑能够瞬间拉近身处天涯海角的人们相互之间的距离，也可以使历时的不同空间与共时的不同领域彼此之间实现重叠和共在。伴随着这一过程，信息网络经由人们的网络实践活动不断融渗到人们的生产、生活和交往实践活动

① 《马克思恩格斯全集》第 42 卷，人民出版社 1979 年版，第 131 页。

② 吴满意：《网络人际互动——网络实践的社会视野》，人民出版社 2015 年版，第 61—62 页。

③ 袁曦临：《超文本结构与超文本阅读》，《图书馆杂志》2015 年第 5 期。

的各个领域中，逐步形成了全新的网络人机关系、网络人际关系和网络自我关系，构成了人类全新的存在样貌。由此，互联网从单纯的技术手段和信息媒介上升为价值维度的存在，它由实践转变为文化，从实在转变为精神，从界面上升为空间。

正如迈克尔·海姆所言："实际的网络空间应该不仅如此；它应当激发想象力，而不是去重复世界。虚拟实在可能是个反思的地方，但反思应该是哲学式的，而非重复式的。"① 简言之，网络空间是人确定自身在数据海洋中的存在与所处方位的坐标和凭据，是集几何空间、物理空间、文本空间、社会空间等多位一体的全新的超文本式的关系场域。网络空间绝非现实空间的复制品，也不是人类现实生存状态在虚拟技术下的简单延伸，而是从实体存在到关系存在、从物质构成到精神形塑上都呈现着自身独特的发展规律和存在价值。因此，网络空间一方面是人类虚拟实践活动的结果；另一方面在更丰富和全面的实践活动中不断赋予人类置身的世界、社会乃至人类自身以网络的价值意义，以超文本的体验构成人类生活的全新体验，使人们在生命和生活中不断获得新的体验和感悟。因此，网络的超文本空间对当代大学生思想行为所形成的直接影响主要可以概括为以下三个方面。

第一，空间超文本的网络社会使人类在沟通与互动的过程中逐步形成了多主体共同参与、平等交流的互动格局，这一局面进一步推动了高校师生之间进行平等互动和双向沟通的话语场的形成，教师与学生的间性关系得到进一步加强，学生的话语权力和话语地位也相应地进一步彰显。"Internet 将全球亿万节点关联为一个个有效的位置。这些位置在复杂的语义网络中伸延组合，构成了具有场所性质的意义空间，并使现实世界中不可编码的部分得到更尖锐的提示，从而铸就人类交往的当代样态。"② 网络空间成为当今人类

---

① ［美］迈克尔·海姆：《从界面到网络空间——虚拟实在的形而上学》，金吾伦、刘钢译，上海科技教育出版社 2000 年版，第 142 页。

② 吴满意：《网络人际互动——网络实践的社会视野》，人民出版社 2015 年版，第 56 页。

活动的新的话语场。在这一超文本的互动语域中，人们可以跨越现实时空既定的界限，借助于各种方式来与他人进行实时沟通和密切交往，从而结成一对一、一对多、多对多、多对一的交往互动形式和共在关系，逐步架构起多主体共同平等参与的话语格局。具体而言，网络技术具有虚拟和匿名功能，它能允许当代大学生以身体缺场和身份匿名的方式与教育工作者进行实时的在线互动，并能以低阻滞的方式表达自身的见解和观点，即时地向教育者进行教育信息的反馈。并且在这一对话的过程中，大学生一般不是以单独个体的身份与教师进行对话互动，而是多个乃至于以群体的身份与教育者进行沟通和交往，这种交往方式一方面进一步强化和巩固了大学生的话语力量和话语权，另一方面使大学生与教师彼此间形成了互相牵制的制衡关系，加强了话语关系由不平等走向平等的主体间性关系的进程。

第二，在空间超文本的网络时代，人与人之间的平等沟通不断趋于常态化，成为人类社会生活和政治生活的重要内容，这使得高校校园也从纯粹的知识传授场所逐步演变为教育者和大学生相互间进行平等的对话交往的公共话语场，师生间的关系更加融洽，相互间的界限感趋于模糊。在前网络时代，受制于线性时间与空间并受限于社会政治、经济、文化发展状况的束缚，人们要进行广泛的沟通和频繁的磋商从客观上看几乎是不可能的事情，因而对当时的社会而言，平等有效的沟通和对话往往仅限于某一社会群体或职业领域中，而没有能够发展成普遍的社会现象，也没有真正成为社会公共生活的重要内容。然而伴随着数字网络的发展，具有便捷性、大众性、低成本性、非线性和超文本性的计算机网络技术全面突破了以往人类沟通所面临的时空约束和客观条件的制约，为人类参与到社会沟通中提供了前所未有的优越条件。在网络时代，沟通与对话的理念超越了人群和领域的边界，“从天国下降到人间”，成为社会公共生活和大众互动的常态化景观。显然，这一社会变迁不仅使高校师生相互间的互动关系和交际方式发生了深刻的变化，也使校园不再是单纯的知识传授场所和规训场域，而是成了真正供教育者与受教育者进行对话并达成共识的公共话语场。至此，教师和大学生之间的关系正式成为话语参与者之间的平等关系。

第三，在空间超文本的网络时代，人类进行对话和沟通的价值导向发生了根本性的转变，在此过程中高校教师与大学生进行交流的思维理念也发生了巨大的变化，其在实践方式上由单向转变为双向乃至多向，在主导价值上由工具性的教育技术和施教手段转变为人本性的以师生全面发展与价值实现为根本归宿的交往路径和互动方式。人类社会的交往理念一般会随着社会技术的发展和互动方式的变迁而逐步发生转变。一方面，网络的出现与应用为高校师生进行更深入的对话并达成共识提供了技术条件和客观上的可能。另一方面，互联网还使教师和大学生对彼此的认知和自我的身份认同发生了改变：对教师而言，教育者不再是教育过程中唯一的主导，也不是教育对话中仅有的能发声的主体，大学生不再单纯只是教育者施教行为下的受动者，而是教育活动中与教师平等的对话参与者和教育推动者；对大学生而言，教师的引导是重要的但不是唯一的，自身的自我教育能力和自主性、自觉性、自为性的培养和发展也同等重要。大学生开始体验并认识到自身在公共话语空间中所拥有的话语力量，开始确证自身作为主体存在的角色，并重视自我的整体发展和价值实现。因此，在新的教育理念中，教育者和大学生是相互平等的对话者与学习者，教育的最终目标不是单纯的规训与被规训、灌输与被灌输，而是教、学双方能够在有效的互动中实现真正意义上的全面发展。

（二）网络对大学生思想和行为的间接影响

网络对大学生的间接影响，一般是通过直接影响来与大学生的认知思维、情感状态和心理结构进行隐蔽的互动，由此在潜移默化中对大学生的知、情、意、信、行发生网络化的偏向和转移，使互联网对大学生的作用由技术的方式拓展到认知的方式，并从工具的层面逐步深化到价值的层面。人是政治的动物。有人类集群的地方就有人类关系，人类关系的重要内容就是政治。同时，人的知、情、意、信、行都是人根本的核心价值观在内外维度的展现和诠释，人的一切行为始终受到主体内在价值观的制约。因此，可以说，网络对大学生思想和行为的间接影响主要表现对大学生政治观和价值观的影响。

1. 网络对大学生的政治观影响深远

政治文化是“一个民族在特定时期形成的一套政治态度、信仰和情感，是政治关系在人们精神领域内的投射形式”①。网络政治文化是现实政治文化在网络空间的拓展与延伸，也是广大网民在长期的网络政治实践中逐渐积淀而形成的政治认知、政治情感和政治态度等取向的总和。网络政治文化的出现必然会使大学生的政治认知、政治情感、政治行为和政治理性等方面都被赋予互联网的价值和意义。不过值得注意的是，由于缺乏足够的引导和监督，网络政治文化的影响有正面作用，也有负面效应。

首先，网络强化了大学生的政治认知。网络相对于传统媒体的报刊、广播、电视，被形象地称为“第四媒体”或者新媒体。网络新媒体对政治信息的传播不仅速度快捷、信息量大，而且伴有图片、声频、音频和动漫，对当代大学生造成强烈的视觉和听觉冲击，吸引着他们不时地关注各类政治信息，能够在极大程度上满足他们对政治认知的根本需要，也可以强化和巩固他们在高校思想政治理论课堂主阵地所接受政治知识和理论，从而有助于当代大学生形成更为全面、理性的政治认知。其次，网络激发了大学生的政治参与行为，提升了其政治责任感。随着中国政治制度民主化、公开化和法治化进程的推进，越来越多的民众开始注重关注自身的政治权利，表现出极大的政治参与热情，也有着强烈的政治诉求，尤其是随着网络的发展和普及，兴起了网络问政和网络反腐风暴，不少贪官在网络媒体不经意的报道中被一些眼尖心细的网民揪出了“狐狸的尾巴”，因而被开除党籍、开除公职，甚至被移送司法机关依法处理。比如，2009 年 3 月，“天价烟”事件中的主角南京市江宁区房产管理局原局长周久耕；2012 年 8 月，“表叔”事件中的陕西省安监局党组书记、局长杨达才等；更有号称“情妇反腐”的事件

① 孙关宏、胡雨春：《政治学》，复旦大学出版社 2002 年版，第 223 页。

上演，网络空间不时开启一幕幕公民政治参与的大戏。大学生网民不仅是这一幕幕大戏中围观的看客，也是其中的积极参与者，他们可以在各种网站、论坛上纷纷发表自己对事件的看法，表达自己的政治观点，有的甚至还向政府部门或者有关当局献计献策，充分表现了一个当代公民应尽的政治责任和义务。

2. 网络对大学生的价值观影响深刻

网络为大学生提供了认识世界、关注社会、理解他人、学会共处的全新方式和理念。大学生群体的最大特点就是求新、求异，追逐刺激，喜欢冒险和挑战，容易受到外界和他人的影响。网络以工具性媒体的身份渗透到大学生的学习、生活和交往中，一方面为学生提供了更加丰富多彩的环境，另一方面也以自身暗含的舆论和价值导向对大学生的价值观产生了深远的影响。这种影响并非简单的对与错或者是与非的判断，而是积极与消极并存、正向与负向并包的关系。

一方面，网络以其全时空、全天候、多领域、全覆盖、立体式的传播优势和及时更新、滚动报道的传播实效性，在大学生网民群体中扩大了主流意识形态和价值观的传播力和影响力，弘扬了社会的正能量，对当代大学生的价值观产生了积极的、正面的影响。同时，网络的应用与深度互动也有利于培养大学生对不同价值观念的包容性，开阔他们的眼界和心胸。价值取向的多元化是人成长和社会化发展的必然趋势，但是必须注意的是，这种价值观的包容化与主导价值观的一元化并不相悖，核心价值观的主导在大学生的价值观教育中始终不可背离，因而大学生在使用互联网、接受新观念时也必须接受社会主义核心价值观的引领和制约，从而使之形成正确的价值观和荣辱观，有效抵御外界不良信息的影响，防止消极价值观的产生。

另一方面，在网络为大学生的价值观发展提供新的条件的同时，隐含于其中的负面影响也必须得到足够的重视。网络的无规则应用在一定程度上不利于大学生道德责任意识的正常发展。因受网络传播媒介的影响，对于社会上的公共事件，大学生往往都会置身于事外或者抱有一种“不甚关心，但听无妨”的态度，认为事件距离自己较远或对自身关切的利益影响不大，从而选择回避和无视；而另一些人则有着过强的自我代入感，往往会受到主观情绪的支配而失去理性判断的能力，从而形成偏激的言论，甚至发展为错误的行为。因此，在大学生使用互联网时需要不断加强道德责任意识教育，唯有如此，大学生的身心才能在与网络进行互动的过程中获得更好的成长。

从网络对大学生思想和行为影响的演进理路可以看出，网络的直接影响通过改变大学生学习、生活和交往的现实时空场域进而潜移默化地对大学生施加间接的影响，使他们的价值观和政治观也在无形中发生变化。网络的直接影响是间接影响的纽带和桥梁，间接影响是直接影响长期作用所必然形成的结果，二者共同构成了互联网与大学生互动的全过程。因此，研究网络对大学生思想和行为的影响，就必须不断加强对网络资源力量上的整合和开展对大学生网民的网络思想政治教育工作，因势利导，充分发挥网络对大学生的正面影响，并从直接与间接两个方面着手，提高大学生对网络使用的效能。

第五节　网络对大学生思想和行为的近期影响和长远影响

随着信息技术的蓬勃发展与互联网的大众化，网络生存逐渐成为人们生产、生活和生存的一种崭新的样态。大学生作为网民群体中人数众多的主要群体，由于其综合素质高、学习能力强、反应速度快等方面因素，已经成为网络空间最活跃的一支生力军。马克思主义认为，人既是环境的产物，人也能改变环境，人与环境相互依存、相互作用。因此，研究网络对大学生思想和行为的近期影响及其长远影响，有利于深化我们对网络环境和思想政治教育环境的认识，针对大学生呈现在网络上的思想和行为特点进行引导和规范，进一步增强大学生思想政治教育的实效性。

大学阶段是大学生为走向社会做最后的知识储备、素质养成和能力提升的关键时期。在这个阶段，大学校园文化环境是大学生“三观”形成的主要影响因素，有限接触到的社会环境和家庭因素是大学生价值观形成的次要影响因素。网络环境是校园文化环境的重要组成部分，它对大学生的“三观”及道德观的形成和最终定型都起着十分重要的作用。网络在给大学生的学习、生活、娱乐带来丰富、便捷和高效的同时，也对他们的思想观念和行为方式产生了深刻影响，呈现许多新变化、新动向。

一、网络对大学生思想和行为的近期影响

（一）网络增强了大学生的主体意识

主体性是指主体在对象性活动中，运用自身本质力量，能动地作用于客体的特性，是人的自觉能动性。具体是指主动性、自主性和创造性。主体性既是一个属性概念，也是一个关系概念。对主体性的研究必须与现实的人的活动联系起来，而现实的人的活动是对象性的活动。“说人是肉体的、有自然力的、有生命的、现实的、感性的、对象性的存在物，这就等于说，人有现实的、感性的对象作为自己本质的即自己生命的对象；或者说，人只有凭借现实的、感性的对象才能表现自己的生命。”① 因此，人的主体性是在与对象即客体关系中进行的。网络的无中心、无权威、分布式架构破除了现实社会的诸多限制，大学生网民可以自由地去感知社会、理解人生，并作为社会的主人公参与事件真相的调查，分析其背后运行的规律，充分发挥他们的自觉能动性，从而摆脱了对他人的依赖和盲从，真正成为自己的主人，从而增强了自身的主体意识。大学生网民还可以根据自己的兴趣爱好，自由地收集和筛选信息，自主地选择是否加入某一网络社区或网络群组，可以完全根

---

① 《马克思恩格斯全集》第 3 卷，人民出版社 2002 年版，第 324 页。

据自己的喜好去交朋结友，等等，这一切都是其主体意识的彰显。

（二）网络提高了大学生展现自我的能力

在网络世界中，大学生不仅是信息的接受者，也是积极的选择者、自我建构者和自我表现者。他们依据自己的“三观”和兴趣爱好，选择自己喜欢的交往群体，用适合自己的方式发表意见和看法。大学生在网络上展现自己的机会和方式也越来越多。微博、微信、QQ 空间、个人网站、直播互动平台等现代网络交流方式为大学生展现自我提供了无限的机会，他们能够表达在现实生活中不敢表达的意见和想法，敢于说出自己内心最真实的感受；敢于对社会热点和重大事件发声，敢于抒发他们对社会、国家、党的殷切感情和期望。网络的匿名性给人一个展现真我的机会，使得大学生很少去费心斟酌自己观点的正确性、推敲自己措辞的严谨性、考量自己逻辑上的周密性，他们表达的是自己最真实的情感和最贴心的话语，没有任何面具和伪装，也没有写好的现成剧本、镜头前的表演和“剧场效应”。这一切都有利于大学生情感的宣泄、促进个性心理的发展以及调适大学生的心理健康。总之，通过积极参与网络活动，大学生有效地表达和展现了自我。

（三）网络影响大学生的价值取向

网络信息中存在着大量负面的消息，对大学生的价值取向造成了错误导向。具体表现在一些大学生的政治立场不坚定、道德价值观迷失。改革开放以来，中国特色社会主义事业取得了巨大的成就，中国迎来了从站起来到富起来再到强起来三次飞跃。与此同时，随着改革开放已经进入攻坚阶段和深水区，社会矛盾多发，社会问题越来越复杂化，党内腐败现象还比较严重，干群关系紧张，社会维稳成本增高。西方国家从未放弃在意识形态上对我们进行渗透和对青少年进行“西化”与“和平演变”的图谋，他们利用一些机会攻击我国社会主义制度，诋毁我国社会主义事业取得的伟大成就。“普世价值”、历史虚无主义等社会思潮沉渣泛起，其共同表现就是否定中国近代史上的革命运动、否定新民主主义运动、否定社会主义改造运动、否定改革开放取得伟大成就，最终达到否定中国共产党的领导和马克思主义在意识形态上的指导地位。国内也有一些所谓的“人权人士”和“网络大 V”打着“社会公知”的旗号到处招摇撞骗，他们积极配合国外，利用一些群体性事件，上蹿下跳，发表一些不负责任的言论，提出一些不切合实际而又千篇一律的观念和社会构想，其根本目的就是抹黑政府，塑造所谓的政府无信、失德、作恶的坏形象，煽动群众与政府的对立。由于大学生尚处在思想观念激烈动荡和矛盾交锋的未定型期，加之其社会经验和阅历不足，缺乏辩证思维和理性思考问题的能力。因此，他们如果长期沉浸于互联网，很容易受到网上错误信息和西方意识形态的影响，不同程度地消解社会主义主流文化的影响力，网络文化的异质性容易使大学生的政治价值取向发生动摇，容易陷入拜金主义、利己主义、个人主义、功利主义和权力至上等错误价值观的误区，最终直接影响大学生正确“三观”的形成，使他们在价值取向和道德观念上发生偏移甚至是迷失。

（四）网络助长了大学生的网络失范行为

网络作为一种新型空间场域，具有虚拟性、隐蔽性、去中心化等特点。部分大学生因长期受庸俗化和灰色化网络信息（指一些无用的、过时的、粗糙的、虚假的，或者带有调侃、反对、迷信、色情、暴力、自杀等倾向，能引起社会关注的信息）的影响，容易产生一系列的网络失范行为。这些网络失范行为主要表现为：一是浏览色情网站，观看淫秽小说、图片、视频等黄色信息，有个别学生甚至还积极向其他同学推荐并转发这些黄色信息，由开始的好奇和寻求刺激发展到最后不自觉的沉溺，逐步丧失自控能力，使身心健康受到极大的危害。二是恶意发表攻击性言论。有部分学生因对学校教学、管理、后勤服务或者对任课教师不满，或者由于在现实生活中受到不公正的待遇，或者遭受挫折，就怀着报复的目的或其他目的，在网络论坛、校园 BBS、贴吧等网络空间恶意发表攻击性言论，诋毁学校的声誉，对他人造成无尽的伤害，或者侵犯了他人的名誉权和隐私权，有的甚至构成侮辱罪和毁谤罪。三是制造和传播网络病毒。有少数学生喜欢在网络上传播或者制造计算机病毒以此来报复他人的不友善行为，或者仅仅是为了跟他人开个玩笑，或者以此炫耀自己的计算机技术和能力，而没有意识到这种做法会给他人乃至整个网络带来巨大损失。四是参与网络“人肉搜索”等暴力行为。网络中曝光的一些事件，由于是个体发布的，往往很难辨别真假。比如对社会热点问题，一些别有用心之人往往上传部分片段歪曲事实，甚至编造谎言误导大家。大学生很容易被所谓真实的事件误导，成为网络施暴人员。

二、网络对大学生思想和行为的长远影响

马克思在《关于费尔巴哈的提纲》中指出，“人的本质不是单个人所固有的抽象物，在其现实性上，它是一切社会关系的总和”①。也就是说，社会关系是人的本质属性。随着网络技术的发展，网络成为人的新的存在方式，这种存在方式必然对人产生深远的影响。网络对大学生思想和行为的影响十分深远：一是由于大学生在学习和生活中都需要使用网络，因而他们也离不开网络；二是网络不仅对大学生在校期间的思想和行为有影响，而且对大学生离开学校、走向社会之后也会产生重要的影响。网络对大学生的长远影响主要表现为以下三个方面。

（一）网络提升了大学生的人际交流能力

当今世界是一个高度互联和共享的世界，各种信息在人们的指尖敲击电脑键盘时不停地生产出来并通过网络迅速传递到世界各地，互联网对人类信息传播和交流方式的影响是不言而喻的。美国麻省理工学院电脑科学实验室高级研究员克拉克（D. Clark）颇有见地地指出：“把网络看成是电脑之间

① 《马克思恩格斯文集》第1卷，人民出版社2009年版，第501页。

的连接是不对的。相反，网络把使用电脑的人连接起来了。因特网的最大成功不在于技术层面，而在于对人的影响。电子邮件对于电脑科学来说也许不是什么重要的进展，然而对于人们的交流来说则是一种全新的方法。因特网的持续发展对我们所有人都是一个技术上的挑战，可是我们永远不能忘记我们来自哪里，不能忘记我们给更大的电脑群体带来的巨大变化，也不能忘记我们为将来的变化拥有的潜力。”① 互联网是一个覆盖全球的信息基础设施，它把全世界范围内的资讯和人联系起来。因此，不同国家、不同民族、不同肤色、不同语言的人都可以通过网络交往，国界和地界不再是交往的空间障碍。网络超越了时空的限制，给人们的社会交往方式带来了革命性变革。

网络人际交往不同于传统的社会交往，它不仅使人们彼此之间的交流更加方便和快捷，而且也使人们交流的方式更加多元化和多样化。首先表现为交往范围的无限扩大。在网络上，人们完全可以根据自己的喜好和需要，任意选择自己感兴趣的对象进行交往、交流与互鉴。其次，网络人际交往是一种经由互联网这一媒体中介的交往，表面上是人与机器的交往，而实质仍然是人与人之间的交往。换言之，网络人际交往是一种“身体不在场”的互动。正是由于身体的不在场，网络空间的沟通和互动遮蔽了人们说话的音色、腔调、音量和肢体语言，也遮蔽了交往双方的年龄、性别、种族、相貌等外在的因素，从而使人们在交往中显得更加放松，绝对不会因为自己的相貌或者身高而自卑。同时，作为一个平等开放的世界，网络里没有中心，更不存在盛气凌人的权威，大家都可以平等地运用符号来进行对话和交流。最后，网络人际交往具有较强的交互性。人们借助于网络通信工具不仅完全可以实现双向的实时互动，还可以实现多向的实时互动。由于网络交往的实时互动性和快捷性，让人感觉到交往的双方近在咫尺，没有远隔千山万水的距离感。

---

① 郭良：《网络创世纪——从阿帕网到互联网》，中国人民大学出版社 1998 年版，第 162—163 页。

总之，网络给大学生的人际交往创造了更多的机会，提供了一个更为自由和更加平等的交往空间，同时由于“身体不在场”也使得大学生在人际交往时更为自在，没有任何的腼腆和羞涩，从而使得他们可以尽情地施展自己语言上的技巧、调动人格上的魅力，不是靠“颜值”而是完全靠才华去征服对方，从而极大地锻炼了大学生的人际交流能力。当大学生置身于虚拟的网络空间时，他们会极力释放自己人性中的每个方面，网络也就成了真正意义上的人性的真实载体。在网络交流中，人际间的心理距离可以缩到最短，在交流中各种观点和情感也就更加显得真实、直接。

（二）网络增强了大学生的社会适应力

随着社会的不断发展，任何人都不可能只生活在自己一个人的世界中，必然需要加强与社会和他人的各种联系。无论大学生是身处校园之内，还是身处社会之中，都需要不断通过学习提升自己的综合能力。大学生要在社会生活中担负起一定的社会角色，就需要培养自己的社会参与能力、提升自己的社会适应力。网络的出现，不仅改变了大学生的认知方式、思维方式、生活方式和交往方式，而且也给他们自身的社会化进程提供了一个难得的预演机会和场域，大学生可以通过模拟真实人生环境的网络游戏，预先扮演某种社会角色，熟悉角色规范，内化角色要求，这就为其将来走向社会、进入真实社会角色积累了丰富的经验，也增加了他们在职业生活中经受打击和抗挫折的心理承受能力和良好的心理品质。同时，网络给大学生提供了各种优质信息资源和健康积极的成长案例等，使他们可以在一个更加宏大的社会环境中寻找和获取所需的社会知识，培养生活技能，从而丰富自己接受社会化教育的内容，有利于提高社会适应力，顺利参与社会生活。

（三）网络培养了大学生的创新能力

科学技术的发展催生了互联网，网络技术的进步反过来又推动着各种新技术的不断产生与发展。网络技术的迭代更新、移动互联网的飞速发展、移动终端的快速渗透，极大地激发了大学生的求知欲望和创新创造的冲动，大大增强了大学生学习的自觉性和能动性。科学技术作为一种革命力量，其本身就是要求新求异、破旧立新，能动性和创造性是科学技术的本质规定。一方面，网络的信息化、开放化和交互性，使得多个思维主体（网络使用者）通过计算机网络实现了信息交换和情感交流，他们在相互学习、相互启发的头脑风暴中获得创造的灵感，极大地推进了技术的更新换代，改进了技术使用过程中的BUG①；另一方面，网络广泛的应用价值、显著的经济效益以及典型的智力型创造活动等特点，促使大学生的能动性、创造性等主体性得到提升。网络中的精英分子，像比尔·盖茨、乔布斯、张朝阳、马云、马化腾、李彦宏、丁磊、刘强东等人神话般的创业奇迹，也极大地激发了大学生进行创新创造的冲动。网络是信息科学技术、人工智能、虚拟仿真等技术的高度集成，是社会生产力高度发展的必然产物，这种高科技的技术革命促使大学生对科技的作用和知识的价值产生新的认识，同时认识到脑力劳动和知识创新的重要性，从而激励大学生积极参与到科技创新与创造发明的各种活动之中。我们在研究人类创新的历史时经常会发现，以往的创新主要由社会的精英阶层发起，多数人只是被动的参与者，而网络的出现在很大程度上改变了这种现状。网络的普及和低可进入性使得每个大学生都可以平等地参与到信息时代的创新大潮之中，从而涌现了“大众创业，万众创新”的“双创”新局面。尤其是国务院推出的系列政策和优惠措施，也在很大程度上鼓励着许多在校大学生纷纷投入创新创业的活动中去。

总之，由于网络的平等性在一定程度上使大学生摆脱了个体被知识权威的抑制，也在不断接触网络文化的过程中摆脱了盲目服从知识权威的心理，这就有利于大学生发挥自己的主观能动性和创造性。同时，网络的互联和共享能够满足大学生对知识的需求，也能够使他们在网络上获得他人知识和技

---

① 人们将在电脑系统或程序中，隐藏着的一些未被发现的缺陷或问题统称为BUG（漏洞）。

术上的支持，感受到信息时代多元文化的交流和碰撞，从而激发他们产生探索未知的诸多想法和创新的思想火花。网络对于培养大学生创新个性和创新能力发挥着十分重要的作用。事实上，自从网络诞生以来，这个虚拟的世界就是一个崇尚创新的世界，网络不会也不可能禁锢一个人的思想。置身于这样一个开放自由的空间，人们可以自由地进行自主创新活动，也在不断的创新实践中培养了创新素质和创新能力。

（四）网络快餐文化导致大学生人文素养的缺失

人类经由口述时代发展到文字时代，而目前已经进入“读图时代”。因为“图像浅显易懂，加上配乐、解说，理解的难度大大降低了。读者，观众只需被动接受就可以了”，但同时“面对文字主动思索，进行再造想象的乐趣也消失了”。[①] 当代大学生群体就是这个“读图时代”的最大拥趸者和追随者，他们从小伴随着动漫、卡通而成长起来，因而喜欢追求图文的形象性，沉迷于网络的“快餐文化”之中。快餐文化就是追求速成、通俗、短期流行，而不注重深厚积累和内在价值的文化思潮和文化现象。网络快餐文化则是以消遣、娱乐为主要特征的直接化、形象化的网络文化，也是一种无深度、平面化、反审美的网络文化。“网络歌曲、网络小说、网络恶搞、网络红人”等就是网络快餐文化的主要表现形式，它“通过视觉、听觉等方面的刺激尽可能满足受众的感官需求，娱乐消遣色彩浓厚”。这些“快餐文化表面很吸引人眼球，但无任何营养与意义，可谓‘金玉其外，败絮其中’。快餐文化带来新鲜感、前卫感、时尚感、刺激感，但缺乏对受众思想与精神的引导作用，因而稍纵即逝”。[②] 大学生沉迷于网络快餐文化会导致其思考能力不足和人文精神失落。因为它“将会消解传统文化的深度及厚度，一方面使大学生的审美情趣发生变化，他们更倾向于感受画面的刺激，

---

① 百度百科，https：//baike. baidu. com/item/读图时代。

② 王欢、祝阳、刘颖：《网络快餐文化背景下的90后大学生价值观研究》，《现代情报》2014年第5期。

呈现感性化、低俗化的趋向，影响他们的审美能力和审美观念；另一方面使大学生习惯于直观形象的接受，在一定程度上妨碍了他们理性思考和创新思维能力的培养和提高”。

总之，大学生如果长期被电子屏幕及电子设施包围，就容易造成麻木地接受信息刺激，因而失去对现实生活的主动概括和抽象能力，不能积极反思和寻求事物的本质，这就阻碍了大学生认知能力的良性发展。大学生的成长应该是体能、心智、人文精神和科学精神和谐统一的。网络文化所构筑的虚拟世界摆脱了对自然及其规律的依赖，实现了对现实生存世界最大限度的突破、延扩、补充以至于取代。网上强大的信息源可以大大缩短人们获取有关知识技能的过程。在这种情况下，有些人的网络科技意识过度扩张，科技决定论思想膨胀，再加上对现实的背离、个人主义以及内在的孤独感等，使他们只把科技作为衡量社会进步和人的发展的唯一尺度。长期在“快餐文化”的影响下，部分大学生会变得越来越庸俗、世俗，价值观会越来越平面化，精神会逐步消解，信仰会日益淡化。

第三章

网络对大学生思想和行为影响的表征及其机理剖析

如果说第三章的内容是试图回答网络对大学生的思想和行为是否有影响、影响的具体类型以及影响的性质、影响的效果、影响的作用方式、影响的时间长短等，那么本章的内容则侧重于回答网络对大学生思想和行为影响的具体表征，深度剖析为什么网络会对大学生产生影响，这些影响的内在机理是什么。

第一节　网络对大学生思想影响的表征及其机理剖析

人是世间最为奇妙的存在。在马克思看来，“动物只是按照它所属的那个种的尺度和需要来构造，而人却懂得按照任何一个种的尺度来进行生产”①。就是说，与动物本能式的或者说复制式的生命活动不同，人的生存活动并不是一种消极适应性的生命活动，而是一种基于实践的积极创造性的

① 《马克思恩格斯文集》第1卷，人民出版社2009年版，第163页。

生命活动。纵观人类历史，人们进行实践创造活动离不开技术工具的发明和创造。一部人类进化史，从某种意义上来讲就是一部技术工具的发明创造史。然而，自蒸汽机问世以来我们似乎还未曾见过有哪种发明像计算机网络那样能够对人类社会生活的各个领域产生如此广泛而深远的影响。不管我们了解不了解、愿意不愿意，计算机网络已经覆盖并渗透于我们生活的各个方面，21 世纪的今天，我们就生活在无所不在的互联网笼罩之下。英特尔公司前总裁 A. 葛鲁夫曾讲道："互联网就像迎面而来的卡亚克斯飓风，以 20 英尺高的浪潮袭击着我们。这场暴风雨经过太平洋数千英里的能量积蓄，足以使你腾空而起，再将你重重摔下。计算机相互连接的时代近在咫尺……互联网影响着我们每个人的生活……"① 曼纽尔·卡斯特也在《网络社会的崛起》一书中指出："作为一种历史趋势，信息时代的支配性功能与过程日益以网络组织起来。网络建构了我们社会的新社会形态，而网络化逻辑的扩散实质地改变了生产、经验、权利与文化过程中的操作和结果。"② 网络的诞生，不仅极大程度上改变着人们的生产、生活与生存方式，而且也极大程度上改变着人们的思维、情感、意识、认识。对于世界观、人生观、价值观尚未定型的当代大学生来讲，网络的存在样态必定无疑会对他们的思想产生这样或那样的影响。下面我们将根据网络对大学生思想影响的具体方向的不同，分两个方面进行阐述。

一、网络对大学生思想正面影响的表征及其机理剖析

（一）有利于大学生平等意识的形成

"人是社会性动物"。交往实践是人类实践活动的一个重要方面，人只

① ［英］约翰·诺顿：《互联网——从神话到现实》，朱萍等译，江苏人民出版社 2001 年版，第 22 页。

② ［美］曼纽尔·卡斯特：《网络社会的崛起》，夏铸九等译，社会科学文献出版社 2003 年版，第 569 页。

有在与他人及社会的交往中才能真正体现出人之为人的本质。信息则是人类交往实践过程中所需要的最基本的要素，没有信息就没有人类交往，也就不会有人类的各种社会关系。对此，严耕指出："人要生存就必须与其他事物和人进行交往，交往的过程包含着信息交流和交换的过程，或者说人类政治、经济和文化交往中无不贯穿着信息的交流。因此，从人的社会存在和社会活动过程来看，信息是维持社会存在和发展的基本因素。"① 因此，我们可以说，人因信息而存在，或者说人就是信息化的存在，而网络信息化时代的到来则使得人的这种信息化存在的特点更加凸显。不同于前网络信息化时代社会建构所表现出的中心化，网络信息化时代社会建构表现更多的是去中心化的样态。郭玉锦、王欢指出："人类社会之所以能够从早期的无中心化状态走向中心化，并由中心化走向去中心化，语言文字的出现以及后来人类信息交流方式的不断优化起到了至关重要的作用。"② 马修·弗雷泽和苏米特拉·杜塔在他们的著作《社交网络改变世界》中认为，身份、地位和权力构成了前网络信息化时代社会组织稳定的内在机制，而网络信息化时代的到来则使网民表现出身份多元化、地位平等化、权力分散化等去中心化的特征。

首先，网民在网络中的符号化存在方式和网络社会本身的匿名性特征使其身份建构能够轻易摆脱现实社会因素的制约而表现出鲜明的随意性。因此，网络社会的去中心化存在方式使得每个网民既是信息接收者，也是信息的创造者和传播者，从这个意义上讲每个网民都可以同时扮演着多个社会角色。其次，网络社会的去中心化存在方式超越了传统的权力压制，每个网民都能平等地享有信息权利，网民因线下社会不规则的社会信息分配而产生的地位差异得到极大的缩小，网民地位的获得不再是线下社会中既定的位置，而更多的是基于线上社会的表现和事实。这样，网络社会的去中心化存在方

---

① 严耕：《网络伦理》，北京出版社 1998 年版，第 14 页。

② 郭玉锦、王欢：《网络社会学》，中国人民大学出版社 2016 年版，第 297 页。

式实际上就为网民的平等交往奠定了基础，使其能够跨越现实社会的空间结构而表现出地位平等化的样态。最后，诚如新西兰学者杰瑞米·波普所说，“信息就是权力，拥有它的人越多，就会有越多的权力得以分配……”① 网络社会的去中心化存在方式打破了传统媒介对信息的层层把控，使信息控制的权力分散到了每个网民的手中。每个网民都具有了话语权，都能在网络空间自由地进行表达。这样，网络社会中的权力就不再像前网络信息化时代那样只是围绕着一个或几个中心运行，而是呈现一种鲜明的分散化样态。

总之，网络空间的去中心化存在样态给每个人提供了成为“中心”的可能性。无论其在现实中的身份、地位如何，也不管其财产状况、受教育水平、宗教信仰以及个人爱好如何，在网络这个虚拟世界里，每个人都是平等的主体，没有特权，没有等级。由于在网络信息的传播中没有控制中心，每个网民既是信息的接收者，也是信息的传播者，还是信息的发布者。网络空间的这种去中心化存在样态，使得每个网民都能够更加自由地表达自己的思想，这无疑在很大程度上契合了当代大学生追求平等的心理需求，进而促进了大学生平等意识的形成。此外，网络信息技术的发展和普及破除了人们社会交往的时空界限，拓宽了人际交流的渠道，使教师和学生的交往趋于多样化、即时化和平等化。具而言之，在网络信息化条件下，师生之间的关系更多地表现为主体间性关系：一方面，教师在课堂上“满堂灌”的现象有了很大改善，多数教师善于运用多种媒介信息技术提高大学生的出勤率、“抬头率”以及学习和认知的效率，比如有不少教师利用如“艾课堂”“蓝墨云”“立人微教”等信息技术实现与学生的即时互动；另一方面，大学生们也可以借助于移动互联网和移动终端同老师保持密切的联络与交流。师生之间的网络交流既不会影响到教师的私人空间，又可以避免大学生产生对老师敬而远之的心态，能够达到师生有效互动的效果，既有助于师生之间建立起

---

① ［新西兰］杰瑞米·波普：《制约腐败——建构国家廉政体系》，清华大学公共管理学院廉政研究室译，中国方正出版社 2003 年版，第 177 页。

民主平等的教学关系，也有助于当代大学生平等意识的形成。

（二）有助于促进和维护大学生的心理健康

网络时代的大学生已由纯粹的被动信息接收者转变为主动的信息选择者和传播者。点对点的网络信息传播，极大程度上满足了他们个性化的信息需求，成为大学生获取信息、展现自我的重要渠道。详言之，当代大学生能够利用各种移动互联设备和碎片化的时间，不受场地和时间的限制搜集信息，主动了解世情国情，并将感兴趣的内容进行转发以分享给他人，这样就极大地提升了相关信息的覆盖面。同时，大学生通过同步互动和网络空间的自由表达极大地满足了他们获得尊重和认同的需要，使他们参与网络传播的热情高涨。比如，在一些高校的日常事务管理中，大学生就能够通过微信、微博等平台，积极发表个人的意见，反映自身的诉求。“在这个过程中，我们可以看到新一代青年独立的一面，展现出来的是他们渴望社会的认同，社会的接纳，并按照他们的想法发生变化的心理诉求”①。

特别是对于那些刚刚进入大学校门的新生而言，他们对新的校园环境充满着好奇与新鲜感，也可能会对新的环境和新的学习生活产生诸多不适应，从而出现情绪情感方面的困扰，甚至有可能暂时变得迷茫和不知所措。通过网络，他们就能够轻而易举地联系到过去的同学和朋友，还可以访问他们的个人主页，互相关注双方的日志和更新，甚至还可以送出自己心仪的虚拟礼物，也可以相约一起玩网络联机游戏，如此等等。这都会让这群刚入校的大一新生在心理上回归到熟人环境，从而减少陌生感带来的不安和焦虑情绪。大学生发布的网络日志、说说、朋友圈、照片等信息，都是发生在自己身边的真人真事，内容真实可靠并且具有独创性，不仅契合了当代大学生喜欢标榜个性的心理，而且也把最真实、最完美的自我充分地展现出来。以腾讯网为例，大学生们经常会通过 QQ 空间和微信朋友圈时时更新个人的最新状

---

① 崔家生：《网络思想政治教育研究》，山东画报出版社 2003 年版，第 152 页。

态，既有抒发感慨的，也有针砭时弊的，还有无聊时刻“吼”一声的，这些都是大学生真实的感情表达。通常，同学和朋友们会在第一时间看到他们的状态和心情，通过“点赞”给予鼓励或者就某件事情进行深入的交流与争论，这种形式的互动无疑会增进彼此的友谊、强化他们之间的关系，增进他们的心理健康水平。

（三）有利于增强大学生政治参与意识

马克思说，“人是最名副其实的政治动物”。网络社会的降临，不仅意味着网络可以成为政治运行的时代工具，而且有助于增强人们的政治参与意识。1999 年被学界认为是我国的“政府上网年”。到 2000 年，超过 80% 的国家部委机关及一些地方政府机关开始在我国公用数据网（163）和多媒体公众信息网（169）上建立了自己的网络站点。目前，我国县级以上政府机关基本上已经实现全部“上网”。政府上网不但使自己的工作更加方便、快捷、开放和透明，而且也极大地方便了群众，增进了政府与普通民众之间的鱼水之情。2008 年 6 月 20 日，胡锦涛在视察人民日报社时指出：“随着信息技术的快速发展，互联网已经成为人们获取信息的重要渠道，成为党和政府联系群众的重要纽带。”① 2016 年 2 月 19 日，习近平总书记在网络安全和信息化工作座谈会上强调：“网民来自老百姓，老百姓上了网，民意也就上了网。群众在哪儿，我们的领导干部就要到哪儿去，不然怎么联系群众呢？各级党政机关和领导干部要学会通过网络走群众路线，经常上网看看，潜潜水、聊聊天、发发声，了解群众所思所愿，收集好想法好建议，积极回应网民关切、解疑释惑。善于运用网络了解民意、开展工作，是新形势下领导干部做好工作的基本功。各级干部特别是领导干部一定要不断提高这项本领。”② 网络成为沟通民众与政府的桥梁，通过登录政府网站，网民不仅能

---

① 胡锦涛：《在人民日报社考察工作时的讲话》，《人民日报》2008 年 6 月 21 日。

② 《习近平谈治国理政》第二卷，外文出版社 2018 年版，第 336 页。

够清楚了解到政府在做什么、能做什么、为何要做、如何去做、做得怎样，还可以起到监督政府工作的作用。网络时代，每位网民都能够及时获得大量的政治信息，都有机会和权利通过形式多样的网络载体进行网络政治投票、网络政治监督、网络政治讨论和与政府直接进行网上对话等各种网络政治参与行为。此外，网络还能使千百万个分散的网民或小群体组成一个足以产生较大影响的“虚拟社群”，他们的“民意”经过集中、凝聚往往会对政府的决策产生直接的影响。比如，2003 年“孙志刚事件”被曝光后，引发了网民的强烈关注和参与，强大的网络社会舆论直接导致了《城市流浪乞讨人员收容遣送办法》被废止和《城市生活无着的流浪乞讨人员救助管理办法》的出台。事实表明，网民可以扮演十分重要的政治参与者的角色，他们的政治参与行为势必会对增加民意在政府决策过程中的分量、优化政府决策、强化公众监督、稳定政治秩序，进而对推动整个社会的民主法制化进程发挥着重要的作用，而网络这种极具现代特色的技术手段在拓展并优化网民政治参与的渠道与方式、提高网民政治参与的兴趣和热情、提升网民政治参与的能力等方面都发挥着积极的作用。

“马克思主义政党只有赢得青年，才能赢得未来。”① 要赢得青年，就必须让他们参与到国家治理和社会治理的进程中去。诚如列宁所言，人民“需要的不仅仅是民主形式的代表机关，而且要建立由群众自己从下面来管理整个国家的制度，让群众实际地参加各方面的生活，让群众在管理国家中起积极的作用”②。网络对大学生政治社会化的影响越来越明显，他们更愿意以新媒体为平台参与政治活动、进行政治评价和政治表达。当代大学生可以借助于新闻跟帖，就某些热点新闻事件展开密集评论，以形成较大的社会舆论；可以借助各种网络论坛，发表自己的政治观点或通过跟帖与其他成员进行网上交流；还能够借助于电子邮件就政治现象或有关社会问题或自身利

---

① 《江泽民文选》第三卷，人民出版社 2006 年版，第 487 页。

② 《列宁全集》第 24 卷，人民出版社 1957 年版，第 153—154 页。

益问题，直接向有关政府机构和领导发送邮件，进行交流和对话，其中的一些高水平意见和建议还能够获得相关领导和部门的重视和认可，进而对政府的科学决策起到积极的作用；甚至大学生的政治参与行为早已溢出网络空间而成为现实社会的某种“行为艺术”，如以“飞行集会”“集体散步”等方式向政府进行民意表达等。① 总之，网络政治参与已然成为当代大学生比较热衷的新型政治参与方式，而在参与的过程中，他们的参政议政意识和政治参与能力都得到了极大的增强和提高。

（四）有利于大学生多维立体思维方式的形成

“每一个时代的理论思维，从而我们时代的理论思维，都是一种历史的产物，它在不同的时代具有完全不同的形式，同时具有完全不同的内容。”② 随着网络时代的到来，人们的社会实践方式发生了巨大的变化，进而人们的思维方式也正发生着革命性的变革。比如，超文本（hypertext）链接是电子信息网络中一项非常重要的技术，基于该项技术的万维网及其浏览器（browser）自 20 世纪 90 年代问世后便风靡全球，它以非线性的方式链接各种 HTML（超文本描述语言）文本，这就极大地强化了人们的非线性思维。同时，网络实践活动的“即时交互性”会促使人们彻底抛弃孤立、静止的思维方式，而特别注重虚拟实在系统中的各种联系、运动和变化③。

网络信息以它们特有的图文并茂、形声俱佳的方式和特点向大学生们展示着生存于信息化时代的独特优势，并满足着大学生对信息的更高需求。这些多彩信息媒介在潜移默化中培养了大学生的多维、发散和立体式思维的形成，推动着大学生思维方式的变革，进而形成网上与网下协调统一的思维方式。郑永廷先生认为：“网络空间是以信息网络的形式构筑和处理信息的，是跳跃式的、立体式的思维方式，网络空间以其诸种特性培育着当代大学生

① 人民网，http://yuqing.people.com.cn/GB/16698341.html。
② 《马克思恩格斯选集》第 4 卷，人民出版社 1995 年版，第 284 页。
③ 张明仓：《虚拟实践论》，云南人民出版社 2005 年版，第 52 页。

的新思维空间，进而形成着互联网思维”。“互联网思维可以分为广义和狭义，狭义的网络思维主要是指利用计算机为核心的信息网络作为支撑的人机结合的思维方式；广义的网络思维是指思维的一种状态和方式，它体现了思维空间的一种广度和深度，其思维特征体现着网络特征，是系统思维在信息社会的具体体现，其主要特征是一种系统思维方式，是去中心化的思维方式，是渗透着网络技术特征的逻辑思维。在信息化社会，大学生可以运用网络思维实现观念的转变，网络思维方式有利于大学生进行理论和文化创新”①。大学生只要能够上网，就能够查找各种储存在网络空间的信息，并将它们结合在一起，进而形成关于某种问题的系统观点和颇具创新性的见解。网络空间以其非线性、动态性、过程性和互补性的存在样态，在极大程度上逆转了过去那种线性因果联系的思维方式和单一的思维模式，激发了大学生的多维度、发散和立体式思维，也激活了大学生的创造性思维，进而促进了他们立体思维方式、交叉思维方式和多维思维方式的形成与创新思维的迸发，也促使着当代大学生不断地提升自己的创新能力，这些无疑都有利于大学生的成长成才。

二、网络对大学生思想负面影响的表征及其机理剖析

（一）网络成瘾给大学生带来一定的心理困扰

随着计算机技术的发展和普及，电脑、网络早已进入千家万户，已经成为不可或缺的技术支撑和教育手段，正广泛而深刻地影响着当代大学生的学习和生活、思想和行为。当代大学生是伴随着计算机网络一同成长的一代，他们从小就沉浸于网络环境之中并享受着互联网带来的诸多便利，是网络信

① 郑永廷、张彦：《德育发展研究——面向 21 世纪中国高校德育探索》，人民出版社 2006 年版，第 289 页。

息技术的主要关注者和体验者，他们接受新鲜事物的能力强，能够较快适应新技术的变革，进而掌握各种新技术的应用。就像其他科学技术一样，网络是一把双刃剑，过度地使用网络会给人们带来一些负面的影响，而大学生由于自控能力较差和自由时间较为宽松等原因，往往成为受网络负面影响较大的一个群体。比如，少数大学生网络成瘾现象已经成为当今社会普遍关注的负面影响之一。有网络社会学者认为，网络成瘾就是网络使用者因过度使用以致沉迷网络而造成的心理困扰。“网络成瘾是一种强迫症状，并不是计划要过度上网，而往往是不由自主地滞留在网上，主体不能控制自己。结果往往是过分依赖网络或网上生活方式，而忽略了现实生活内容，生命时间多被网络占用，对现实生活不感兴趣。”① 大学生的网络成瘾主要有以下表现。

1. 网络游戏成瘾

“网络娱乐类应用是青少年群体最重要的互联网应用，而网络游戏在娱乐类应用中更受到青少年用户的喜爱。网络游戏在青少年各个群体中占比例高于全国水平，未成年网民的网络游戏使用率超过了青少年总体水平。然而，较多青少年由于沉迷于网络游戏不能自拔，对成长造成了很大的危害，严重危害着青少年身心健康。”② 客观地讲，包括网络游戏在内的各种游戏对大学生的成长具有不可替代的价值和作用。网络游戏可以模拟大学生未来成长与发展阶段必须经历的一些事情（如婚姻、择业等），让大学生提前扮演各种不同的角色，丰富其人生阅历，增加他们对成功的体验。但是，也不可否认网络游戏中的色情和暴力情节给大学生的成长带来了诸多负面影响。比如，因上网打游戏而导致考试挂科、休学、退学，甚至出现人格异常、精神分裂等各种问题。因此，可以说网络游戏在某种程度上已经“异化”为现代意义上的电子鸦片。

2. 网络购物成瘾

随着电子商务的飞速发展，网络购物因其方便和快捷而日益成为人们现

① 郭玉锦、王欢：《网络社会学》，中国人民大学出版社 2016 年版，第 356—357 页。

② 中国网信网，http：//www. cac. gov. cn/2015-06/04/c_ 1115506033. htm。

代生活的一种必然选择，进而也滋生出一个新的问题——网络购物成瘾。比如，每逢每年的 11 月 11 日这个被电商们包装成为网络购物的“狂欢节”，一些消费者往往贪图电商们所谓的让利促销和名义上的便宜，会不由自主地疯狂购买一些用处不大的商品，所谓的“剁手党”一词就是由此而得名的。网络购物成瘾现象的产生，一方面与人们物质生活的需要密切相关，另一方面则是电商们经过精心策划和刻意营造出来的销售商机。由于 24 小时网上商城购物的方便快捷和轻松，时间、地点等传统购物的必要条件已经不是阻碍大学生购物的主要因素，他们可以通过网络随时随地来满足自己购买的需要。但是，一日的狂欢之后，却留下了日后无穷无尽的信用卡账单，给大学生带来了沉重的债务负担。

3. 虚拟交往成瘾

马克思强调，“社会不是由个人构成，而是表示这些个人彼此发生的那些联系和关系的总和”①。人是社会性的动物，与他人进行交往是人的内在需要。网络为当代大学生提供了很好的交往平台，使其人际交往突破了空间、地域的限制，“海内存知己，天涯若比邻”由过去人们美好的向往变成了真正的现实。部分大学生尤其是那些性格本来就比较内向、现实交往范围比较狭窄的学生，十分热衷于在网络上交朋友、与他们聊天，或在社交网络中参与各种互动性话题的讨论，或参加各种互动性社团活动。但是，也有许多大学生因为长时间与网络中的“符号”进行互动而不愿参加现实的社会活动，他们中的一些人甚至觉得只有网络上的朋友才是可亲近的，而包括父母、同学和朋友在内的现实生活中的人没有意思，不愿意过多地与之交流和交往。例如，某媒体报道过大学生“手机控”现象，虽然同住一个寝室，却要通过手机短信告知室友关灯。“亲，把宿舍的大灯关一下，灯光太亮，睡不着。”② 这些大学生喜欢徜徉在虚拟世界中，能够尽情地毫无顾忌地诉

---

① 《马克思恩格斯全集》第 46 卷，人民出版社 1979 年版，第 220 页。

② 《大学生成手机控，同处一室发短信让室友关灯》，《楚天金报》2012 年 7 月 27 日。

说，也会异常耐心地倾听，同他人热情地进行交流，而如果几天不让他们上网，他们就会觉得孤独、寂寞，觉得生活空虚，甚至出现暴躁、易怒等症状，这些无疑给大学生的心理和生理都造成了不同程度的伤害。

除上述三种情形外，大学生网络成瘾还有一些其他表现形式，而且随着将来网络的发展和应用，可能还会不断出现新的表现形式。这些网络成瘾者往往与吸毒成瘾或酗酒者十分类似，他们只要坐在电脑桌旁就兴奋异常，不知疲倦，若没有机会接触网络，就会焦急难耐。尽管有些大学生网络成瘾者三番五次地下定决心戒除网瘾，但往往有心无力，欲罢不能，从而在极大程度上消解了他们的自信心，造成了他们心理的创伤。

（二）网络色情淫秽信息危害大学生的身心健康

"互联网是一把'双刃剑'。一方面，互联网为青少年增加了获取信息的途径，有效帮助了青少年进行交流沟通，并提供了多样化的娱乐休闲方式；另一方面，互联网发展也带来了一些问题，网上充斥着大量的信息，而青少年对信息真伪辨别能力尚不完善，较容易受到毒害……"① 其中，网络色情对大学生身心健康的危害尤为严重。据统计，目前全世界色情信息网站多达几十万家，而且每家网站都有相当高的访问度和点击率，远远高于一些专业性的学术网站。由于创办色情网站的低成本、低门槛和注册 IP 地址的便捷性，一个传播色情淫秽信息网站被端掉之后，犯罪分子往往就能很快地转移阵地、改头换面，从而为有关部门打击色情网络带来了很大的难度。比如，在国内相关部门实施"净网"行动加大对色情淫秽网站的查处和打击的力度之后，他们又在国外租借服务器，把犯罪阵地转移到国外。

这些网络色情淫秽信息之所以会对大学生的身心健康造成极大的危害，是因为：大学生正处于青年期，对于情、色、性等相关的内容，原本就有着非常强烈的好奇心，往往会产生探究的欲望，而网络色情信息的泛滥无疑为

---

① 中国网信网，http：//www. cac. gov. cn/2015-06/04/c_ 1115506033. htm。

大学生网民接触和浏览色情淫秽信息提供了唾手可得的“机会”。通过这些“黄色媒介”，青年大学生可以轻易搜索到各类色情图片和视频，浏览、下载甚至潜意识地传播那些图文并茂、声情兼具的刺激性信息，有少部分学生甚至参与“裸聊”“虚拟性爱”等。大学生在浏览这些色情网站和淫秽视频之后很容易在心灵上留下难以抹去的阴影，有的学生甚至在行为上刻意去模仿。这不仅污染了高校的育人环境、亵渎了人类文明，而且也对大学生的思想造成了严重的侵蚀，对他们的身心健康带来了极大的危害，致使一些辨别能力差的学生沉溺于其中而不能自拔，有的学生辍学、失学，甚至走上犯罪的道路。

（三）网络文化消解大学生正确的道德观念和价值取向

网络以其开放性、多元性、跨时空性等特点，为各种思想文化的传播提供了集散地和更为便捷的通道，泥沙俱下、鱼目混珠的各类信息汇聚在一起，使人们的思想道德观念和价值观受到了前所未有的震荡和冲击。网络空间中各种思想文化的相互交融、交汇、交锋与激荡，必然会以各种方式衍射到大学生网民群体，这无疑会对正处在“三观”形成关键期的青年大学生带来巨大的震荡和冲击。网络空间中，主流文化和社会主义核心价值观得到传播的同时，一些非主流文化和腐朽落后的价值观也在悄悄地进行渗透，像自由主义、历史虚无主义等社会思潮就极大地削弱和消解了我国优秀的传统道德和主流价值观。正因为如此，党的十八大以来，我国各级网信主管部门和思想文化宣传部门协同发力，频繁开展净网行动，大力进行正面舆论引导，网络空间日渐清朗，网络道德规范逐渐生成，网民的法律意识不断得到增强，彰显了网络在弘扬社会主旋律、传播社会正能量、培育网民价值观念等方面所发挥的重要作用。毋庸置疑，当前我国网络空间中各种错误思潮仍在不时泛起，各种网络谣言仍旧频繁出现，一些歪曲抹黑党史国史、污名化领袖和向英雄人物泼脏水的有害言论仍未彻底清除，网络生态还相对脆弱，不仅阻碍了网络社会正向合力的形成，也表明了我国网络意识形态安全的缺口尚未完全堵住，部分大学生网民价值取向“庸俗化”和“扭曲化”以及价值观念“混杂化”和“西方化”等问题还依旧比较突出。

首先，大学生网民往往由于自身条件的限制，网上活动较多地趋于娱乐化，而由网络信息技术催生的网络文化本身就具有广场狂欢式的特质和后现代风格，加之资本的操控和文化商品化消费的助推，当前网络文化整体呈现“泛娱乐化”的倾向。一些网站为了吸引广大网民的眼球，最大限度地获得商业利益，无论报道何种新闻都喜欢采取娱乐化的形式，甚至有些“标题党”不惜制造虚假新闻，以满足网民的舆论兴奋点、迎合他们的娱乐心理。网络文化的这种“泛娱乐化”倾向，不仅使娱乐超越了其应有的界限，也使本来非常严肃的新闻、宗教、政治、教育等都掺入了娱乐元素，甚至使一切传统的文化、道德观念和行为规范都成为被娱乐和消费的对象。其结果就是使部分大学生网民浑然不觉地沉浸其中而忘却了对意义和价值的追问，剩下的只有肤浅的娱乐和笑声以及日益“庸俗化”的价值观。

其次，网络上的各种信息每时每刻都在以几何级数成倍增长，以超过光的速度在世界范围内传播。面对这些海量信息，大学生网民每时每刻都被信息包围着，也被这些信息背后的价值观念和意识形态侵染着。日积月累，久而久之，部分大学生网民难免会出现价值观念的“混杂化”。部分大学生由于辩证思维和理性思维的不足，对网络信息缺乏足够的辨别力，因而极易盲目认同其背后的价值观念和意识形态倾向。观念决定态度，态度影响行为。价值观念上的“混杂化”进而模糊了部分大学生网民的是非界限，降低了他们明辨是非的能力，使他们常常不辨事实，随意接收和转发有害信息，传播不当言论。

最后，网络所具有的开放性并不只是一种小范围、微区间的开放，而是一种大格局、全球性的开放。在此背景下，各种意识形态和价值观念间的碰撞和冲突不可避免。长期以来，以美国为首的西方国家凭借其技术优势以及掌控的各种资源，通过网络平台随意对我国社会发展中出现的问题进行“点评”，恶意抨击中国特色社会主义制度，否定中国共产党的领导，肆意推销资本主义意识形态和价值标准，大量输出具有意识形态色彩的影视作品和其他文化产品，这在某种程度上削弱和消解了部分大学生对主流意识形态和价值观念的认同，促成了部分大学生价值观的“西方化”倾向，从而危害了我国的意识形态安全。

总之，在长期的耳濡目染中，大学生很容易对西方社会的生活方式及其价值观念由欣赏走向趋同。在网络空间多元价值标准的影响下，大学生的道德选择和价值取向日趋多样化。他们在面对现代道德与传统道德、个人价值与集体价值、主流意识形态与非主流意识形态等矛盾时往往难以辨别是非。在观念纷杂、价值多元的网络信息和社会思潮冲击下，部分大学生正确的道德观念和价值取向受到了歪曲和消解，从而使他们在成长过程中充满了迷茫和困惑。

（四）网络会造成大学生网民的“群体盲思”

网络时代，尽管大学生网民占有十分丰富的信息资源，但正是由于海量信息的泛滥使得部分大学生网民产生了信息焦虑，有的大学生网民甚至出现了信息恐惧，为了帮助自己进行信息的选择，他们或者加入网上兴趣爱好相同的群体，或者“量身定制”个人信息，这就容易造成大学生网民的“群体盲思”和信息窄化，从而大大降低了他们的理性判断能力。诚如美国学者西奥多·罗斯扎克所言：“信息过多实际上会排挤观念，使人在空间和零散的事实面前六神无主，迷失在无形的信息泛滥之中。”① 网络拓展了大学生网民获取信息的渠道，但是这些信息往往同质化程度较高、真假难辨。大学生网民在面对海量信息时，难免会处于一种茫然无措的状态。一旦他们被

---

① ［美］西奥多·罗斯扎克：《信息崇拜：计算机神话与真正的思维艺术》，中国对外翻译出版社 1994 年版，第 80 页。

这些真假难辨的海量信息所“淹没”，就会丧失理性分析的能力，而表现出从众化、非理性化的盲从。究其原因有以下二点：

其一，网络空间的自由性、隐蔽性使大学生网民可以按照自己的真实意愿去从事网络实践活动。但是，这个私密空间又“让人摘掉了最后一层文明的面纱，容易使网络对话以不加修饰的赤裸裸的方式进入公共空间，进而加剧网络对话的非理性趋向”①。纵观当今的网络空间，仍存在着部分大学生网民故意散布虚假信息，恶意进行网络谩骂，大肆宣泄个人不满情绪等现象。

其二，网络的便捷性、超时空性又使得那些具有共同的兴趣和爱好、共同的利益需求以及共同关注的社会现象和问题等的网民迅速“链接”起来，形成一个网络心理群体，群内成员互动频繁，相互感染，强化乃至激化着网民原先可能具有的非理性观点。美国当代法哲学家凯斯·桑斯坦将这种现象称为“群体极化”，他认为“团体成员一开始即有某些偏向，在商议后人们朝偏向的方向继续移动，最后形成极端的观点”②。同时，他还强调：“毫无疑问，群体极化正发生在网络上。讲到这里，网络对许多人而言，正是极端主义的温床，因为志同道合的人可以在网上轻易且频繁地沟通，但听不到不同的看法。持续暴露于极端的立场中，听取这些人的意见，会让人逐渐相信这个立场。”③ 无独有偶，法国当代著名心理学家古斯塔夫·勒庞同样指出：“互联网使得意见相同的人聚在一起，更容易与其他人隔离，也更容易听不到不同的意见。仅这点就培养了群体极化的基础，在某种程度上会给社会和平和民主带来潜在的危险。”④ 显然，网络为那些志趣相投的大学生网民之

① 张千帆：《网络民意的理性化》，《南方日报》2009年4月8日。

② ［美］凯斯·桑斯坦：《网络共和国：网络社会中的民主问题》，黄维明译，上海人民出版社2003年版，第47页。

③ ［美］凯斯·桑斯坦：《网络共和国：网络社会中的民主问题》，黄维明译，上海人民出版社2003年版，第48页。

④ ［法］古斯塔夫·勒庞：《乌合之众：大众心理研究》，冯克利译，中央编译出版社2000年版，第45页。

间的沟通提供了极大的便利，但是群体极化这种现象不仅没有因为这种便利而避免，反倒因为网络中的信息“协同过滤”而得到了强化。勒庞认为，“在集体心理中，个人的才智被削弱，因而其个性也会被削弱，同质性将异质性吞没，无意识的品质占了上风。”① 可见，这种网络群体内部所呈现的高度同质性，很容易造成群体成员的盲目认同或盲从，进而会削弱他们理性思考和辨别的能力，使群体成员呈现一种“集体无意识”的状态，以至于使得“进入了群体的个人，在‘集体潜意识’机制的作用下，在心理上会产生一种本质性的变化。就像‘动物、痴呆、幼儿和原始人’一样，这样的个人会不由自主地失去自我意识，完全变成另一种智力水平十分低下的生物。”②

（五）网络会造成大学生整体思维水平的下滑

当前，很多大学生习惯了那些通俗性、富有娱乐性、让人心情轻松的快餐式阅读方式，而对于那些深刻、经典、需要花一定时间和精力思考的内容则往往表现出反感和排斥。这无疑助长了当代大学生群体的浮躁心理，降低了他们对问题作出深层次思考的耐心，进而对理性思维与逻辑思维产生了一定的抑制。在网络信息媒介形象化特性的作用下，当代大学生在多数情况下更喜欢用“看”的方式而不是用“思”的方式来认识世界和周围事物，这无疑会在很大程度上增强大学生的形象思维，其抽象思维和逻辑思维能力则会大幅退化。高度图像化的网络媒介在强化大学生形象思维的同时很容易使其思维的主动性变得迟钝，思想的深刻性变得简单化，进而还可能导致他们思维方式的平面化，使得当代大学生逐渐远离阅读经典、追问本质的思维方式，甚至会因对网络图像的过度依赖而降低乃至失去对文字阅读的兴趣，从而造成整体思维水平的下滑。

---

① ［法］古斯塔夫·勒庞：《乌合之众：大众心理研究》，冯克利译，中央编译出版社2000年版，第9页。

② ［法］古斯塔夫·勒庞：《乌合之众：大众心理研究》，冯克利译，中央编译出版社2000年版，第79页。

第二节 网络对大学生行为影响的表征及其机理剖析

人类行为千姿百态，种类繁多。因此，网络对人行为的作用方式及其表征也必然多种多样。这里，我们将大学生行为主要分为学习行为、交往行为、消费行为和婚恋行为四个方面，因此本节内容将聚焦于网络对大学生的学习行为、交往行为、消费行为和婚恋行为影响的表征进行论证，并在具体论证中剖析其形成的机理。

一、网络对大学生学习行为影响的表征及其机理剖析

（一）网络使大学生“泛在学习”变成现实

互联网信息技术飞速发展，使得人类社会生活已经发生或正在发生巨大的改变。大学生正处于社会价值体系构建与完善的关键时期。大学生遇上互联网，就像鱼儿遇上水，融合度深，影响力大，畅游性强。尤其在学习方面，大学生正借助互联网的翅膀飞翔。网络对当代大学生学习行为的影响较为显著，在高校里，以网络为媒介的课程已经成为一门必修课，无论是“慕课”（MOOC）、网易视频、TED及微信公众平台的学习课程，大学生都有一定的需求，网络的快速发展在改变着传统的学习方式。

具体而言，网络改变了大学生的学习方式，包括学习心理、学习内容、学习过程、学习结果等环节都发生了巨大的变革。传统的教育更多的是一种发生在现实中、课堂上的被动式的学习方式，往往是接受经验式的知识传授。当前社会中互联网信息铺天盖地，对传统的教与学产生了巨大的影响，网络学习和移动终端学习如雨后春笋般开始流行，改变了以往的学习方式，

摆脱了过去在学习的时间、学习的场地、学习的过程以及学习的内容等方面的限制，实现了“泛在学习”，大学生可以在网上方便快捷地下载各种文献资料，随时随地阅读网络信息和电子图书，也可以在自媒体上发表评论、观点和感想。所有这些不仅极大地开发了大学生的学习资源，丰富了大学生的学习内容和学习方式，也拓宽了大学生学习的场所和学习的时间，极大地提高了大学生的学习效率和学习效果，使大学生有了全新的学习体验。

不可否认，网上与网下联动的学习，也让大学生在学习上有着更多的依赖行为，一旦遇到难题就找百度、问知乎，其独立思考的空间和自觉性减少了。同时，使部分学生滋生了弄虚作假、投机取巧和急功近利的心理，养成了浮躁的心态，他们在应对老师布置的作业或者其他学习任务时，不认真思考、独立研究，只是简单地“复制”加上“粘贴”就大功告成了。这既是对老师的不尊重，也是对他人著作的公然剽窃，侵犯了他人的知识产权，掠夺了他人的劳动成果。同时，这种剽窃行为也加剧了学术不端行为和学术腐败的蔓延，严重践踏了学术尊严和科学精神，导致学术水平下降，一些粗制滥造、内容重复的所谓学术论文屡见不鲜，严重毒化了学术生态环境，抑制了人们创新的动力。

大学生所处的阶段正是其乐意接受新鲜事物和求新求异的重要时期。互联网对大学生学习的影响同样遵循着知、情、意、信、行的心理机制。当大学生认识到网络可以为其学习带来极大的便利，并且表现出强烈的求知欲望，然后他们才愿意在网络上寻找优势的教育资源和学习资料，从而拥有自主学习的主观能动性。通过学习的实践和经验的累积，他们就会对网络学习在情感上逐步升华，对网络在线学习有着更为深刻的认同，之后逐步强化形成坚定的意志，进而转化为其人生的信念，最后指引他们付诸永不间断的网络学习实践活动。

（二）网络使大学生实现了个性化学习

大学生作为对网络发展最敏感的一群人，对网络学习有着高度的敏感性，也更乐意接受网络学习的新模式。“在互联网上，没有统一的教材，也没有统一的进度。每位学习者都可以根据自己的特点，在自己方便的时间从互联网上自由地选择合适的学习资源，按照适合于自己的方式学习。”① 这就改变了传统课堂一个教师、一群学生、一本教材、一块黑板的教学模式，使因材施教和个性化学习变为现实。通过网络学习，一方面学生可以根据自身的需要，定制自己学习的课程、资源、时间和进度。另一方面，学校有关部门和任课老师也可以根据大数据技术，对学生的学习内容和学习进度进行精准分析，然后根据每个学生的情况进行学习内容的精准推送。现在国内有许多高校都在建设智慧校园，利用大数据技术，对学生进行“数据画像”。“校园一卡通的普及能获取学生的学习行为数据和生活行为数据，包括课堂考勤、图书借阅、自习室打卡、宿舍门禁、食堂、学校店面消费、热水及水电费信息等；通过学生注册系统可以获得学生的基本信息，包括其个人情况、家庭背景、兴趣爱好等；教务系统包含学生的作业、学分、成绩等学习信息，还有获奖、证书、处分等奖惩数据，以及社团、比赛、实习等学生的社会和教学实践情况；而网上教学资源库的访问日志，可以捕获学生访问的内容、时长以及对教学资源的评价反馈。这些海量数据资源组成了智慧校园大数据中心，再通过分布式存储计算、数据采集清洗、数据标准化、智能检索、智能分析、数据可视化等技术，构建出用户个性化模型”②。大数据、云计算、物联网等技术的运用与普及，使大学生真正实现了个性化学习。

当今世界，计算机网络遍布全世界，无论采取何种连接方式，只要上了网，就成为计算机网络上的一个终端，并可以同网络上的任何一个其他终端相连接。网络媒体不仅具有信息容量巨大、信息种类丰富的特点，而且网络传播信息速度快、包容性强，具有交互性、及时性的特点。同时网络通信技

---

① 袁明刚等：《互联网络对大学生学习的影响及对策》，《武汉科技学院学报》2001 年第 1 期。

② 肖立英、李中旗、文灿：《基于深度学习的个性化智能导学平台的研究》，《网络安全技术与应用》2018 年第 5 期。

术飞速发展，移动互联网的定向性为用户提供了更加精准的个性化服务。正是由于网络技术、通信技术、移动终端技术等的飞速发展才使得大学生的泛在学习和个性化学习成为可能，也为大学生的网络学习提供了技术支撑。比如，在电子科技大学的课堂教学中，老师经常使用“艾课堂”“蓝墨云”“立人微教”等教学平台，真正实现了信息化教学。学生可在平台上签到、做预习、找资源、看视频、做练习、讨论等，老师可在平台上点名、提问、备教案、上传资源和视频、录入成绩，做评价等，教学双方借助于教学平台展开及时、有效的互动，不仅提高了学生到课的出勤率，而且也拉升了学生的抬头率和点头率，极大地改进了课堂教学的效果。

二、网络对大学生交往行为影响的表征及其机理剖析

人的本质在其现实性上是社会关系的总和，人们总是处在一定的社会关系中。随着“互联网+”时代的出现和发展，人们的日常生活行为发生了翻天覆地的变化，传统的社会结构、社会行动和社会分层在网络的影响下开始改变原有形态，向着不可预测的方向发展。网络社交行为已经成为人类社会生活中的一个重要组成部分。当代大学生对人际交往的需求极为强烈，人际交往的顺利与否直接关系着他们能否健康成长。在网络时代背景下，大学生的人际交往发生了深刻变化，他们的交往对象、交往方式、交往语言范式和交往模式都被深深地打上了网络文化影响的烙印。

（一）网络交往为大学生的社会交往带来了便捷性

网络为当代大学生提供了一个完全开放、自由、平等的社会交往平台，使大学生的人际范围更广、效率更高、成本更低，交流内容更深入、交流方式更灵活。第一，网络作为信息交流的平台是一个开放的系统，参与期间进行交流的人群几乎不受任何限制。不同年龄、不同性别、不同种族、不同民族、不同国籍、不同职业、不同文化背景等各种人群，都可以自由地在网络

上进行交流。网络的开放性使大学生可以轻松地突破时间和空间的限制，大大拉近了他们之间的联系。第二，网络社会是一个具有高度虚拟性的空间，在这里，人们本身所具有的各种社会属性都被忽略了，网络交往各方不存在上级下级、长辈晚辈那样的垂直型关系，交往似乎变得更加平面化。同时，网络交往还淡化了日常生活中各种交往规则的限制，从而使得大学生的人际交往更加自由、平等。第三，网络交往的便捷性和即时性，为大学生营造了一个跨时间、跨地域的交际圈。不管是同学、朋友、同事、家人之间，还是以前从未谋面的陌生人之间都可以通过网络分享各种信息，随时随地交流和沟通，从而打破了传统的人际交往必须面对面才能交流的阻碍。第四，网络信息的传播互动性强，参与度高，受众面广，这使得当代大学生之间以及他们与交往对象之间有了更多的讨论话题。“微博、QQ、微信等网络社交媒介已经成为大学生不可缺少的沟通方式，不仅消除了空间地域上的限制，而且提高了大学生的交往频率。人人都有话语权，都可以就某一事物发表自己的看法，随时随地与他人交流互动，及时分享信息，在增进彼此了解的同时拉近了同学之间的距离，满足了大学生多样的心理需求。此外，网络也降低了大学生的社交成本，团购，集“赞”换优惠券、换门票等活动使得大学生可以通过更多的共同经历来增加彼此之间的熟悉度。”① 第五，网络匿名性和身份不在场，也使得大学生可以更为自由地发表自己的见解而较少顾虑，因而网络交往使大学生呈现更加真实的自我。总之，大学生通过网络交往，可以建立起与同学、老师、亲人、朋友之间的经常性联系，帮助他们建立和谐稳定的人际关系，满足他们的情感和归属需要。

（二）容易使大学生产生对网络交往的依赖，造成现实人际关系障碍

事物的发展总是辩证的，充满着矛盾与对立。网络交往在给大学生带来

① 赵雪虹、田家：《信息化时代网络对大学生行为方式的影响探析》，《林区教学》2015年第5期。

便捷的同时，出现了一些负面问题，导致少数大学生现实中人际关系的疏离。大学生习惯于通过网络媒介和自己的家人、同学、朋友交流与联系，但往往不习惯或者不擅长与他们进行面对面交流，通常是“网上侃侃而谈，回到现实则闭口不言”，长此以往，容易产生对网络社交的依赖。斯坦福大学学者诺曼尼认为，人们花在网上的时间和他们现实人际交往的时间成反比。调查显示，很多大学生一周之内若不访问社交网络就会出现不适感。上网时间的增加必然导致现实人际交往的时间缩短，现实人际交往在时间上得不到保障往往使大学生疏远了亲情，冷漠了友情①。如果长期依赖网络虚拟社交方式，容易对人产生排斥感和不信任，变得极端偏执②。例如，某高校大一女生张同学进入大学以后，通过私下打探和比较，发现自己以前在学习上的优势不复存在了，班级同学多数都是学霸，有的甚至还是当地省、市高考状元，因而感觉压力很大。大一期末考试时，尽管她付出了较大的努力，但是成绩仍然一般，她认为自己的付出与回报不成正比，于是她开始了频繁的网络交往，以寻求慰藉和情感的归宿。后来，她认识了学校附近的一个男网友，自己内心的不愉快都向他诉说。不知不觉中，她深深地陷入网恋而不能自拔。几番思量，她最后决定从网上走到网下，双方约定见面。她见到了自己心仪已久的男网友后，才发现原来这名男子已经三十多岁，而自己还不满 20 岁，觉得两人根本不合适，张同学提出分手后，该男子多次来学校骚扰、威胁她。这次失败的感情经历让她十分失望，同时感觉越来越孤独，于是就把自己的内心封闭起来，也无心学习。

网络交往的最大特点是交往主体之间不必要面对面，没有眼神、表情和肢体语言的互动。网络的匿名性和身体线索缺失使得整个网络世界都处在一种“匿名狂欢”的状态下，每个人都可以通过虚构的身份进行交流。大学

---

① 赵素燕：《网络对大学生人际交往的影响及对策研究》，硕士学位论文，山西大学，2007 年。

② 赵雪虹、田家：《信息化时代网络对大学生行为方式的影响探析》，《林区教学》2015 年第 9 期。

生在网络社交的过程中使用的也是网络匿名或者虚拟身份，他们在网络背后自导自演，尽情展现自己在现实交往中无法展现的一面，充分体现自己的个性，从而得到极大的心理满足。哈贝马斯将这种行为称为“戏剧行为”。但是，大学生在网络交往中放纵自我的同时，给自己带来了无形的伤害和心灵的创伤。“在互联网中，我们经常会遇到这样诱人的机会进行轻松的角色扮演，而在实际生活里是不可能以这样的方式做事情的。不过，问题在于这类游戏的真实与角色扮演分界，有时混杂在一起，不能为全体人理解或达成共识。”① 大学生如果习惯于这种角色扮演游戏，势必难以分清网上与网下、虚拟与现实的分野，从而造成自我同一性危机和人格障碍。

三、网络对大学生消费行为影响的表征及其机理剖析

随着网络信息技术的飞速发展，电子商务和移动互联网日益普及，移动支付与互联网金融发展势头迅猛。网络对“90 后”大学生的消费观念和消费行为产生了深刻的影响。网络时代，大学生的消费行为呈现以下特点。

（一）网络消费成为大学生日常消费的主要形式

随着网络技术尤其是移动互联网技术的发展，人们的消费观念和消费方式无形之中发生着巨大的变化，由实体店（如大型商场、购物中心）消费逐渐转向网络消费，从而对实体经济造成较大冲击。网上购物和支付宝、共享单车、高铁一起被广大网民投票选为中国的“新四大发明”，由此可见，网络消费已经受到人们的普遍欢迎，成为当今社会比较流行的消费方式。对于喜新厌旧、有着较强猎奇心理和追逐时尚的大学生群体而言，网购、网上订餐、网上购票、在线充值等网络消费行为已经成为他们日常消费的主要形式。

---

① ［美］Patricia Wallace：《互联网心理学》，谢影、苟建新译，中国轻工业出版社 2001 年版，第 49 页。

（二）消费观念时尚

当今在校大学生大都属于“90后”，他们出生于改革开放深入推进的时期，也是我国计划生育基本国策执行最为严格的时期，因而他们中的多数人都是家庭中的独生子女，加上改革开放的成果惠及了更多家庭，人民群众的获得感日益提高，所以他们中的多数学生生活富足、家境殷实，父母给他们提供的生活费用十分充裕。“大学生兴趣广泛、富于创新，对时尚新颖产品有强烈追求的欲望”。[①] 他们渴望购买前卫、时尚、流行和具有一定知名度的品牌商品，以彰显自己的个性与价值；但也有少部分大学生因明显超过其消费能力的超前消费行为而背上沉重的债务负担，比如校园“裸贷”现象就引起了人们的普遍关注，极少数大学生在债权人的威逼和胁迫之下甚至不惜出卖自己的身体还债，明显已超出伦理的底线。

（三）支付方式电子化

随着移动互联网的发展与智能手机的普及，过去人们习惯的现金消费、信用卡消费等现金支付方式逐渐被无货币化、非现金交易的电子消费所取代，支付宝、微信、翼支付等移动支付方式被广泛使用，现金交易减少，无货币化买卖日益流行，从而给人们的消费领域带来了一场支付革命。大学生群体则是这种支付方式革命的引领者和主体力量。由于是电子支付，不必每次都从钱包里拿出一沓纸币而看着自己的钱包变得干瘪，因而导致了大学生对自己每次消费金额的敏感度降低，消费欲望则无限地膨胀，出现了无节制的、非理性的消费行为。

（四）消费习惯固化

因大数据、云计算和物联网技术的普及，网站和商家会根据大学生消费

---

① 沈茹：《大学生网络消费行为分析》，《边疆经济与文化》2016年第9期。

者每次的习惯和消费偏好，不断向其推荐相关商品，也会挖空心思地刺激其新的消费需要。这样，大学生就从实体店的主动消费者变成线上线下的被动消费者，消费习惯无形之中被固化。

（五）消费结构明显失衡

有学者经过实证调查发现，“大学生的消费主要集中在生活学习、休闲娱乐、人际交往等方面。其中，书籍、学习用品占 37.4%，服装首饰占 19.3%，电子产品占22.2%，生活用品占5.4%，网络虚拟产品占6.2%，音像制品占7.1%，其他等占2.3%”。[①] 由此可见，大学生的消费行为中，真正用于学习和生活消费的比例只有四成多一点，而用于购买电子产品、网络虚拟产品、音像制品和其他产品的消费比例也接近四成，这说明当代大学生还不能很好地调整好学习与休闲娱乐的关系，将大量金钱花费在休闲娱乐方面，而真正用于个人学习与生活的部分不到一半，足见消费结构明显失衡。

大学生作为自主性意识和个性较强的消费群体，他们在消费需求、消费动机、消费观念和消费行为方面有着特别的追求和爱好。他们更愿意在价格公平合理的基础上追求高质量的商品，尤其看重商品的品牌，他们会通过货比三家的方式最终以较低的价格买到高性价比的商品，当然他们也不会排斥物美价廉的日常生活必需品。然而，大学生由于身心发育尚未完全成熟，容易受到铺天盖地而来的广告诱惑，尤其是那些当红明星代言的产品，部分学生缺乏理性消费，常常会因一时冲动而购买，或者容易攀比他人，盲目消费。大学生消费者更愿意交流自己的消费心得，分享自己对商品的评价。大学生是时代的弄潮儿，他们追求时尚、敢于表达个性、勇于体验和尝试，对潮流有着敏锐的洞察力，他们身兼时尚倡导者和追随者的双重角色。他们喜欢花明天的钱来圆今天的梦，有超前消费的倾向。他们在注重物质消费的同时也十分看重精神消费，因此，除购买日常生活必需品外，他们也会光顾影

---

① 沈茹：《大学生网络消费行为分析》，《边疆经济与文化》2016 年第 9 期。

院，购买书籍和其他电子产品以及游戏装备。

四、网络对大学生婚恋行为影响的表征及其机理剖析

人创造了网络，网络也在潜移默化中改变着人。大学生既是网络环境的缔造者，也被网络环境所塑造。网络正以前所未有的深度和广度飞速发展，它改变了大学生很多传统的生活习惯，网聊、网恋，几乎成为他们的生活新方式和一种新的时尚。网络时代，大学生的婚恋观念和婚恋行为有以下特点。

（一）大学生婚恋行为的公开化与普遍化

2005 年，教育部颁布了新修订的《普通高等学校学生管理规定》。该规定废除了以前“在校期间擅自结婚而未办理退学手续的学生，做退学处理”的内容，由此标志着大学生婚禁的全面解除。就是说，只要符合《中华人民共和国婚姻法》规定的结婚条件，不管是否是在校大学生都可以办理结婚登记、领取结婚证而不再受到学校的行政处分。此前，大学生在大学校园里谈恋爱总是躲躲藏藏、遮遮掩掩，他们更愿意将自己的恋爱关系置于不公开示人的隐秘状态，即便偶尔被人撞破也不公开承认彼此的亲密关系，反而代之以一般同学关系或工作关系予以搪塞、敷衍。社会的发展尤其是网络广泛普及，为曾经封闭的大学生婚恋行为打开了开放之门，大学生的恋爱关系逐渐公开化。据新浪网调查显示，超过八成的大学生谈过或正在谈恋爱，大学生恋爱早已成为普遍行为。如今的大学校园里流行着这样一些的说法，“没有恋爱过的大学不是完整的大学”，“没有恋爱过的人生不是完整的人生”，“不在乎天长地久，只在乎曾经拥有”，等等。这些流行语充分说明了大学生对校园恋爱的渴望与憧憬以及他们对婚恋行为的积极心态，也说明了大学生们更加看重恋爱的过程而不刻意去追求恋爱的结果。因此，如今的大学校园，马路上、教室里、图书馆、食堂等公众空间，大学生情侣当众搂搂

抱抱、接吻等司空见惯，有的同学甚至冲破传统的性观念和婚姻观念，在校外开房、婚前同居现象也不鲜见。

（二）大学生婚恋对象的多样化与网络化

传统社会中，人们受社会交往范围的局限，其婚恋行为大多限制在一定地缘范围内或者一定的业缘关系（如同学、同事、战友等）中，其恋爱对象的选择除少数自由恋爱者外也多是求助于亲朋好友、同事、熟人的介绍。"身在'熟人社会'的环境中，他们的恋爱动机相对纯正，婚恋态度较为严谨，婚恋行为较为保守。"网络环境的自由开放，使得当代大学生有了更为多样化的婚恋途径，"'网恋'、'网婚'、'异地恋'等形式多样的婚恋行为直接冲击着人们传统的择偶观念与婚恋方式"。可见，当代大学生的婚恋行为已经网络化，他们可以选择自己身边的同学、朋友作为婚恋对象，也可以借助于网络媒介，结识那些身在异乡或远在他国的青年男女，经过几番交谈与沟通，比较自然地进入网恋的状态，有人甚至还在网上举办盛大的结婚典礼，在网络上玩起了过家家的游戏。因此，"网恋、网婚、网络性爱等具有网络特色的婚恋行为开始出现在大学生生活中，甚至某些行为渐成时尚和潮流的代名词"①。

（三）大学生择偶标准的物质化

爱情的建立需要两个方面的条件为基础：一是一定的物质条件，包括基本的生存条件，也包括爱情主体的身体条件和各种机能的健全；二是一定的精神条件，包括共同的兴趣爱好、崇高的理想、高尚的道德情操等方面。爱情是物质和精神二者的有机统一。在网络环境下，一方面，大学生在恋爱的阶段比较看重对方的人品、学识和综合素养，注重发掘未来的"潜力股"，

---

① 宋振宇：《网络环境下大学生婚恋观现状及教育对策研究》，硕士学位论文，西安科技大学，2013年。

同时把双方的理想追求、兴趣爱好作为重要的考量标准，按照他们经常挂在嘴上的一句话就是能够“谈得来”“玩得住”的。尤其是那些初次涉足爱情之海的部分“大学生往往并不会过多地追求物质上的条件与索取，但却十分强调精神上的契合与感情上的共鸣。另一方面，当大学生在真正面对婚姻抉择的时候，却表现出一以贯之的现实态度和理性选择，家境、工作、发展前景等‘硬件’成为主宰婚姻的重要因素，而感情、志趣、容貌等条件则可以作一定程度的妥协”。① 当今时代，很多男生择偶的标准是“白富美”，而女生追求的则是“高富帅”，这里的“白”与“美”，“高”与“帅”都是属于物质上的条件即身体条件，而其中的“富”则更多是物质上的富足。如果“白”“富”“美”或者“高”“富”“帅”三者不可兼得，恐怕多数人还是会优先考虑“富”的，至于其他条件都可以降格以求，说到底还是物质第一，精神第二。比如，前几年江苏卫视有一档婚恋节目《非诚勿扰》，其中有一期女嘉宾在直播节目中就赤裸裸地宣称“宁愿坐在宝马车里哭，不愿坐在自行车上笑”，这是当今部分青年人“金钱第一，物质至上”择偶观的真实写照。还有部分大学生将自己的择偶标准生动形象地概括为“上得了厅堂，下得了厨房；写得了代码，查得出异常；开得起好车，买得起好房；斗得过小三，打得过流氓”。这实际上也强调了物质第一的择偶观。还有部分大学生比较激进地认为，“读得好不如嫁得好”，“读得好不如娶得好”。有个“90 后”女大学生甚至不理解为什么不能嫁给黄世仁，她说：“如果黄世仁生活在现代，家庭环境优越，可能是个外表潇洒、很风雅的人。加上有钱，为什么不能嫁给他呢？即便是年纪大一点也不要紧。”这个极端的案例充分表明，少数大学生已经由对群众疾苦的同情演变成如今对金钱和权力的顶礼膜拜。大学生择偶标准的物质化倾向令人担忧。

大学生婚恋观念和行为的变化，主要受以下因素影响：

① 宋振宇：《网络环境下大学生婚恋观现状及教育对策研究》，硕士学位论文，西安科技大学，2013 年。

首先是网络通信与交流方式的影响。网络作为新兴的通信方式，已成为年青一代越来越推崇的一种沟通和排遣方式。网络为大学生提供了一个结交朋友、了解外界的技术途径。当代大学生正处于人生的青春期，感情比较丰富，他们通过网络聊天，可以获得现实社会中无法得到的情感慰藉，具有良好的情感宣泄功能。网络心理学家华莱士认为，“互联网为我们提供了一个安全的进行宣泄的场地，当我们使用它的时候，会变得心情愉悦、心地善良和精神健康”。他还认为：“匿名上网为人们提供了向同情者倾诉自己遇到的问题的机会，而没有了实际生活中面对面关系的那种复杂性。——受人歧视的人尤其迷恋并乐于接受网上朋友的帮助。”① 而且网络也是一个具有虚拟性和想象空间的地方，在网络上，人们可以更多、更快地交心并且具有幻想和理想化的成分。由于网络聊天没有身体在场，很容易将对方人为地美化，时间久了，难免会陷入网恋之中。

其次是网络游戏的影响。网络游戏种类繁多，而具有婚恋内容的只有两类：“一是模拟现实婚恋过程的婚恋游戏，如台湾早期开发的一款名为‘同居理想国’的游戏，开启了我国网络同居类游戏的先河；二是设置有婚恋程序的一般游戏，旨在满足玩家交流、协助升级、完成相关任务等需求，如‘征途 2’中就设置有‘结婚任务’和‘离婚任务’等程序。在这些网络游戏中，玩家往往以现实为蓝本，模拟婚恋关系”②，甚至缔结为网上的虚拟家庭。这类网络游戏对大学生具有很大的诱惑性，因为大学生适值青年发育成熟的阶段，性意识萌动和性心理成熟，他们对异性交往有着冲动与渴望，对异性性器官和性行为有着强烈的好奇心和探秘心理，但是由于现实条件的诸多限制，他们可能难以成功地与异性建立正常的恋爱关系，更不能奢望同异性之间有任何亲密的举止，于是网络游戏就为他们提供了补偿和替代，提

---

① ［美］Patrica Wallace：《互联网心理学》，谢影、苟建新译，中国轻工业出版社 2001 年版，第 146、223 页。

② 宋振宇：《网络环境下大学生婚恋观现状及教育对策研究》，硕士学位论文，西安科技大学，2013 年。

供网络游戏中的角色扮演，他们可以实现现实生活中不可能实现的愿望。在网络游戏中创建角色时，几乎都要选择性别，有性别之分自然就少不了恋爱，有些网络游戏中甚至还有婚姻的设定，玩家可以在游戏中举行求婚和结婚的仪式，还可成家立业、结婚生子等。

最后是受到文艺作品的渲染。中国人的婚恋观受环境的影响较大，特别是文艺作品的影响力更大，因为文艺作品不仅有娱乐功能，而且有引导功能。现代社会，文艺作品种类多样，既有小说、电影、电视剧、小品、相声等传统的文艺形式，也包括新兴的网络文学、动画、视频等网络艺术作品形式。这些文艺作品的影响无所不在，无孔不入。大学生本来就是知识分子群体中一个重要的组成部分，他们对文艺作品有着天然的热爱，因此，文艺作品深深地影响着他们的生活态度、价值取向，也在潜移默化中熏陶和影响着他们的审美情趣、婚恋观念和行为。

第四章

网络对大学生思想和行为影响的实证分析

研究“网络对大学生思想和行为的影响”这一课题，除了借助文献资料进行归纳概括等理论分析，还必须进行实证研究。因为如果没有实证研究的支撑，哪怕理论上的抽象再完美也仍然是有缺憾的，尤其是在没有掌握网络对大学生思想和行为影响的第一手数据的情况下，任何理论的建构都将是空中楼阁、根基不稳或者因缺乏针对性而流于空谈。因此，为了更为客观地了解目前大学生对网络的使用情况以及网络对大学生思想和行为产生的各种影响，我们特别设计了“网络对大学生思想和行为的影响”调查问卷，对该问卷的信度、效度进行检验达标后，课题组选择了教育部所属两所“985”工程院校（四川大学和电子科技大学）、两所“211”院校（西南交通大学和中央财经大学）、两所四川省省属本科院校（攀枝花学院和四川省警官学院），几乎涉及理学、工学、哲学、法学、文学、历史学、教育学、经济学、农学、医学、管理学和艺术学 12 个学科大类。本次调查不仅样本数量庞大、学生覆盖面广，而且地域特色明显，既有首都北京市，也有一线城市成都市，更有二、三线城市攀枝花、泸州，参与调查的院校和学生代表性极强。在获得第一手的实证数据后，我们又借助于 EXCEL、SPSS、LISREL 等软件对调查问卷中的有效数据进行全面分析和深度挖掘，从而绘制了一幅网络对大学生思想和行为影响的最真实、最有说服力的全景图。

第一节 网络对大学生思想和行为影响的单变量宏观考察

本节主要根据统计数据的百分比，从宏观上考察了大学生对网络的认识和使用情况以及分别考察了网络对大学生思想的影响和网络对大学生行为的影响。实证调查数据既是对第三章和第四章内容的支撑，也用翔实的数据说明网络对大学生思想和行为的影响与前面两章的理论分析基本上是吻合和一致的。

一、大学生的基本情况及其使用网络的现状

2017 年 9 月 15 日，课题组将自行设计的问卷“网络对大学生思想和行为的影响研究”导入“问卷星”平台并经小范围的试运行后，于 9 月 18 日开始大规模投放。课题组借助于“问卷星”平台采取随机方式投放到所在学校的选课班级中，让学生通过扫描二维码的方式参与答题，至 9 月 30 日结束。最终参与调查的学生总人数为 2655 人，去掉未选择信息就提交答卷的 36 人，实际有效参与答题人数 2619 人，有效答题率 98. 64%。

（一）被调查学生的基本情况分析

在本次调查中，男生占 65. 76%，女生占 34. 24%。其中，专科学生占参与调查学生总人数的 1. 72%，本科学生占参与调查学生总人数的 69. 15%，硕士研究生占参与调查学生总人数的 27. 49%，博士研究生占参与调查学生总人数的 1. 64%（见图 4-1）。参与调查的学生中本、专科生及硕士、博士研究生的比例与当前高等学校的学生构成实际大体相当，因为多数本科院校已取消专科生的招录，只有少数院校仍保留少量的专科生招录，本

科生成为高校学生群体的主体，硕士研究生和博士研究生的比例则有所提高，有的重点院校硕士研究生的比例已超过本科生。

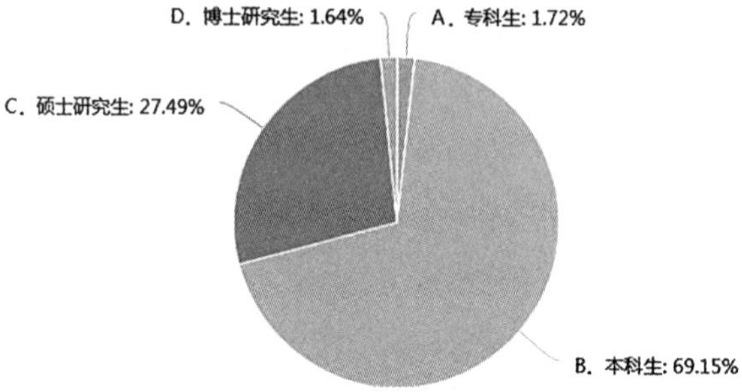

图 4-1　您的学习阶段

从学生的政治面貌来看，共产党员（含预备党员）人数占 12.61%，共青团员人数占 81.36%，一般群众人数占 6.04%（见图 4-2）。

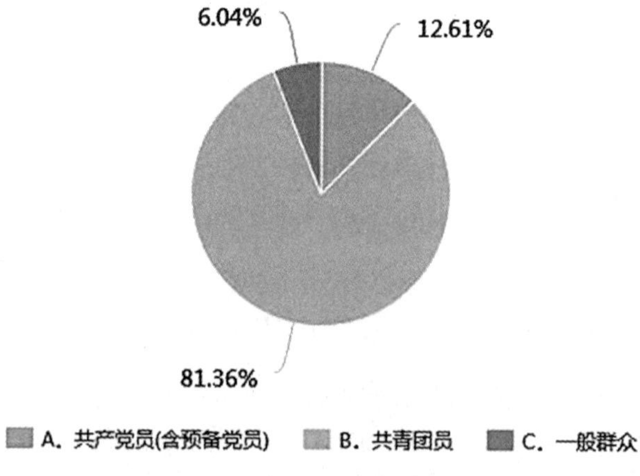

图 4-2　您的政治面貌

从学生专业所属学科来看，理学占 13.58%，工学占 65.23%，哲学占 1.3%，法学占 6.2%，文学占 5.2%，历史学占 0.04%，教育学占 0.65%，经济学占 5.43%，农学占 0.04%，医学占 0.8%，艺术学占 1.53%（见图 4-3）。

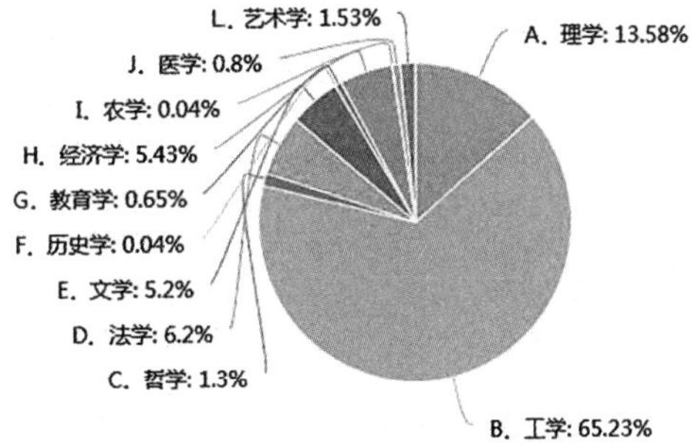

图 4-3 您的专业所属学科

从学生的生源地情况来看，参与调查的大学生中有 14. 25%的同学来自大城市，有 25. 44%的同学来自中等城市，有 26. 59%的同学来自县城，有 12. 61%的同学来自乡（镇），上述四项加起来即城镇学生接近八成，占 78. 89%。只有二成多一点（占 21. 11%）的学生来自农村或山区（见图 4-4）。

图 4-4 您来自（ ）

（二）学生接触网络的时间及其对网络的认识

根据第 41 次《中国互联网络发展状况统计报告》，截至 2017 年 12 月，我国网民规模已达 7. 72 亿，其中 20—29 岁年龄段的网民占比最高达 30. 0%，而大学生就是其中的一个重要群体。邢建华所做的调查研究显示，发现几乎所有的大学生都接触过网络，其中每天都上网的占总数的 52.5%，经常上网的占总数的 36.5%，偶尔、很少或从不上网的只占 11%。经常上网浏览新闻的占总数的 60.5%①。当然，由于各方面的条件所限，当今大学生群体接触网络的具体年龄也是有早有晚的。众所周知，我国城镇计算机和互联网设施较之乡村或山区普及或者接入要早一些，也更为完善。接近八成的同学来自城镇，这就使得这些同学有机会较早接触计算机和互联网。调查数据表明，有 8.06% 的学生早在学龄前就已经接触网络，有近六成（59.11%）的学生是在小学阶段开始接触网络的，有 23.5% 和 6.73% 的学生则分别于中学和高中阶段开始接触网络，只有 2.6% 的同学进入大学阶段才开始接触网络。这表明，当今在校大学生接触网络较早，有的甚至是伴随着网络而成长的，是典型的“网络世代”（见图 4-5）。

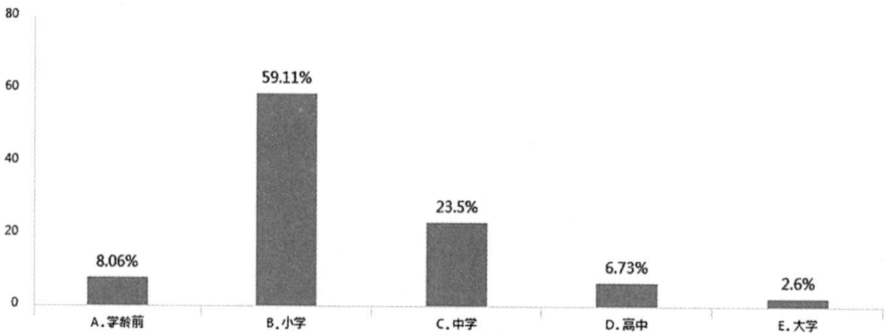

图 4-5　您最早接触网络开始于（　　）阶段

谈及对网络的认识，多数学生对网络的评价是正面的，对“网络是现实社会的拓展和延伸”，持“完全同意”态度的学生占 51.17%，持“有些同意”态度的学生占 39.71%，两者之和超过九成；对“网络是人类生存和发展的新空间（或新场域）”，持“完全同意”态度的学生占 50.25%，持“有些同意”态度的占 37.09%，两者之和也达到了 87.34%，只有 2.99%学

① 邢建华：《我国大学生网络政治参与的现状分析与对策思考》，《漳州师范学院学报》2011 年第 3 期。

生持“不太同意”的态度，还有8.98%的学生“说不清楚”；对“网络已成为人们日常生活中不可或缺的组成部分”，持“完全同意”观点的学生高达71.15%，持“有些同意”观点的学生占22.44%，两者的总和超过九成三(93.59%)，持“不太同意”和“很不同意”的学生基本上持平，两者数量都非常小，仅有4.33%的学生选择了“说不清楚”，说明网络对他们的影响还比较微弱，因此他们对网络的认识还比较模糊；对“网络是学习生活的好帮手”，有超过半数的学生（51.75%）持“完全同意”的态度，有37.05%的学生持“有些同意”的态度，两者加起来高达八成八（88.8%），有9.63%的学生表示“说不清楚”；对“网络是社会交往的最佳平台或媒介”，有26.92%的学生持“完全同意”的态度，有38.48%的学生持“有些同意”的态度，两者之和超过六成五（65.4%），有17.86%的学生认为“说不清楚”，这说明多数学生都把网络作为社会交往的工具或媒介，与现实的观照高度一致；对“网络是用于娱乐消遣的好工具”，有85.05%的学生表示同意，其中有38.65%的学生表示“完全同意”，有46.4%的学生表示“有些同意”，这也说明绝大多数学生善于利用网络进行娱乐消遣；值得警惕的是，对“网络是逃避现实的好去处”这一观点，有14.77%的学生表示“完全同意”，有25.75%的学生表示“有些同意”，这说明有四成多的学生喜欢沉溺于网络之中，甚至把网络作为其逃避现实的好去处；对“网络容易导致色情和暴力信息泛滥”这一观点，有高达65.55%的学生表示认同，其中持“完全同意”的学生有23.96%，持“有些同意”的学生有41.59%；对“网络容易泄露个人信息，个人隐私无法保障”这一观点，有31.84%的学生表示“完全同意”，有45.53%的学生表示“有些同意”，这说明有超过七成的学生充分认识到网络对个人信息和个人隐私的危害；对“网络是可有可无的”这一观点，有45.72%和29.98%的学生分别表示“很不同意”和“不太同意”，说明现在的大学生对网络是高度依赖的，没有网络他们的日常生活、学习就有可能陷入混乱状态，网络对他们绝不是可有可无的（见图4-6）。

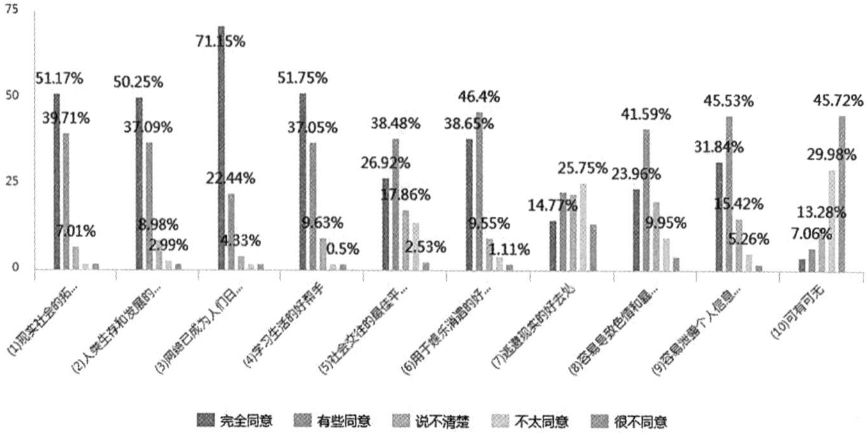

图 4-6　您对网络的认识

（三）学生使用网络的收获以及大学生对网络的依赖程度

当问及“您使用网络的最大收获是什么”时，有 39.8%的学生认为是“方便学习，获取相关知识”，有 26.37%的学生表示是“与亲朋好友保持联络”，有 16.46%的学生认为是“可以及时获得国内时事新闻”，有 10.64%的学生认为是“游戏娱乐”，有 3.06%的学生认为是“方便网上购物”，仅有 1.91%学生认为是“能够参与时事讨论”，这说明学生参与网上时事讨论的积极性不高，或者因为他们忙于学习，没有那么多时间介入（见图 4-7）。

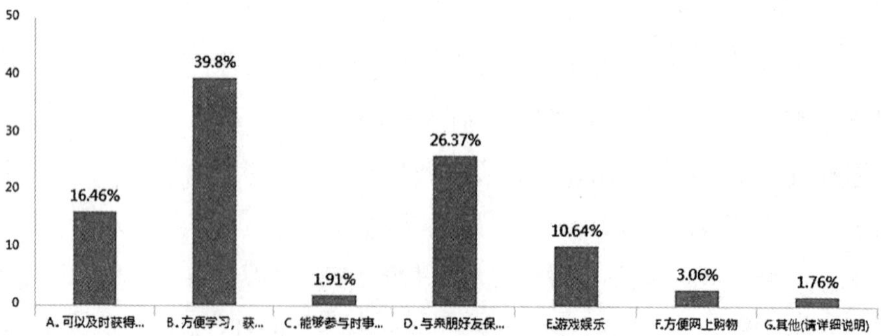

图 4-7　您使用网络的最大收获是（　　）

调查显示，大学生平均每天上网时间在“2 至 3 小时”的占 42. 65%，在“4 至 5 小时”的占 30. 63%，而在“5 至 6 小时”和“7 小时以上”的学生人数基本持平，分别占 10. 57%和 10. 49%，仅有 5. 67%的学生平均每天使用网络在“1 小时以内”（见图 4-8）。这一数据表明，目前大学生对网络的使用存在着过度的情况。在问及“平时生活中您对网络的依赖程度”时，有 41. 17%的学生承认他们对网络“有一定的依赖，但更多是为了工作学习的需要”，有 39. 52%的学生承认他们对网络“比较依赖，每天都会抽时间上网”，有 12. 65%的学生认为他们对网络的依赖“很轻，只是为了娱乐”，有 2. 34%的学生则坦言他们对网络“严重依赖，离开网络就会魂不守舍、精神萎靡不振”，只有 4. 33%的学生认为他们对网络“无依赖”（见图 4-9）。上述调查数据说明大学生对网络尤其是对作为移动互联网载体的手机的依赖一定会分散他们的精力，进而会影响到他们的学习的。

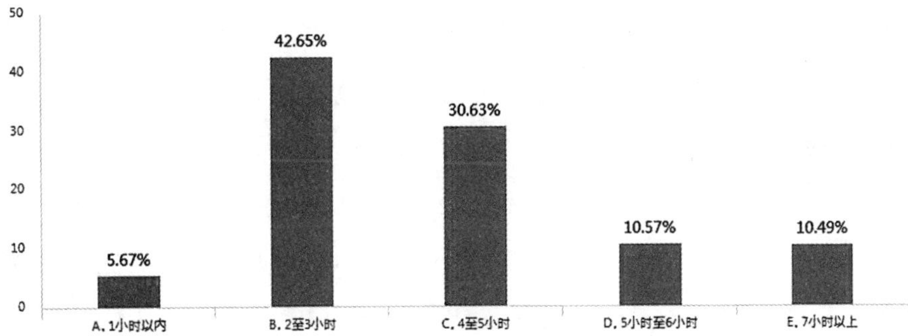

图 4-8　您平均每天上网（包括使用移动互联网）的时间为（　　）

二、网络对大学生思想影响的单变量宏观分析

（一）网络对大学生认知方式的影响

当问及“您认为网络可能对您的认知方式带来的改变”时，有 55. 73%

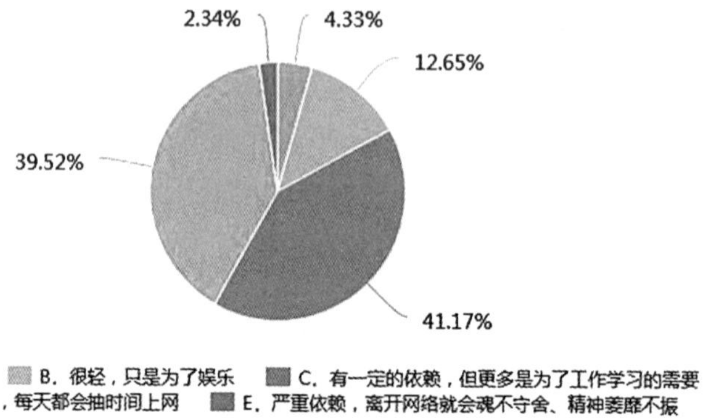

图 4-9　平时生活中您对网络的依赖程度（　　）

的学生对网络“开阔了人们的眼界，提高了自己的认知能力”持“完全同意”的观点，有 37.78%的学生持“有些同意”的观点，两者之和高达 93.51%，有 5.15%的学生认为“说不清楚”，只有 1.34%的学生对这个回答持不同意的观点。对网络“碎片化的阅读和线性思维方式使人们的认识更加窄化”这一观点持“完全同意”的学生有 20.9%，持“有些同意”的学生有 35.65%，有 24.82%的学生表示“说不清楚”，仅有不到两成（18.63%）的学生表示不同意这一观点，也就是说超过半数（56.55%）学生基本上是认同网络碎片化的阅读和线性思维方式会导致人们认识的窄化。认为网络会使人们“懒得动脑思考，简单地从众”这一观点持“完全同意”的学生占 15.66%，持“有些同意”的学生占 33.4%，表示“说不清楚”的学生占 20.54%，表示“不太同意”和“很不同意”的学生分别占 23.53%和 6.87%，这些调查数据表明，有将近五成的学生认为网络会使人们越来越懒得动脑思考，只需要简单地从众就可以了，有超过三成的学生则表示不能同意。认为在网络上“容易受持相同观点的人群的影响，认识容易走向极端”，对此观点持“完全同意”的学生占 15.41%，持“有些同意”的学生占 39.58%，即有超过半数（54.99%）学生是基本认同这一观点的，有 20.37%的学生则表示“说不清楚”，明确表示反对此观点的学生只有 24.63%。认为在网络环境中“虽然可供支撑的自己观点论据变多了，但是感觉认识问题时越来越抓不住关键了”，对这一观点持“完全同意”和“有些同意”的学生分别占19.78%和42.42%，有20.4%的学生则表示“说不清楚”，对这一观点持“不太同意”和“很不同意”的学生分别占13.16%和4.23%。认为网络对人们的认识方式“带来了革命性的变革”，有31.52%的学生持“完全同意”的态度，有40.84%的学生持“有些同意”的态度，明确表示反对的学生仅有7.74%，另外有19.9%的学生则表示“说不清楚”；认为网络对人们的认识方式“影响不大”，有6.12%和13.69%的学生分别表示“完全同意”和“有些同意”，明确表示反对这一观点的学生则占58.19%，有22%的学生则摇摆在两者之间，表示“说不清楚”（见图4-10）。

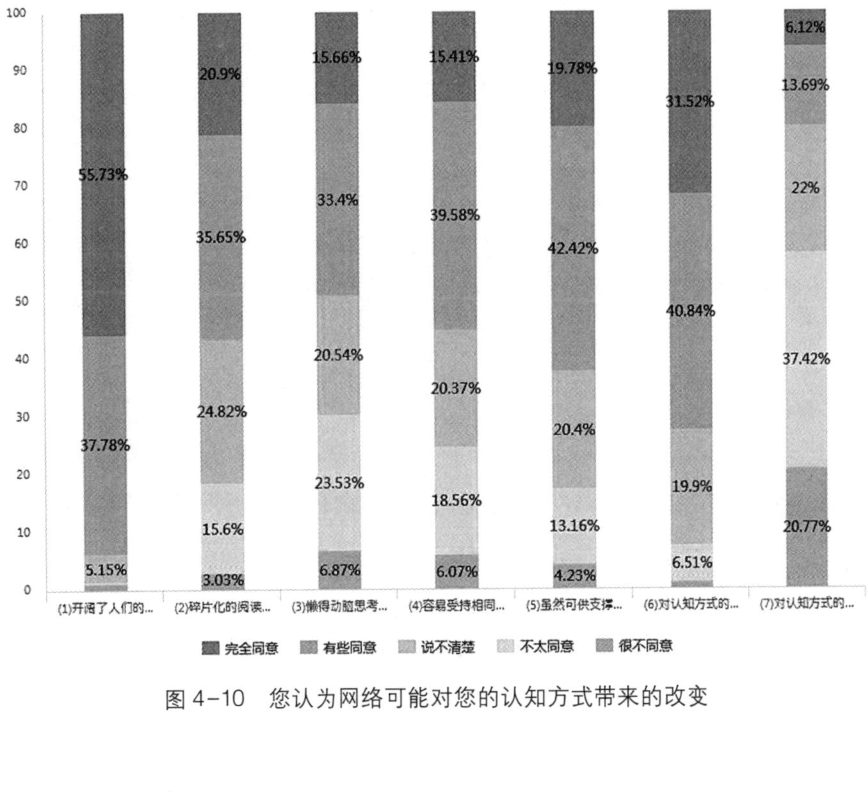

图4-10　您认为网络可能对您的认知方式带来的改变

（二）网络对大学生思维方式的影响

随着互联网的普及，“一切知识看起来似乎唾手可得，但却让很多人失去了独立思考的机会，那种突破自我、不断创新的精神也渐渐消失”。调查数据表明，当问及“您认为网络对您的思维方式的影响是什么”的时候，认为网络使人们“阅读的知识面变宽，欣赏能力得到提高，但思考鉴别能力却大大降低了”，对这一观点持赞同态度的学生超过半数，其中有17.94%的学生表示“完全同意”，有43.14%的学生表示“有些同意”，而明确表示“不太同意”和“很不同意”的学生分别占14.83%和4.03%，另有20.05%的学生则游弋于两者之间，表示“说不清楚”。认为网络使人们的“形象思维能力更为发达，逻辑思维能力变差了”，对此观点有14.48%和35.65%的学生分别表示“完全同意”和“有些同意”，有25.59%的学生表示“说不清楚”，有19.32%和4.96%的学生分别表示“不太同意”和“很不同意”。认为网络使人们“降低了因果关系，更加重视相关关系”，有13.66%和34.64%的学生分别持“完全同意”和“有些同意”的态度，而表示不同意此观点的学生不到两成（19.13%），另有32.56%的学生表示“说不清楚”。认为网络使人们的“思维好像变得不够灵活了”，对这一看法持“完全同意”的学生有13.15%，持“有些同意”的学生有32.27%，有超过三成（30.54%）的学生则表示不能同意，尚有23.31%的学生表示“说不清楚”。认为网络会使人们“容易分散注意力”，有25.83%和44.35%的学生分别持“完全同意”和“有些同意”的态度，明确表示不同意的学生占13.33%。认为网络对人们的思维方式“基本上没有什么影响”，对此观点持同意态度的学生只有22.12%，有超过半数（53.56%）的学生则对此观点明确表示不同意，还有24.28%的学生表示“说不清楚”（见图4-11）。

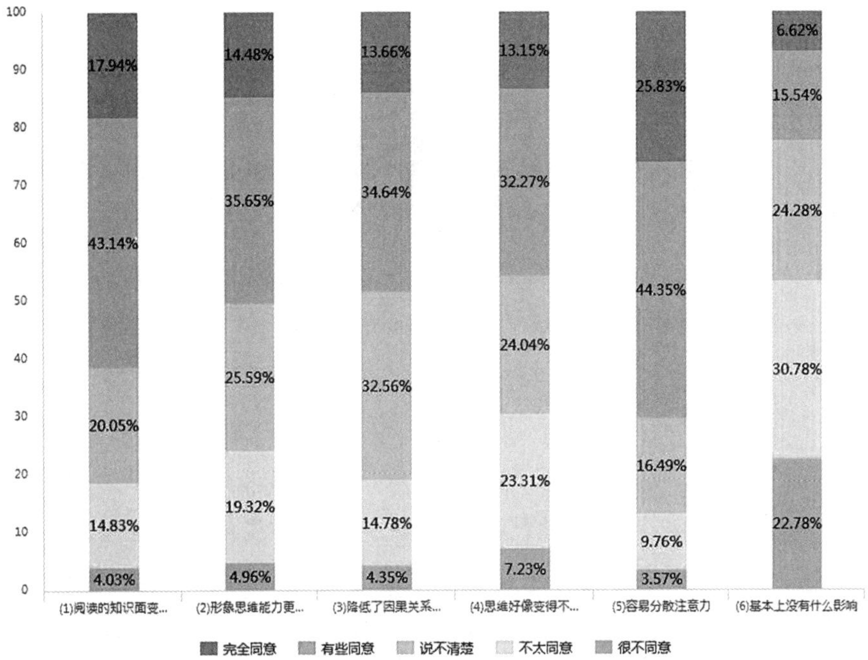

图 4-11　您认为网络对您的思维方式的影响是（　　）

（三）网络对大学生情感的影响

调查数据显示，对于网络上传播的好人好事，有 30.1%的学生选择“点赞并转发，传播正能量”，有 17.48%的学生选择默默地“围观”，有 26.99%的学生因为怀疑这种好人好事的真实性而选择了“默默飘过”，甚至还有 24.85%的学生持“鄙视”的态度，认为可能是有人在作秀。这说明为数不少的学生对网络信息持有比较审慎的态度，尤其对那些来源不明的网络信息不是一味苟同；同时表明部分学生的情感比较冷漠，不相信人间有真爱和大爱，可能因为自己曾经遭受过网络欺诈就怀疑一切，甚至对好人好事冷嘲热讽。

调查显示，当问到大学生“在网络上看到关于社会丑恶现象的报道时”，只有 9.2%的学生会表示“义愤填膺，强烈谴责这种行为”，有

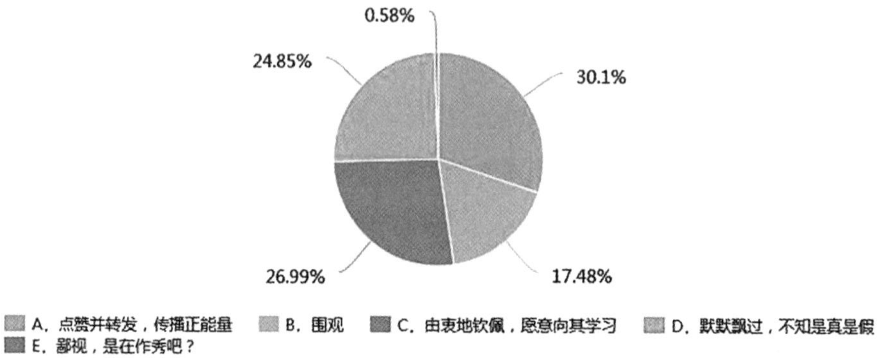

图 4-12　对于网络上传播的好人好事，您会（　　）

54.24%的学生会“合理表达自己的观点，更多地关注事件的进展”，有10.54%的学生仍然选择“围观”，还有24.95%的学生虽然对这些丑恶现象“内心很反感”，但是仍然是“不参与”，甚至还有1.07%的学生认为“事不关己，高高挂起”。与前一问题相观照，说明当代大学生的审美观出现了一定的问题，对社会上出现的道德楷模等该赞美的不去赞美，对社会上出现的丑恶现象该批判的却不去批判，反而形成了相反的“审丑”观，这是典型的道德认识与道德情感的背离（见图 4-13）。

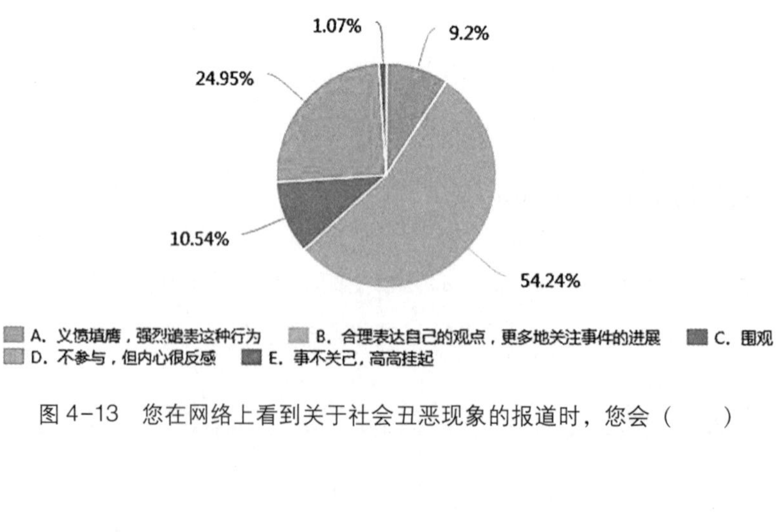

图 4-13　您在网络上看到关于社会丑恶现象的报道时，您会（　　）

（四）网络对大学生世界观的影响

当问及网络对大学生世界观的影响时，认为网络使“世界变小了，地球成为一个小小村落”，持“完全同意”的学生占36.78%，持“有些同意”的学生占44.89%，仅有8.11%的学生表示不同意，另有10.22%的学生表示“说不清楚”。认为网络使“各个国家、地区之间人们的联系更为密切了”，有超过84.49%的学生同意这一观点，其中“完全同意”的学生占43.84%，“有些同意”的学生占40.65%，仅有4.62%的学生表示不同意此观点，也有10.89%的学生表示“说不清楚”。认为网络使“中国传统文化可以得到更为广泛的传播”，其中持“完全同意”和“有些同意”态度的学生有81.46%，“不太同意”和“很不同意”的学生分别占4.35%和1.12%，表示“说不清楚”的学生占13.06%；认为网络可以使“社会主义核心价值观更加深入人心”，“完全同意”此观点的学生占33.04%，“有些同意”此观点的学生占31.96%，“不太同意”和“很不同意”此观点的学生分别有7.12%和2.35%，另外有25.53%的学生表示“说不清楚”；同意“中华民族伟大复兴的中国梦一定能够实现”的学生占68.64%，不同意此观点的学生仅仅占8.05%，对此观点表示“说不清楚”的学生占23.31%；上述数据表明，当代大学生中的多数人对中国文化、中国价值和中国精神有着高度的自信，也坚信中华民族伟大复兴的中国梦一定能够实现。认为网络时代“世界文化更加多样，不同文明同相辉映，相得益彰”，对此观点持“完全同意”态度的学生占43.88%，持“有些同意”态度的学生占41.46%，不同意此观点的学生只有3.39%；认为“西方利用其语言和技术优势推行文化霸权”，对这一观点持同意态度的学生有39.36%，持不同意态度的学生有29.57%，还有三成多（31.07%）的学生则表示“说不清楚”。综合上述调查数据，可以看出大学生对选项（1）、（2）、（3）、（4）和（6）的认同度都十分高，都超过总人数的80%以上（见图4-14）。

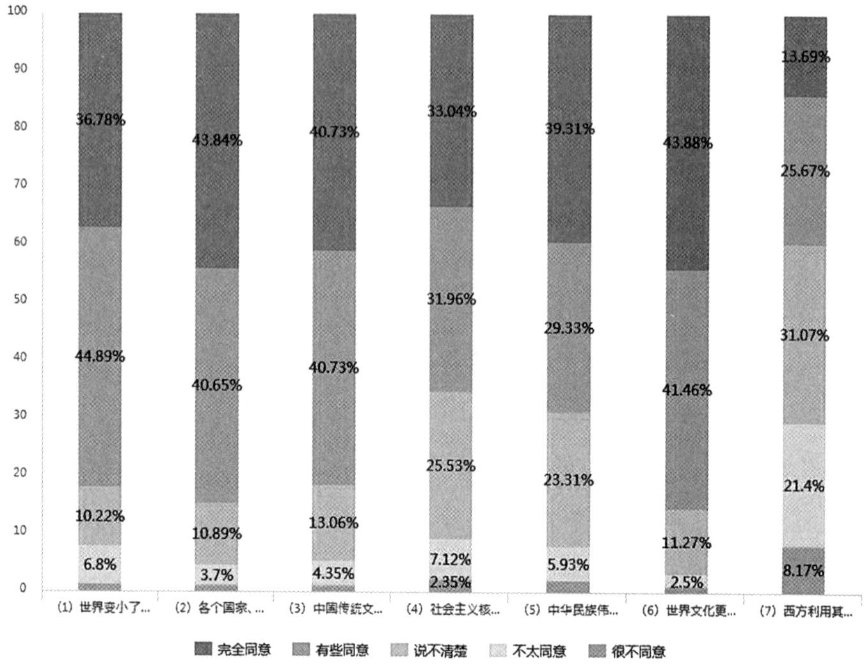

图 4-14　您认为网络对大学生的世界观会产生哪些影响？

（五）网络对大学生人生观的影响

关于网络对大学生人生观影响的诸多认识中，认为网络“丰富了大学生对人生的多重体验”，对此观点持“完全同意”态度的学生占 44.27%，持“有些同意”态度的学生占 45.54%，两者之和竟然接近九成，仅仅只有 2.35%的学生对此观点不太同意或很不同意。这说明学生对于网络丰富大学生人生多重体验的认同度极高，尤其是随着虚拟现实技术（VR）和人工智能（AI）技术的发展，人们可以借助于内置芯片、虚拟现实头套以及各种穿戴设备（如数据手套和数据衣）穿行在虚拟空间中，扮演各种虚拟的角色，体验多重的人生。认为网络“有利于实现自己在现实中无法实现的愿望”，对此观点持“完全同意”态度的学生占 30.64%，持“有些同意”态度的学生占 38.64%，两者之和也接近七成（69.28%），持“不太同意”和

“很不同意”态度的学生分别占 8.27%和 1.54%，尚有 20.92%的学生表示“说不清楚”。这也说明网络确实具有某种神奇的功能，可以助推大学生个人梦想的实现，比如网络“换物族”现象的诞生，最经典的案例就是加拿大著名的“换客”麦克唐纳竟然神奇地实现了大头针换别墅①。认为网络“加速了大学生社会化的进程”，对此观点表示同意的学生达到七成以上(78.54%)，其中持“完全同意”态度的学生占 32.58%，持“有些同意”态度的学生占 45.96%，明确表示“不太同意”和“很不同意”的学生仅有 5.23%和 0.73%，另有 15.5%的学生则表示对此观点“说不清楚”。认为网络“增强了大学生的社会责任感和使命感”，对此观点持赞成态度的学生也达到六成以上（65.52%），其中表示“完全同意”的学生占 27.34%，“有些同意”的学生占 38.18%；对此观点不赞成的学生仅有 8.87%，另有两成多（25.61%）的学生表示“说不清楚”。认为网络的出现可以“使大学生人生态度更加认真、务实和积极进取”，对此观点表示“完全同意”和“有些同意”的学生分别占 25.46%和 34.92%，表示“不太同意”的学生占 9.96%、“很不同意”的学生仅有 1.85%。认为网络“容易使大学生沉迷网络逃避现实社会”，对此观点表示“完全同意”的学生占 17.14%，“有些同意”的学生占 42.32%，两者之和接近六成（59.46%），而表示“不太同意”和“很不同意”的学生分别只有 13.9%和 3.54%，还有 23.1%的学生则表示“说不清楚”。认为网络容易“使部分大学生更加愤世嫉俗和产生一

---

① 2005 年 7 月，26 岁的速递员麦克唐纳在当地的物品交换网站上刊登广告，要求以一个红色的巨型回形针换取“大一点、好一点”的东西。很快就得到了来自英属哥伦比亚的海特的回应，以鱼形钢笔跟他交换了回形针。不久，西雅图的艺术家安妮表示很喜欢那支鱼形钢笔，并以一个绘有笑脸的陶瓷门把手跟麦克唐纳交换。几天后，维吉尼亚州的斯帕克斯用一个烤炉跟麦克唐纳交换那个陶瓷门把手。一个月后，美国加州空军基地的一名军官以一部发电机换取那个烤炉。随后，麦克唐纳又用这部发电机换了一个古董啤酒桶。到了 2006 年 2 月，在加拿大蒙特利尔市一名电台 DJ 以一部旧雪车跟麦克唐纳交换那个古董啤酒桶……前前后后在网络上经过 16 次的交换，麦克唐纳最终换来了一栋两层别墅的一年居住权。正是在这样一个“神话”的激励下，全球涌现出各种各样的物物交换网站，“换客族”的群体也得到了迅速扩大。

些偏激的思想”，对此观点表示赞成态度的超过五成（58.06%），表示不赞成态度的学生不到两成，只有 17.27%，此外也有 24.66% 的学生则表示“说不清楚”（见图 4-15）。

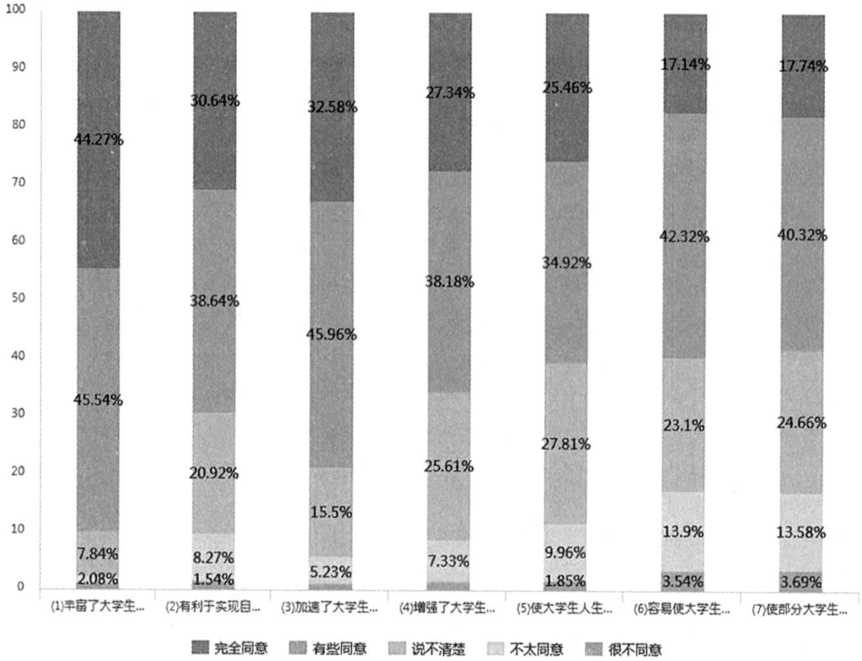

图 4-15 您认为网络对大学生的人生观会产生哪些影响？

（六）网络对大学生价值观的影响

关于网络对大学生价值观影响的众多观点中，认为网络“有助于帮助大学生培育和践行社会主义核心价值观”，对此观点表示“完全同意”的学生占 28.69%，“有些同意”的学生占 41.97%，只有 6.6%的学生表示“不太同意”和“很不同意”，另有 22.73%的学生表示“说不清楚”。认为网络“容易影响大学生辨别是非的能力”，对此观点表示“完全同意”的学生占 19.7%，“有些同意”的学生占 46.86%，表示“不太同意”和“很不同意”的学生分别只有 9.77% 和 1.69%，也有 21.97% 的学生表示“说不清楚”。

认为网络会“使大学生价值选择更加多元化”，对此观点表示“完全同意”的学生占34.67%，“有些同意”的学生占51.77%，表示不赞成的学生仅有2.34%，表示“说不清楚”的学生占11.22%。认为网络会“使部分大学生变得更加世故，成为精致的利己主义者”，对此观点表示“完全同意”的学生占14.42%，“有些同意”的学生占33.35%，表示“说不清楚”的学生占31.08%，表示“不太同意”和“很不同意”的学生分别占17.5%和3.65%；认为网络有可能使大学生的“集体观念淡化，个人主义成为当代大学生首要的价值取向”，对此观点表示“完全同意”的学生占16.6%，“有些同意”的学生占35%，表示“不太同意”和“很不同意”的学生分别占18.06%和3.81%，也有26.53%的学生表示“说不清楚”。认为网络环境中当代大学生“更容易受当今社会思潮的影响”，对此观点表示赞同的学生高达77.99%，其中表示“完全同意”的学生占23.62%，“有些同意”的学生占54.37%，表示“不太同意”和“很不同意”的学生仅有5.84%。认为网络使大学生“更容易受到西方思想的侵袭”，对此观点表示“完全同意”的学生占13.26%，“有些同意”的学生占33.62%，表示“不太同意”和“很不同意”的学生分别有17.89%和4.78%，另有三成多（30.45%）的学生表示“说不清楚”。上述数据表明当代大学生对网络对大学生价值观的负面影响有着清醒的认识（见图4-16）。

（七）大学生对网络空间治理的认识

网络空间可以虚拟，但是网络治理绝不能虚化。“与现实社会一样，网络并不是不受任何约束的自由疆域，网络空间同样需要道德与法律的规制”，对这一观点持“完全赞同”态度的学生达到67.18%，持“比较赞同”态度的学生占23.34%，持“基本赞同”态度的学生占6.45%，持“不赞同”态度的学生仅占1.88%，明确表示“反对”的学生仅占1.15%。可见，在关于网络空间治理方面，大学生网民群体基本上可以达成一致，绝大部分大学生能够认识到网络空间道德约束与法律规制的重要性（见图4-17）。

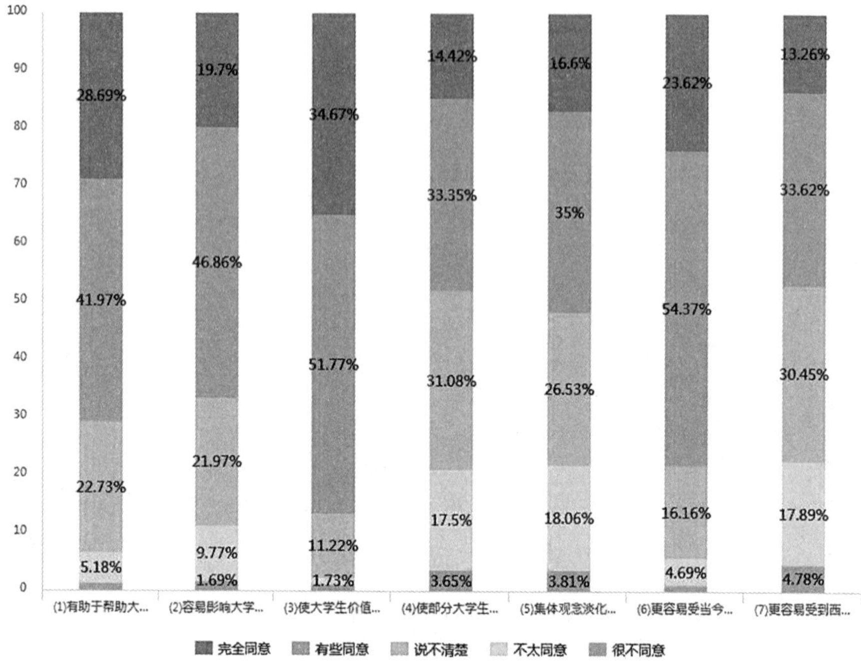

图 4-16 您认为网络对大学生的价值观会产生哪些影响?

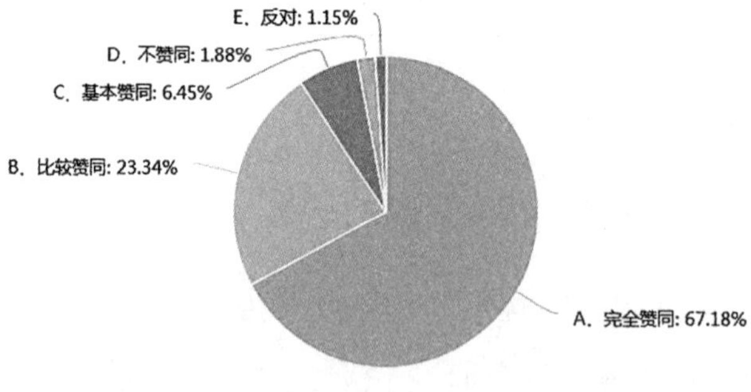

图 4-17 您对网络规制的态度是（ ）

（八）网络对大学生人格的影响

人格是相对于认知、情绪、意志等而言的一种心理现象，也称为个性。它反映了一个人整体的心理面貌，是一个人所具有的各种心理特征的综合。

人格制约着人的行为的倾向性。大学生人格统一的一个重要方面就是在现实社会与网络社会的认识基本上是一致的，也就是说能够网上与网下相统一。调查显示，对“我曾尝试网上做现实中不敢做的事情”这一表述表示“完全符合”的学生占14.99%，“有些符合”的学生占34.74%，表示“不太符合”的学生占21.91%，“很不符合”的学生占10.3%，另外有18.06%的学生则表示“说不清楚”。这说明有将近半数的大学生曾经尝试在网上做一些在现实中不敢做的事情，因为网络的匿名性和身体缺场使他们放开了诸多的禁忌。对“我经常在网上同时扮演两个以上角色”这一陈述，认为“完全符合”自己情况的学生有10.16%，“有些符合”自己情况的学生有18.48%，而表示“不太符合”自己情况的学生有30.56%，“很不符合”自己情况的学生有24.75%，另外有16.05%的学生表示“说不清楚”。这些数据表明，有不到三成（28.64%）的学生喜欢在网上同时扮演多个角色，这一方面丰富了他们的人生体验，另一方面也有可能导致部分学生的角色错乱和角色倒置。对“网络让我能随时在不同的场景之间转换”这一陈述，有15.58%的学生认为“完全符合”，有36.41%的学生认为“有些符合”，而表示“不太符合”和“很不符合”的学生分别有18.36%和9.56%，有20.09%学生则表示“说不清楚”。这说明有半数以上的学生对虚拟与现实的场景有着十分清晰的界限，他们能够从容地穿梭于不同场景之中。对“觉得网络中的我才是更为真实的我”这一陈述，仅有6.39%的学生表示“完全符合”，有13.87%的学生表示“有些符合”，而表示“不太符合”和“很不符合”的学生分别有31.82%和28%，此外，也有19.92%的学生表示自己“说不清楚”。这说明有超过两成（20.26%）的学生对现实生活中的自我不太满意，而虚拟的网络使他们觉得更为真实。对“上网让我忘掉了生活和学习中的烦恼”这一陈述，有8.7%的学生表示“完全符合”，有27.96%的学生表示“有些符合”，有25.95%和17.21%的学生则表示“不太符合”和“很不符合”，另有20.18%的学生表示“说不清楚”。上述数据表明，有超过三成（36.66%）的学生对网络的依赖性强，上网可以使他们忘掉生活和学习中的烦恼，网络成为他们逃避现实的最佳去处。可与这个结论相佐证的是，对“全神贯注于网络活动，下线后仍想着网上的事情”这一陈述，仅有6.13%的学生表示“完全符合”，有20.75%的学生表示“有些符合”，这两者之和也接近三成（26.88%），而超过半数（50.79%）的学生则表示“不太符合”或“很不符合”，也有22.33%的学生表示自己“说不清楚”（见图4-18）。

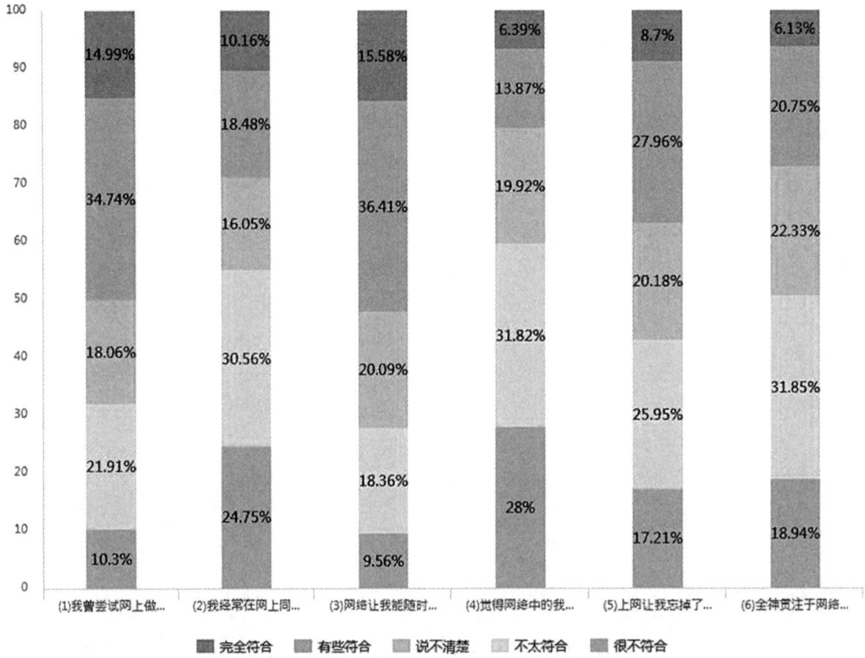

图4-18　下面的说法是否符合您的上网感受?

（九）大学生对网络文化的认识

当问及大学生“如何看待目前网络上的低俗与恶搞现象”时，有47.91%的学生认为“其目的是为了吸引众人的眼球，满足自己的虚荣心”；有6.29%的学生认为只是“借此讽刺和抨击社会现实”；也有10.2%的学生认为仅仅是“搞笑而已，有趣就行”；还有5.87%的学生认为网上的低俗与恶搞现象纯属“无厘头”，另外有 27.77%的学生则认为这“与网民素质有关”，其言外之意是说网上低俗与恶搞现象都是低素质之人所为，而高素质的人不屑于此（见图 4-19）。

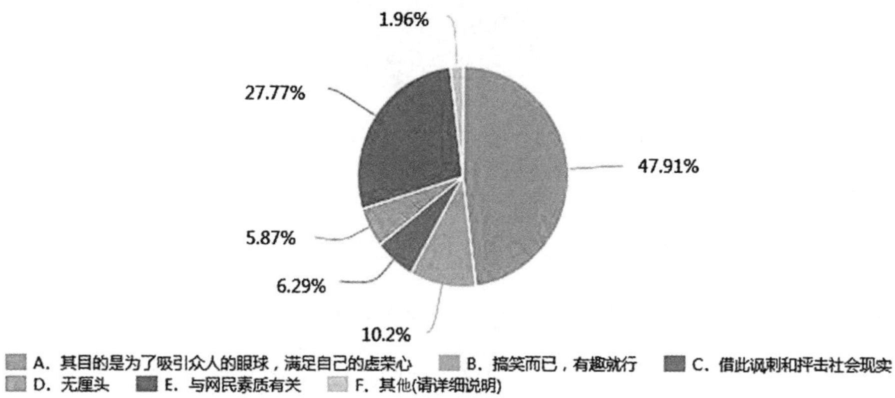

图 4-19 您如何看待目前网络上的低俗与恶搞现象？

三、网络对大学生行为影响的单变量宏观分析

（一）大学生的网络学习行为

当问及“您是否有因为使用电脑上网或者打游戏而逃课的情况”时，仅有 4.11%的学生回答为“经常”，有 16.35%的学生回答为“偶尔”，有 72.02%的学生则回答为“从不”，另有 7.52%的学生则回答为“视课程或任课教师而定”。这表明学生逃课与否与上网打游戏的相关度不高，也有少部分学生可能是因为老师讲授的内容过于陈旧，或者因老师照本宣科而感到没有价值，抑或是因为老师课堂管理比较宽松等原因而选择逃课去上网或打游戏（见图 4-20）。

调查数据表明，当我们让大学生对他们上网行为对其学习可能产生的影响进行评价时，有 19.69%的学生认为网络对他们的学习“有正面影响”，

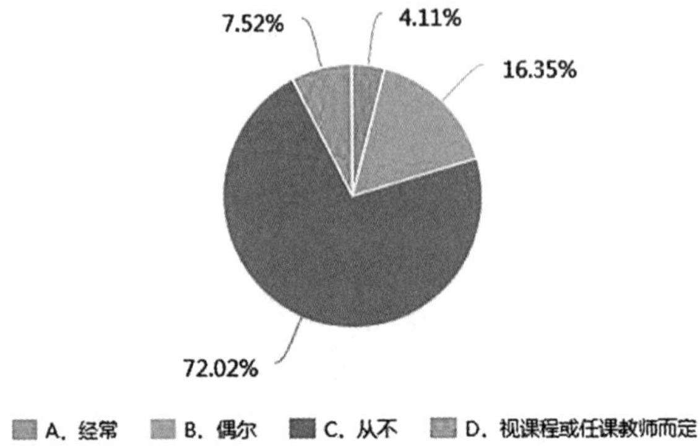

图 4-20　您是否有因为使用电脑上网或者打游戏而逃课的情况？

有 5.53%的学生认为网络对他们的学习“有负面影响”，有 2.34%的学生认为网络对他们的学习基本上“没什么影响”，而绝大多数（72.45%）的学生认为网络对他们的学习“正、反两个方面影响都有”。这说明当代大学生对网络的影响及其作用的评价相当客观，也比较中性（见图 4-21）。

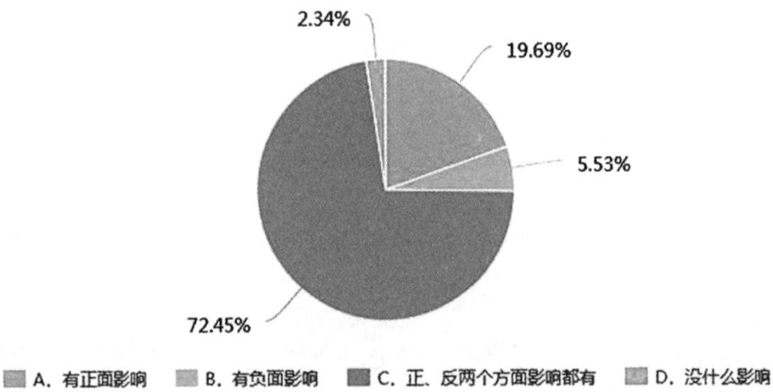

图 4-21　您觉得上网对您现阶段的学习生活会产生什么样的影响？

进一步追问占据大学生上网时间最长的是什么，有 39.62%的学生表示是“QQ 或微信等即时通讯”，有 18.89%的学生表示是“获取学习资料”，有 17.24%的学生则表示是“欣赏影视与音乐”，还有 11.94%的学生选择是“在线游戏”，另外，有极少数学生选择了“网上购物”（占 1.73%）、“其他”（占 1.69%）和收发“电子邮件”（占 1.34%）。这些数据说明，当代大学生利用网络获取学习资料所占的时间并不是很多，而把大部分上网时间用于欣赏影视与音乐或者进行在线游戏；此外，有少部分学生喜欢在网上购物、收发电子邮件或做其他与学习无关的事情［见图 4-22（1）］。

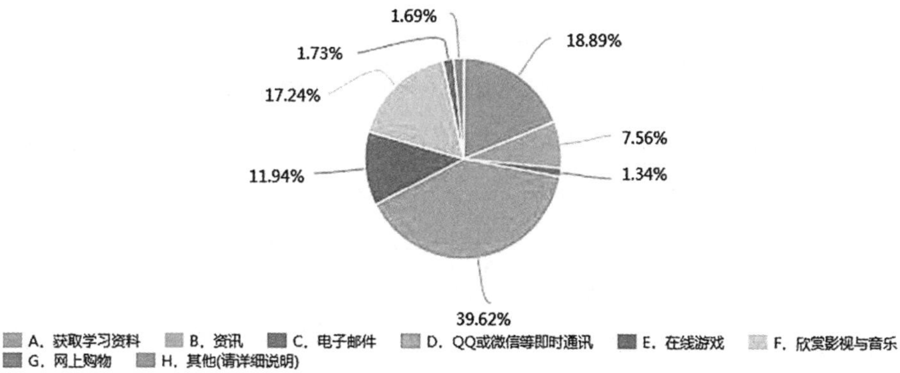

图 4-22（1） 占据您上网时间最长的是（ ）

对大学生利用网络开展的学习情况进一步细分，我们发现，对利用网络“浏览并下载相关学习资料”的，有近九成（89.93%）的学生持认同态度，其中表示“完全符合”的学生有 41.45%，“有些符合”的学生有 48.48%，持反对态度即表示“不太符合”或“很不符合”的学生仅有 3.12%，还有 6.95%的学生表示“说不清楚”。对利用网络“参加慕课（MOOC）或视频公开课程学习”的，有 30.55%的学生表示“完全符合”，有 40.86%的学生表示“有些符合”，而表示“不太符合”和“很不符合”的学生分别有 12.62%和 3.58%，此外，尚有 12.39%的学生表示“说不清楚”。对利用网络“完成并提交老师布置的作业”的，有 37.57%的学生表示“完全符合”，有 47.86%的学生表示“有些符合”，只有 5.28%学生表示“不太符合”或者“很不符合”，另有 9.29%的学生表示“说不清楚”。对“使用百度或其他搜索引擎”的，有 54.43%的学生表示“完全符合”，38.53%的学生表示“有些符合”，表示“不太符合”和“很不符合”的学生分别只有 1.19%和

0. 23%，还有 5. 62%的学生则表示“说不清楚”。对“通过电子邮件或即时通讯工具与老师、同学讨论”的，有 35. 89%和 42. 2%的学生分别表示“完全符合”和“有些符合”，而表示“不太符合”和“很不符合”的学生也分别有 8. 09%和 1. 77%，表示“说不清楚”的学生有 12. 05%。对利用网络“解决学习中遇到的难题”的，分别有 42. 52%的学生表示“完全符合”、44. 63%的学生表示“有些符合”，而表示“不太符合”和“很不符合”的学生分别是 2. 77%和 0. 46%，此外有 9. 62%的学生表示“说不清楚”。综合上述数据，可以得出以下结论：当代大学生利用网络开展学习的方式和途径多样，既有利用网络下载资料的，也有利用在线课堂进行学习并通过网络完成作业的，还能够比较有效地使用搜索引擎，同时能利用网络与老师或同学进行讨论以解决学习中遇到的难题，展现了当代大学生对网络工具驾轻就熟的应用能力和技巧［见图 4-22（2）］。

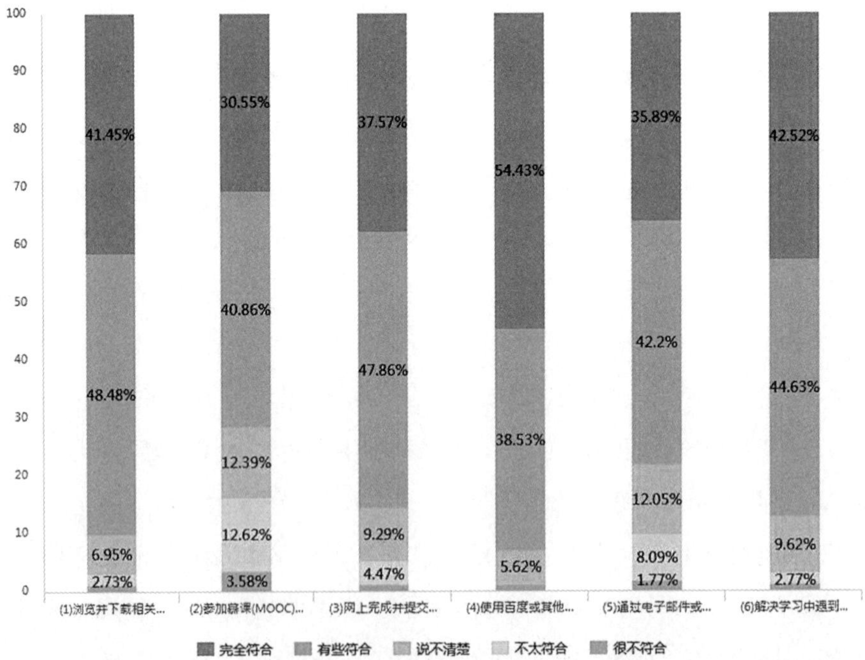

图 4-22（2） 您利用网络开展学习的主要内容是?

具体到大学生的网络阅读行为，当问及“对于网络上的有用信息，您通常浏览的方式”时，对选项“(1) 只读标题”，持肯定性回答的学生有41.86%，其中有9.04%的学生表示“完全符合”，有32.82%的学生表示“有些符合”；持否定性回答的学生40.36%，其中有30.2%的学生表示“不太符合”，有10.16%的学生表示“很不符合”。可见，持肯定与否定态度的学生基本上持平，此外还有17.78%的学生表示“说不清楚”。对选项“(2) 从头到尾仔细阅读”，有10.53%的学生表示“完全符合”，有30.36%的学生表示“有些符合”，有25.27%的学生表示“说不清楚”，同时有28.47%的学生表示“不太符合”，有5.36%的学生表示“很不符合”。对选项“(3) 只读感兴趣的部分”，有22.64%的学生表示“完全符合”，有超过半数（54.91%）的学生表示“有些符合”，表示“不太符合”和“很不符合”的学生之和仅占9.59%，此外还有12.86%的学生表示“说不清楚”。对选项“(4) 跳跃式的阅读或一目十行地浏览”，分别有18.98%和45.06%的学生表示“完全符合”和“有些符合”，分别有15.16%和3.97%的学生表示“不太符合”和“很不符合”，有16.82%的学生表示“说不清楚”。对选项“(5) 读后将其打印或收藏”，分别有11.61%和25.15%的学生表示“完全符合”和“有些符合”，分别有25.62%和21.84%的学生表示“不太符合”和“很不符合”，有15.78%的学生表示“说不清楚”。对选项“(6) 只是将其下载并分类保存”，分别有9.53%和28.25%的学生表示“完全符合”和“有些符合”，有24.01%和18.02%的学生表示“不太符合”和“很不符合”，有20.19%的学生表示“说不清楚”。上述调查数据与我们日常生活中观察到的现象是基本一致的，网络时代由于海量信息、信息过载等原因，人们在进行网络阅读时，不可能从头到尾仔细认真地完整阅读，往往对有用的信息和自己感兴趣的信息才会认真阅读，而对于其他信息要么是跳跃式阅读，要么是一目十行地快速浏览一遍，也有四成以上的学生喜欢把阅读过的有用信息打印或收藏，或者是仅仅将其下载到硬盘（包括云盘）上然后分别保存下来，至于以后是否用得到则在所不问［见图4-22（3）］。

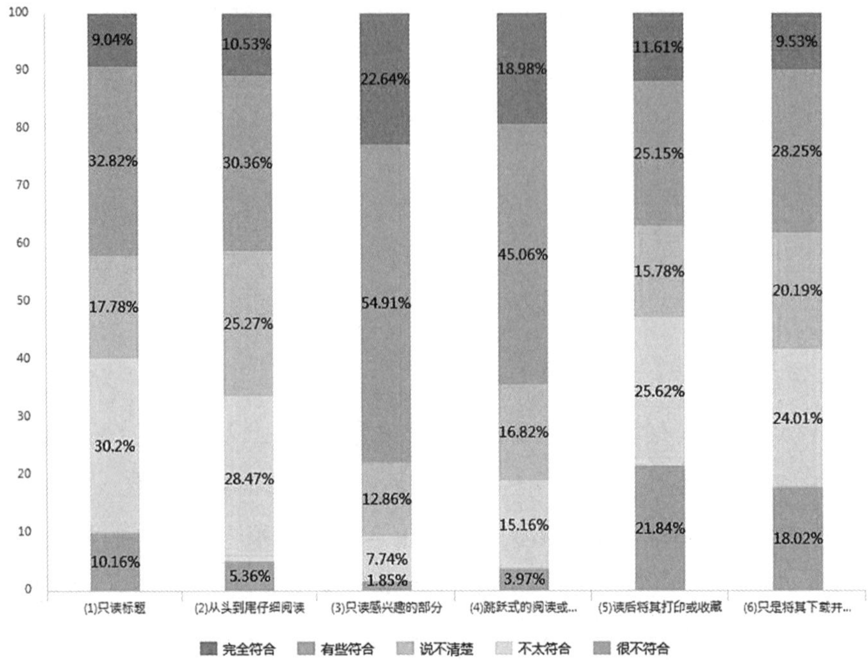

图 4-22（3） 对于网络上的有用信息，您通常浏览的方式？

长时间上网会对大学生的学习产生什么影响？调查数据表明，对选项“（1）精神焕发，像打了鸡血一样”，只有不到两成（19.13%）的学生认为“完全符合”或“有些符合”，有57.7%的学生却表示“不太符合”或“很不符合”，还有23.17%的学生则表示“说不清楚”。该选项明显是一个测谎题，以检测学生的选择是否真实有效，因为稍有常识的人都会知道长时间上网只会使人精神疲惫。对选择“（2）精神恍惚”，有11.2%的学生表示“完全符合”，33.8%的学生表示“有些符合”，只有不到三成（29.26%）的学生表示“不太符合”或“很不符合”，此外尚有25.75%的学生表示“说不清楚”。对选项“（3）注意力更容易分散”，有14.63%和42.18%的学生分别表示“完全符合”或者“有些符合”，而表示“不太符合”和“很不符合”的仅有21.58%，也有21.61%的学生表示“说不清楚”。对选项“（4）记忆力减退”，有超过四成（43%）的学生表示“完全符合”或者“比较符合”，有

29.19%的学生表示“说不清楚”，而表示“不太符合”或者“很不符合”的学生分别有20.23%和7.58%。对选项“(5) 阻碍我们进行深度学习和深入思考”，有14.84%的学生表示“完全符合”，35.03%的学生表示“有些符合”，有23.24%的学生“说不清楚”，而表示“不太符合”或者“很不符合”的学生分别有19.73%和7.17%。对选项“(6) 思维停滞，大脑处于茫然和空白状态”，有超过四成（42.03%）的学生认为“完全符合”或者“有些符合”，有超过三成（32.65%）的学生则认为“不太符合”或者“很不符合”，此外尚有25.33%的学生认为“说不清楚”。对选项“(7) 学习的效率降低了”，有15.78%的学生认为“完全符合”，34.1%的学生认为“有些符合”，有超过两成（26.08%）的学生认为“不太符合”或者“很不符合”，另有超过两成（24.04%）的学生认为“说不清楚”。综合上述调查数据，我们可以清楚地看出，长时间上网对大学生的精神状态、注意力、记忆力、深度学习和思考能力、思维力和学习效率都有较大影响（见图4-23）。

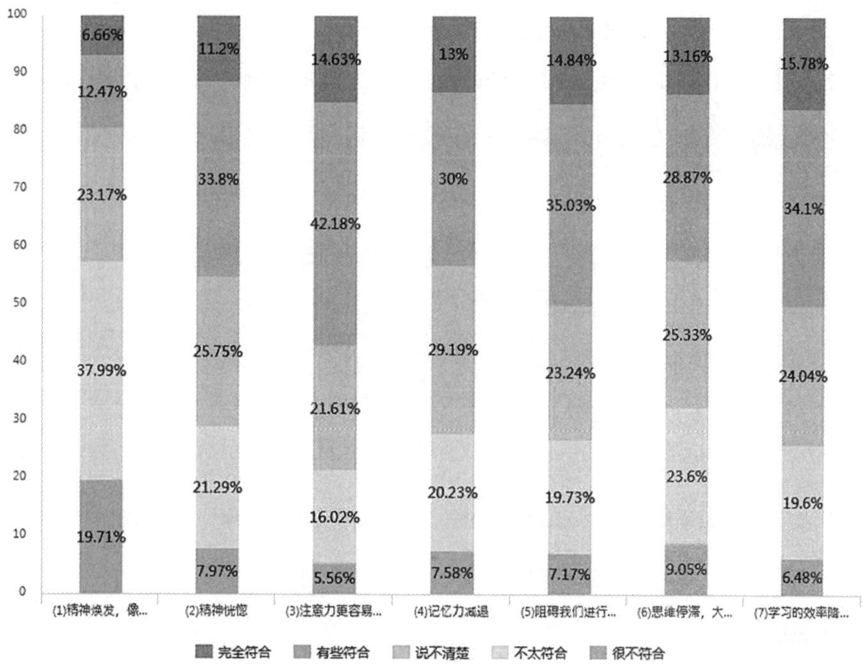

图4-23 长时间上网会使您______

（二）大学生使用网络语言的行为

网络环境有着独特的语言表达方式和表达习惯。所谓网络语言是“从网络中产生并应用于网络交流的一种语言，包括中英文字母、标点、符号、拼音、图标（图片）和文字等多种组合。这种组合，往往在特定的网络媒介传播中表达特殊的意义”。“20 世纪 90 年代网络诞生之初，网虫们为了提高网上聊天的效率或诙谐、逗乐等特定需要而采取的方式，久而久之就形成特定语言了。”① 比如，比较流行的“佛系”“杠精”“凤凰男”“直男癌”“公主病”“绿茶”“妈宝”等，这些词大多是之前并不存在或代表其他意义，最近几年才在网络上被大量使用并流行开来的新词汇。它们有一个共同特征：最初只用来形容比较极端特殊的某一类人群，但在流传开来之后，使用范围却变得越来越广泛，概念却越来越模糊。目前，网络语言越来越成为人们网络生活中必不可少的一部分。需要注意的是，部分网络语言并不符合我们现代汉语的语法规定。调查表明，当代大学生对网络语言并不排斥，“经常脱口而出”的学生占 23. 51%，只是“偶尔用用”的学生占 71. 26%，“从不使用”的学生仅占 5. 23%（见图 4-24）。

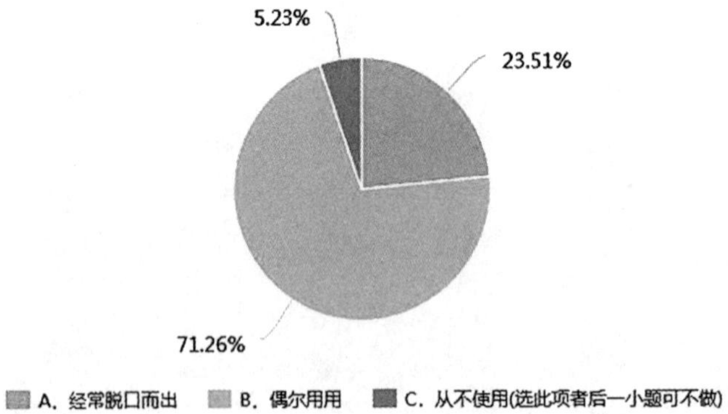

图 4-24　您会使用网络流行语吗？

---

① 乔野：《互联网时代语言特点探究》，《文学教育（上）》2018 年第 5 期。

问及大学生使用网络流行语的原因，有 39. 23%的学生是由于网络语言“简单生动”，有 31. 73%的学生是出于追求“新奇有趣”，有 24. 35%的学生则是由于从众，“别人都在用，自己不知不觉也用了”，还有 4. 69%的学生是因为网络语言很“时尚”，能够“彰显个性”（见图 4-25）。

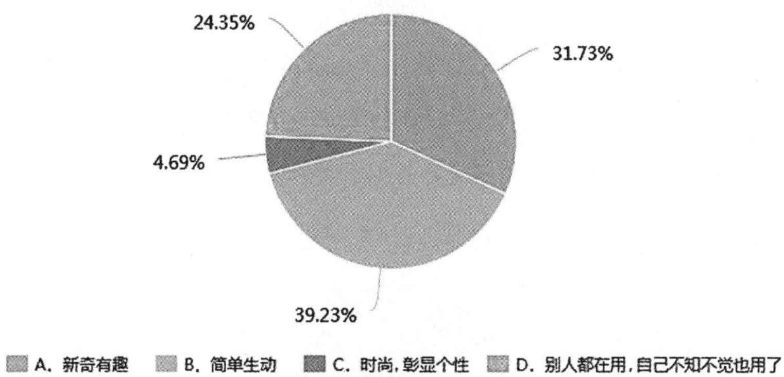

图 4-25 您使用网络流行语的原因是什么？

（三）大学生的网络消费行为

网购、支付宝、共享单车和高铁被称为中国的新“四大发明”。调查数据表明，大学生网络消费行为十分普遍，网络购物就是其中最常见的一种。当问及“您是否有通过网络进行购物的经历?”有 95. 44% 的学生回答“是”，仅仅有 4. 56%的学生尚未进行过网购［见图 4-26（1）］。

在有过网购经历的学生中，有超过半数（57. 48%）的学生花费的金额在 300 元以下，可能是用于购买与大学生生活、学习相关的物品，也可能是大学校园中常见的网上订餐行为；有 27. 93%的学生花费的金额在 300—600 元；有 8. 41%的学生花费的金额在 600—900 元；有 3. 25%的学生花费的金额在 900—1200 元；仅有 2. 93%的学生花费的金额在 1200 元以上［见图 4-26（2）］。

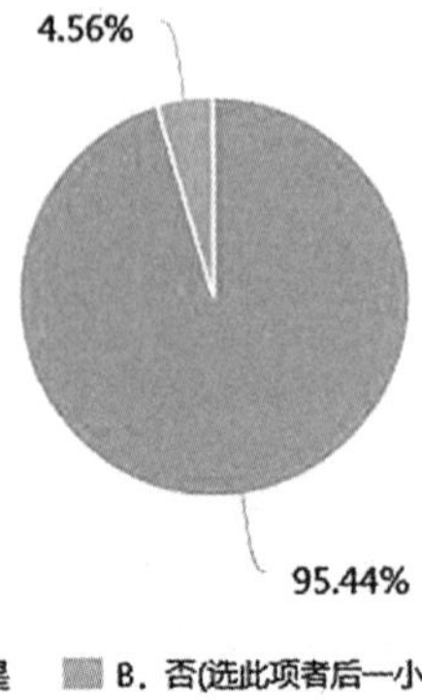

图 4-26（1）　您是否有通过网络进行购物的经历?

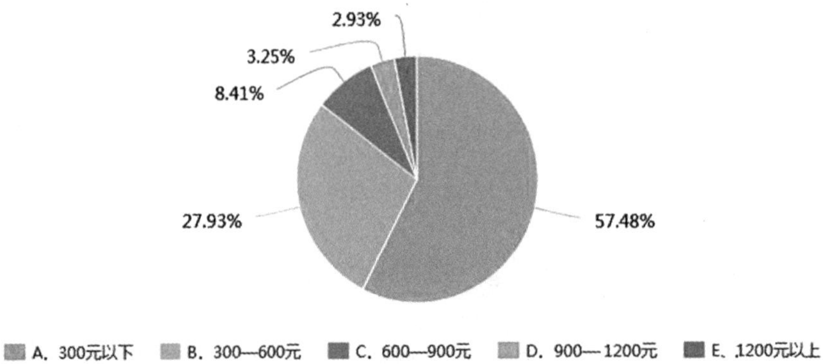

图 4-26（2）　您是否有通过网络进行购物的经历?

（四）大学生的网络交往行为

借助于网络媒介、各种社交工具和社交网站，当代大学生在网上的社会交往行为十分普遍。当问及他们如何看待网络交友现象时：对选项“(1)能结识更多志同道合的朋友”，有 21.91% 的学生表示“完全同意”，46.93%的学生表示“有些同意”，表示“不太同意”和“很不同意”的学生分别只有 8.69% 和 2.29%，此外尚有 20.18% 的学生表示“说不清楚”。对选项“(2) 交往不受时间和空间的限制”，有 25.33%和 51.54%的学生分别表示“完全同意”和“有些同意”，有 14.6%的学生表示“说不清楚”，表示“不太同意”和“很不同意”的学生分别只有6.65%和1.88%。对选项“(3)可以随时终止交往，而不需要负任何责任”，基本上持同意态度的学生占28.41%，基本上持不同意态度的学生超过了半数（51.15%），还有20.45%的学生徘徊在两者之间，表示“说不清楚”。对选项“(4)缺少身份线索，交往缺乏诚意，无法取得相互信任”，有接近五成（49.21%）的学生基本上表示同意，其中13.97%的学生表示“完全同意”，35.24%的学生表示“有些同意”，有26.2%的学生表示“说不清楚”，表示“不太同意”和“很不同意”的学生分别有19.43%和5.16%。对选项“(5)提高了我在现实生活中的交友技巧”，有12.56%的学生表示“完全同意”，33.06%的学生表示“有些同意”，而表示“不太同意”和“很不同意”的学生分别有20.08%和6.01%，有接近三成（28.29%）的学生则表示“说不清楚”。对选项“(6)网上聊天比面对面交谈让我感到更轻松自在”，有66.19%的学生表示“完全同意”或“有些同意”，只有15.15%的学生表示“不太同意”或“很不同意”，有18.65%的学生表示“说不清楚”。对选项“(7)让我找到自信，可以塑造新的自我形象”，有超过四成（46.67%）的学生表示“完全同意”或“有些同意”，有27.11%的学生表示“说不清楚”，表示“不太同意”和“很不同意”的学生有26.22%。对选项“(8)更能体现我的个性”，有接近五成（49.29%）的学生表示认同，有26.34%的学生表示“说不清楚”，表示“不太同意”或“很不同意”的学生只有24.37%。对选项“(9)遭到网友的恐吓或欺骗”，表示“完全同意”和“有些同意”的学生分别只有4.81%和12.39%，而表示“不太同意”和“很不同意”的学生则超过了六成（62.51%），此外尚有19.28%的学生表示“说不清楚”。对选项“(10)遭到网友的性骚扰”，只有14.5%的学生表示“完全同意”或“有些同意”，有接近七成（67.58%）学生则表示“不太同意”或“很不同意”，有17.92%的学生表示“说不清楚”。对选项“(11)影响了我与家人和同学朋友之间的关系”，只有不到两成（18.69%）的学生表示“完全同意”或“有些同意”，有超过六成（60.74%）的学生则表示“不太同意”或“很不同意”，有 20.57%的学生表示“说不清楚”。对选项“(12) 浪费了时间和精力却难有收获”，有不到三成（29.66%）表示“完全同意”或“有些同意”，有四成以上（44.54%）的学生表示“不太同意”或“很不同意”，有 25.81%的学生表示“说不清楚”。综合上述数据我们可以看出，选项（1）和（2）主要讲的是网络社交的便捷性问题，学生们对这两项的认同度都比较高，分别有 68.84%和 76.87%；选项（3）和（4）主要讲的是网络交往责任感缺少的客观原因，而学生们对选项（3）的认同度不高，对选项（4）的认同度较高；选项（5）、（6）、（7）、（8）则主要涉及网络交往的好处，学生们对这几个选项的认同度都比较高，均超过了四成；选项（9）、（10）、（11）、（12）则涉及网络交往的负面作用，学生们对这四个选项的认同度都不高，说明他们在网络交往中很少遇到过网友的恐吓、欺骗或性骚扰的情况，也说明他们对网络社交给予了较多正面评价，不认为网络交往会影响他们和家人与朋友之间的关系，也不会浪费太多时间和精力（见图 4-27）。

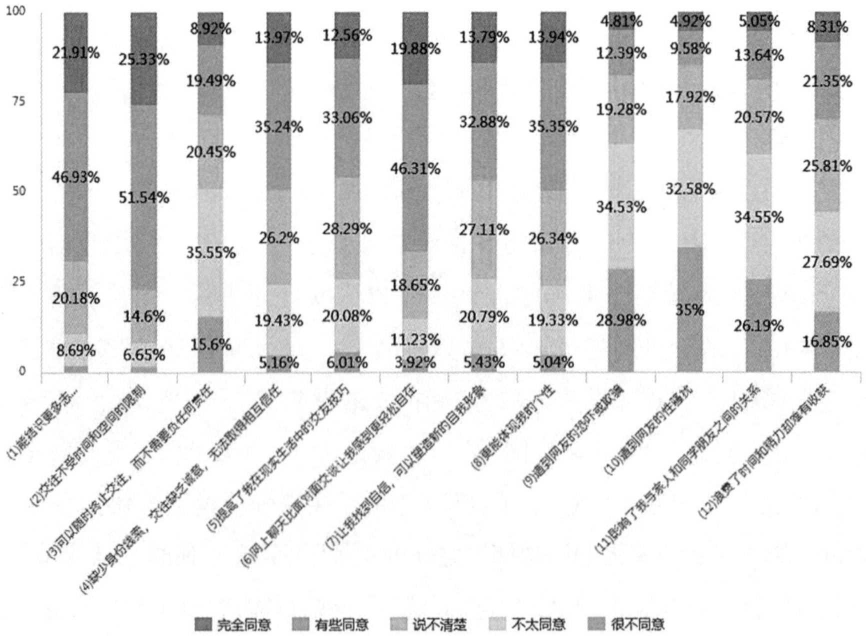

图 4-27　您如何看待网络交友？

为了进一步验证网络交往行为对现实生活中社会交往活动的影响，我们设计了下面这样一个题目："您平时在校园里或宿舍里如何与同学（室友）交流?"绝大多数（78.06%）学生除网络交往外，仍然能够正确地处理现实生活中的人际交往行为，能够与同学们"经常面对面地交流"，有15.21%的学生选择的是"偶尔面对面地交流"，仅有1.81%的学生"基本上没有语言的交流"，有3.15%的学生则是"主要通过社交网络或工具进行交流"，还有1.19%的学生在校园或宿舍里缺乏足够的交流，他们"各干各的事，基本上属于熟悉的陌生人"。这些数据表明，的确有少部分人学生因受网络的影响，与现实社会中的同学、朋友交往不足，有的甚至沉溺在虚拟的网络世界中，从而导致严重的社会障碍，出现社交恐惧（见图4-28）。

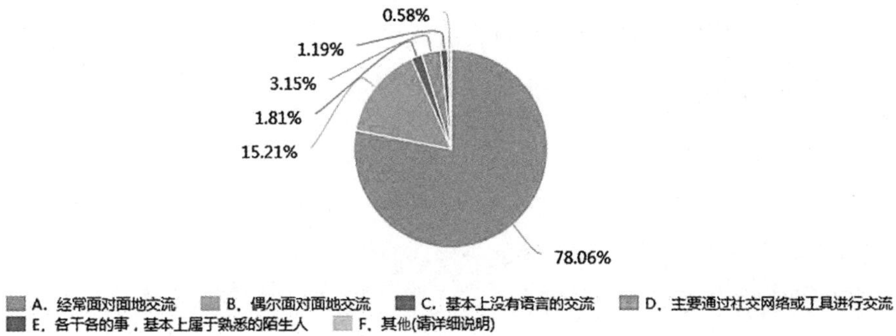

图4-28 您平时在校园里或宿舍里如何与同学（室友）交流?

网恋是大学生网络交往中的一种特殊行为。大学生大多处于青春发育的中后期，他们对情感归属的需要更为强烈，对异性之间的交往有着异乎寻常的兴趣和更为强劲的动机，而网恋往往能够弥补他们现实生活因校园中男女之间的比例失调而带来的巨大心理落差，会给他们许多情感的慰藉。调查显示，当问及大学生对"网恋的看法"时：对选项"（1）网恋的感觉十分美好"，有6.73%的学生表示"完全同意"，12.99%的学生表示"有些同意"，有32.01%的学生表示"说不清楚"，有48.27%的学生则表示"不太同意"或"很不同意"。对选项"（2）容易将对方过分美化"，有接近七成

(69.19%)的学生表示“完全同意”或“有些同意”，仅有一成多一点(10.46%)的学生表示“不太同意”或“很不同意”，表示“说不清楚”的学生有20.35%。对选项“(3)因为空虚无聊，只是一种精神慰藉而已”，有超过五成(52.15%)的学生表示“完全同意”或“有些同意”，“不太同意”或“很不同意”的只有19%，尚有28.85%的学生表示“说不清楚”。对选项“(4)寻找刺激，以发泄内心的压抑”，有超过四成(43.45%)的学生表示“完全同意”或“有些同意”，有30.47%的学生表示“说不清楚”，有26.08%的学生表示“不太同意”或“很不同意”。对选项“(5)网上热恋，网下约会”，仅有6.96%的学生持“完全同意”的态度，有15.73%的学生持“有些同意”的态度，这说明少部分大学生并不排斥网恋及其网下的约会，有超过四成(43.81%)的学生对此则持排斥的态度，还有33.5%的学生徘徊在两者之间而表示“说不清楚”。对选项“(6)网恋往往见光就死”，有接近四成(39.22%)的学生表示“完全同意”或“有些同意”，有超过两成(23.06%)的学生则表示“不太同意”或“很不同意”，还有37.72%的学生表示“说不清楚”。对选项“(7)网恋很少有成功走进婚姻殿堂的案例”有超过半数以上(51.31%)的学生表示认同，有34.97%的学生表示“说不清楚”，只有13.73%的学生表示不能认同。综合上述数据，我们可以看出，选项(1)和(2)涉及大学生对网恋行为的评价，对网恋的感觉美好的认同度不高，而对网恋容易将对方过分美化的认同度较高；选项(3)和(4)则涉及大学生网恋的原因，大学生对这两项的认同度都比较高；选项(5)、(6)和(7)则是对网恋结果的评估，学生们对网上热恋、网下约会的认同度不高，而对网恋“见光就死”的认同度较高，接近四成，对网恋很少有成功走进婚姻殿堂的认同度最高，超过了五成。网恋如雾里看花、水中望月，美则美矣，但是难以持久，更难以走向婚姻的殿堂(见图4-29)。

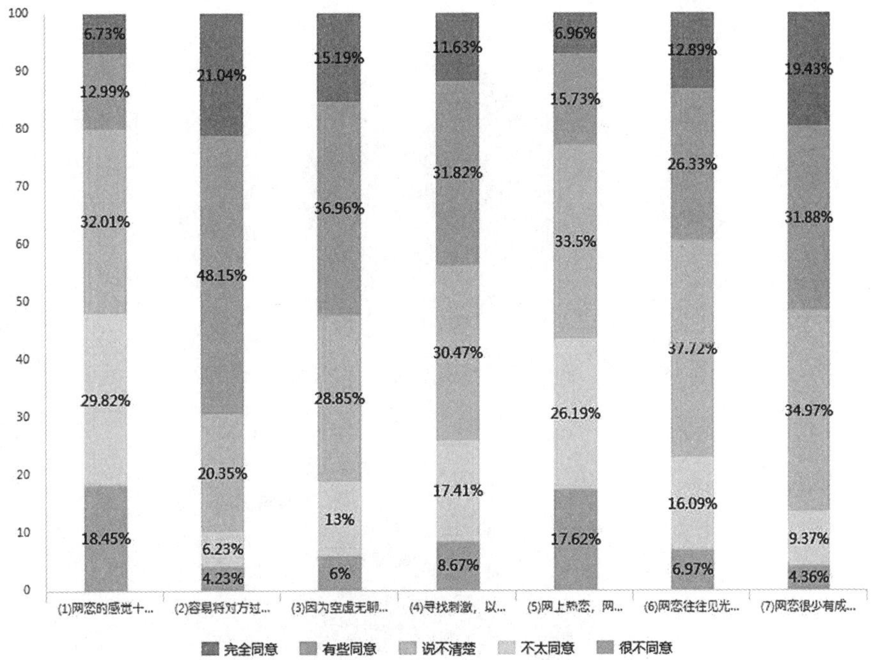

图 4-29 您对网恋的看法是什么?

（五）大学生的网络不文明言论

调查数据表明，大学生网民是素质较高的一个网民群体，他们极少有在网络发布不文明的言论，仅有 1. 23%的学生会“经常”发表不文明言论，有 9. 2%的学生会“偶尔”为之，有 33. 1%的学生则“很少”为之，56. 47%的学生则“完全没有”在网络上发表过不文明的言论（见图 4-30）。

网络言论中有一种极端行为，即网上骂战。调查显示，大学生网民中，“经常”和“较多”参加网上骂战的学生比例很少，分别只有 3. 62%和 3. 54%，“偶尔”为之的学生有 16. 12%，而绝大多数学生从来“没有”过如此极端行为（见图 4-31）。

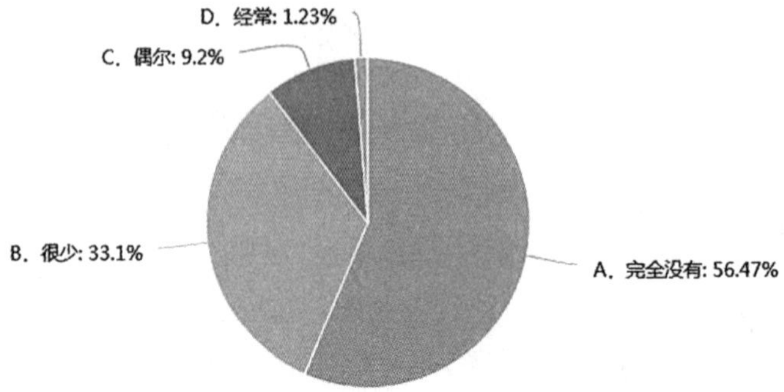

图 4-30　您曾在网络上发表过不文明的言论吗？

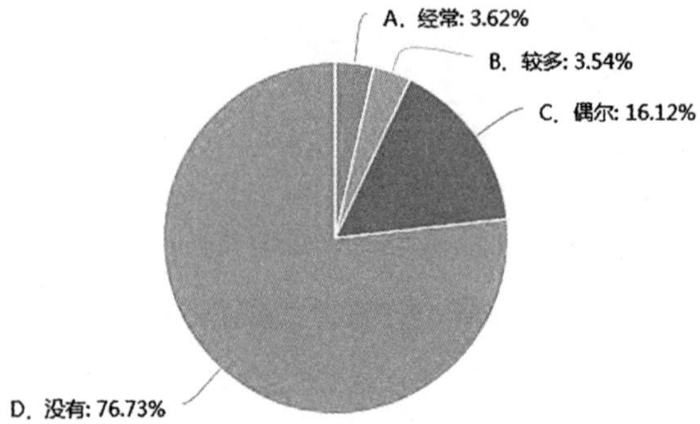

图 4-31　您是否参与过网络“骂战”？

（六）大学生的网上评论行为

调查数据显示，对于大学生“是否会对浏览过的网络新闻加以评论”，只有 5.37%的学生“一般都会评论”，超过半数（55.53%）的学生“只对感兴趣的进行评论”，还有 39.1%的学生则“从不评论”（见图 4-32）。至于参与对网络新闻进行评论的学生之中，66.07%的学生也只是“就事论事”，从不涉及其他相关的事件，21.68%的学生则会“时而会牵扯到相关事件，并表达自己的情绪”，有 8.16%的学生仅仅是为了“表达围观心态”，另外有 1.08%的学生可能是出于其他原因；只有 3%的学生纯粹是为了“与他人论战”（见图 4-33）。

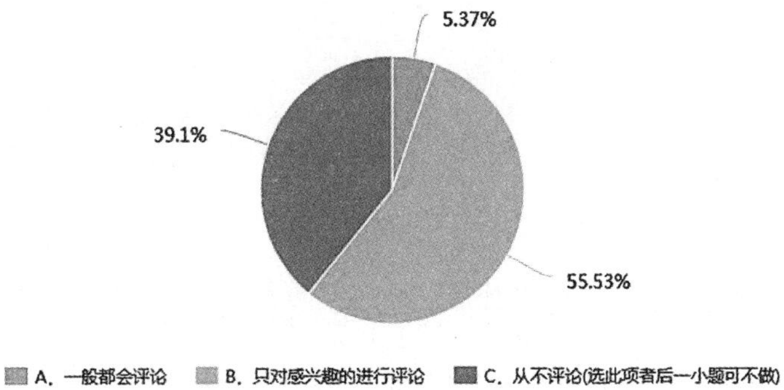

图 4-32　您是否会对浏览过的网络新闻加以评论？

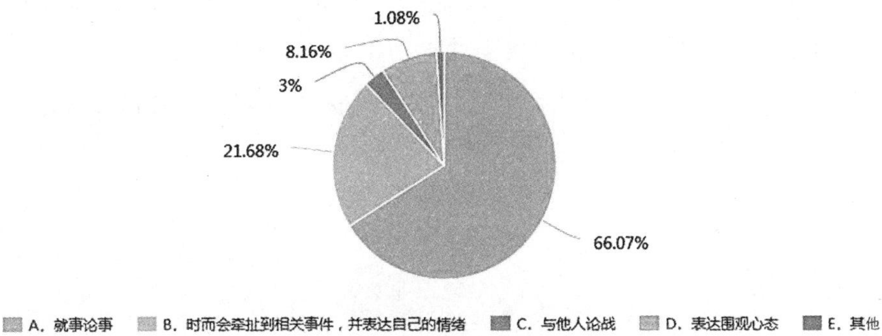

图 4-33　如果您参与评论，那么您关注的内容包括（　　）

调查表明，对于他人针对网络上报道事件所发表的评论，有 14.94%的学生表示他们“只看报道，不看评论”，有 22.9%的学生表示他们是在“看过报道并查看网友的评论后再回帖”，有半数以上（53.3%）的学生表示他们“报道、评论都看，但不回帖”，仅有 2.12%的学生“略过报道内容，查看网友评论后直接回帖”，还有 6.73%的学生“只看评论但不回帖”。这说明大学生对网上报道的事件关注度较高，但是对观看他人发表评论的热情不够和网上回帖的积极性不高（见图 4-34）。

问及大学生在网络上发表帖子的类型，有 46.53%的学生认为自己的帖

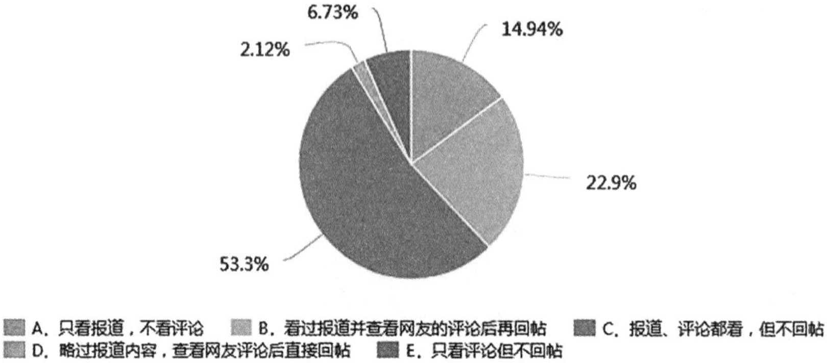

图 4-34　对于网络上报道事件的评论，您一般会采取的态度（　　）

子属于"交流型，希望引起大家的共鸣，共同讨论"，有 30.89%的学生认为自己的帖子属于"流水账型，记述一天所见所闻，抒发心情"，还有 16.42%的学生认为自己的帖子属于"求助型，希望大家帮忙转发或者提供建议"，仅有 6.15%的学生认为自己的帖子属于"发泄型，发表过激言语，宣泄不满情绪"（见图 4-35）。

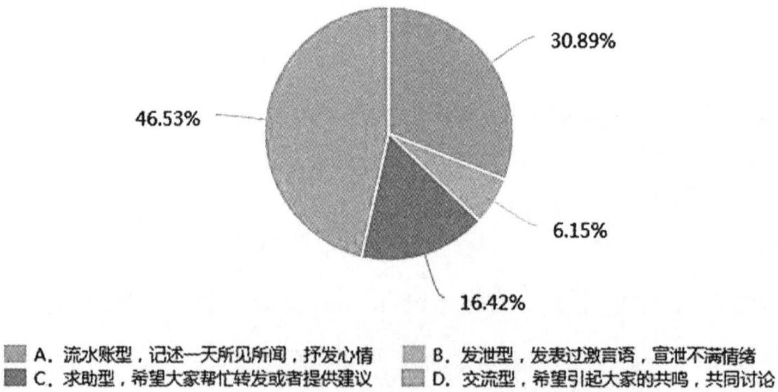

图 4-35　您平时在网络上发表的帖子总体上属于哪种类型?

（七）大学生的网络游戏行为

调查表明，在大学生对部分同学痴迷于网络游戏的主要原因这一问题的回答中：对选项"（1）大学生活课余时间较多，生活空虚，没什么乐子"，有超过半数（56.64%）的学生表示“完全同意”或“有些同意”，有25.33%的学生表示“不太同意”或“很不同意”，另有18.02%的学生则表示“说不清楚”。对选项“（2）羡慕游戏中其他人的等级装备技术等，试图超越”，有超过四成（47.1%）的学生表示“完全同意”或“有些同意”，有接近三成（28.86%）的大学生表示“不太同意”或“很不同意”，有两成以上（24.04%）的学生则表示“说不清楚”。对选项“（3）可以弥补现实生活中的某种缺憾，更好地体现个人价值”，有超过六成（60.78%）学生对此观点持同意态度，有接近两成（17.19%）的学生对此观点表示“不太同意”或“很不同意”，有22.02%的学生则表示“说不清楚”。对选项“（4）缓解学习压力”竟然有七成以上（70.48%）的学生表示“完全同意”或“有些同意”，表示“不太同意”或“很不同意”的不到一成（9.31%），有20.21%的学生表示“说不清楚”。对选项“（5）受身边朋友、同学的影响，虚荣心在作怪”，有四成以上（46.72%）的学生表示“完全同意”或“有些同意”，有接近三成（26.64%）的学生表示“不太同意”或“很不同意”，另有26.64%的学生则表示“说不清楚”。对选项“（6）没什么原因，就是喜欢而已”，有超过64.5%的赞成此观点，有9.7%的学生则“不太同意”或“很不同意”此观点，此外尚有25.8%的学生“说不清楚”。综合上述数据可以看出，当代大学生对选项（1）、（3）、（4）、（6）导致他们沉迷于网络游戏的认同度都较高，而对选项（2）和（5）的认同度也都接近于半数（见图4-36）。

调查表明，对于网络游戏中存在的暴力和色情因素，有35.38%的学生认为“确实存在这样的问题，但不严重”，有26.55%的学生认为“问题很严重，可能引发犯罪”，也有24.47%的学生认为问题“被过分放大了”，还有5.39%的学生则对此问题“不关心”，值得注意的是，另有8.21%的学生却认为网络游戏中的暴力和色情因素“能够发泄不良情绪，有利于身心健康”（见图4-37）。

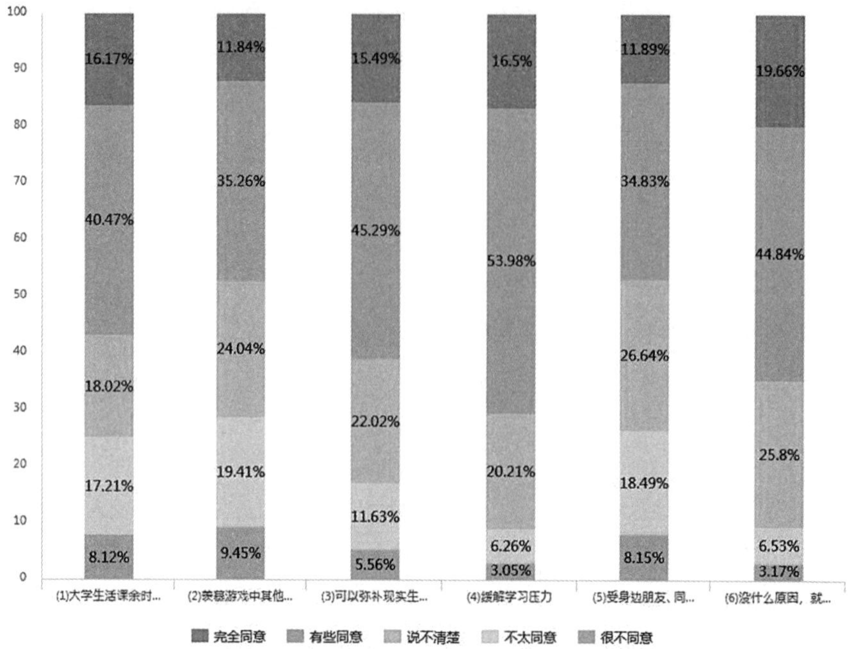

图 4-36　您认为部分大学生痴迷于网络游戏的主要原因是？

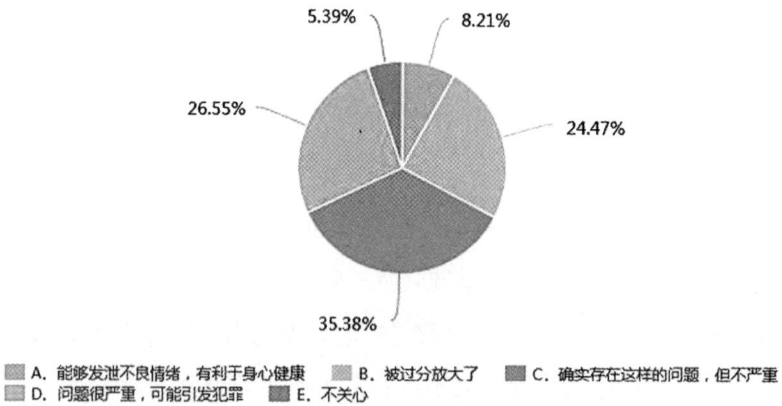

图 4-37　对网络游戏中存在的暴力和色情因素，您认为（　　）

（八）大学生对于网络“人肉搜索”行为的态度

对于网络中存在的“人肉搜索”行为，有 39.61%的大学生表示“反对”，认为“侵犯了他人的隐私权”，有 32.1%的大学生认为该行为“属于网络暴力行为，是网民的非理性集体狂欢”，有 14.4%的大学生也给予了“谴责”，认为该行为“有悖于道德规范”。值得警惕的是，竟然有 10.43%的大学生对该行为表达了“支持”，因为他们认为“有利于动员网民的力量揪住那些干了坏事的人”，另外还有 1.12%的大学生认为该行为比较“正常”，并坦承“我也参与过，不犯法就行”（见图 4-38）。

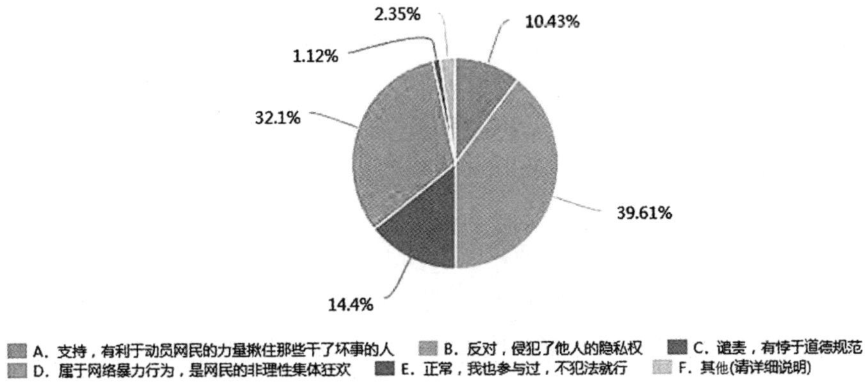

图 4-38　对于网络中的“人肉搜索”行为，您是怎么看的？

总体来说，当代大学生认为网络对他们的影响是“利大于弊”的有 36.5%，“弊大于利”的只有 5.5%，多数（56.31%）学生认为网络对其的影响是“因人而异”的，此外，还有 1.69%的学生则表示“说不清楚”（见图 4-39）。

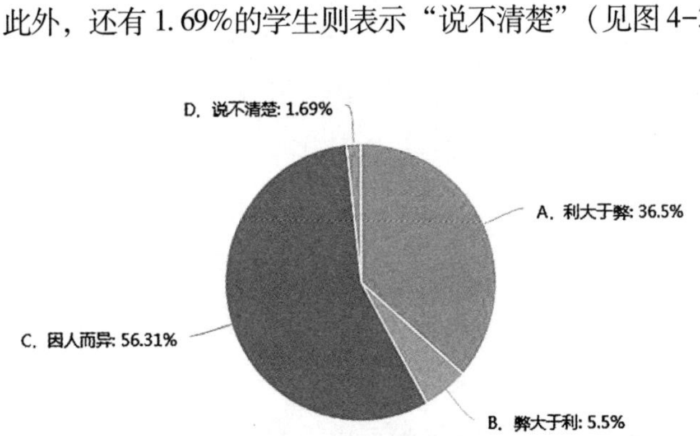

图 4-39　总的来说，您认为网络对大学生的影响（　　）

第二节 网络对大学生思想和行为影响的结构方程微观考察

一、网络对大学生思想和行为影响的结构方程简介

网络对大学生思想和行为影响的结构方程由内生潜在变量与外生潜在变量组成，共由六个维度54个变量组成（见表4-1）。网络对大学生思想和行为影响的外生潜在变量由三个维度和28个变量组成。三个维度以及其包含的变量如下：

网络的综合影响功能（Ksi1），其包含变量如下：x1 大学生活课余时间较多，生活空虚，没什么乐子；x2 可以弥补现实生活中的某种缺憾，更好地体现个人价值；x3 更容易受到西方思想的侵袭；x4 羡慕游戏中其他人的等级装备技术等，试图超越；x5 受身边朋友、同学的影响，虚荣心在作怪；x6 容易使大学生沉迷网络逃避现实社会；x7 使部分大学生更加愤世嫉俗和产生一些偏激的思想；x8 使部分大学生变得更加世故，成为精致的利己主义者；x9 西方利用其语言和技术优势推行文化霸权；x10 集体观念淡化，个人主义成为当代大学生首要的价值取向；x11 容易影响大学生辨别是非的能力；x12 因为空虚无聊，只是一种精神慰藉而已。

网络对认知观点的影响（Ksi2），该维度所包含的变量如下：x13 阅读的知识面变宽，欣赏能力得到提高，但思考鉴别能力却大大降低了；x14 形象思维能力更为发达，逻辑思维能力变差了；x15 降低了因果关系，更加重视相关关系；x16 思维好像变得不够灵活了；x17 容易分散注意力；x18 懒得动脑思考，简单地从众；x19 虽然可供支撑的自己观点论据变多了，但是感觉认识问题时越来越抓不住关键了；x20 碎片化的阅读和线性思维方式使

人们的认识更加窄化；x21 容易受持相同观点人群的影响，认识容易走向极端。

网络对思维能力的影响（Ksi3），该维度所包含的变量如下：x22 阻碍我们进行深度学习和深入思考；x23 思维停滞，大脑处于茫然和空白状态；x24 记忆力减退；x25 注意力更容易分散；x26 精神恍惚；x27 学习的效率降低了；x28 缺少身份线索，交往缺乏诚意，无法取得相互信任。

网络对大学生思想和行为影响的内生潜在变量由三个维度和 26 个变量组成。三个维度以及其包含的变量如下：

网络导致的行为感受（Eta1），该维度所包含的变量如下：y1 觉得网络中的我才是更为真实的我；y2 我经常在网上同时扮演两个以上角色；y3 我曾尝试网上做现实中不敢做的事情；y4 上网让我忘掉了生活和学习中的烦恼；y5 网络让我能随时在不同的场景之间转换；y6 全神贯注于网络活动，下线后仍想着网上的事情；y7 更能体现我的个性；y8 精神焕发，像打了鸡血一样；y9 让我找到自信，可以塑造新的自我形象。

网络对思想观念的影响（Eta2），该维度所包含的变量如下：y10 社会主义核心价值观更加深入人心；y11 增强了大学生的社会责任感和使命感；y12 有助于帮助大学生培育和践行社会主义核心价值观；y13 使大学生人生态度更加认真、务实和积极进取；y14 中华民族伟大复兴的中国梦一定能够实现；y15 加速了大学生社会化的进程；y16 有利于实现自己在现实生活中无法实现的愿望；y17 世界变小了，地球成为一个小小村落。

网络问题行为的后果（Eta3），该维度所包含的变量如下：y18 遭到网友的性骚扰；y19 遭到网友的恐吓或欺骗；y20 影响了我与家人和同学朋友之间的关系；y21 浪费了时间和精力却难有收获；y22 基本上没有什么影响；y23 对认知方式的影响不大；y24 网恋的感觉十分美好；y25 寻找刺激，以发泄内心的压抑；y26 可以随时终止交往，而不需要负任何责任。

表 4-1　网络对大学生思想和行为影响的结构方程内外潜在变量

	变量	因子载荷	维度	维度	因子载荷	变量	
x1	v116 第 40 题［(1) 大学生活课余时间较多，生活空虚，没什么乐子］	.68	网络的综合影响功能	网络导致的行为感受	.76	v60 第 19 题［(4) 觉得网络中的我才是更为真实的我］	y1
x2	v118 第 40 题［(3) 可以弥补现实生活中的某种缺憾，更好地体现个人价值］	.65			.75	v58 第 19 题［(2) 我经常在网上同时扮演两个以上角色］	y2
x3	v55 第 17 题［(7) 更容易受到西方思想的侵袭］	.64			.67	v57 第 19 题［(1) 我曾尝试网上做现实中不敢做的事情］	y3
x4	v117 第 40 题［(2) 羡慕游戏中其他人的等级装备技术等，试图超越］	.62			.64	v61 第 19 题［(5) 上网让我忘掉了生活和学习中的烦恼］	y4
x5	v120 第 40 题［(5) 受身边朋友、同学的影响，虚荣心在作怪］	.62			.64	v59 第 19 题［(3) 网络让我能随时在不同的场景之间转换］	y5
x6	v47 第 16 题［(6) 容易使大学生沉迷网络逃避现实社会］	.60			.64	v62 第 19 题［(6) 全神贯注于网络活动，下线后仍想着网上的事情］	y6
x7	v48 第 16 题［(7) 使部分大学生更加愤世嫉俗和产生一些偏激的思想］	.58			.58	v97 第 31 题［(8) 更能体现我的个性］	y7
x8	v52 第 17 题［(4) 使部分大学生变得更加世故，成为精致的利己主义者］	.55			.51	v79 第 26 题［(1) 精神焕发，像打了鸡血一样］	y8
x9	v41 第 15 题［(7) 西方利用其语言和技术优势推行文化霸权］	.55			.47	v96 第 31 题［(7) 让我找到自信，可以塑造新的自我形象］	y9
x10	v53 第 17 题［(5) 集体感念淡化，个人主义成为当代大学生首要的价值取向］	.54					
x11	v50 第 17 题［(2) 容易影响大学生辨别是非的能力］	.51					
x12	v105 第 33 题［(3) 因为空虚无聊，只是一种精神慰藉而已］	.47					

续表

	变量	因子载荷	维度	维度	因子载荷	变量	
x13	v27 第 12 题［(1) 阅读的知识面变宽，欣赏能力得到提高，但思考鉴别能力却大大降低了］	.75	网络对认知观点的影响	网络对思想观念的影响	.83	v38 第 15 题［(4) 社会主义核心价值观更加深入人心］	y10
x14	v28 第 12 题［(2) 形象思维能力更为发达，逻辑思维能力变差了］	.70			.82	v45 第 16 题［(4) 增强了大学生的社会责任感和使命感］	y11
x15	v29 第 12 题［(3) 降低了因果关系，更加重视相关关系］	.69			.82	v49 第 17 题［(1) 有助于帮助大学生培育和践行社会主义核心价值观］	y12
x16	v30 第 12 题［(4) 思维好像变得不够灵活了］	.66			.76	v46 第 16 题［(5) 使大学生人生态度更加认真、务实和积极进取］	y13
x17	v31 第 12 题［(5) 容易分散注意力］	.64			.75	v39 第 15 题［(5) 中华民族伟大复兴的中国梦一定能够实现］	y14
x18	v22 第 11 题［(3) 懒得动脑思考，简单地从众］	.63			.71	v44 第 16 题［(3) 加速了大学生社会化的进程］	y15
x19	v24 第 11 题［(5) 虽然可供支撑的自己观点论据变多了，但是感觉认识问题时越来越抓不住关键了］	.58			.53	v43 第 16 题［(2) 有利于实现自己在现实中无法实现的愿望］	y16
x20	v21 第 11 题［(2) 碎片化的阅读和线性思维方式使人们的认识更加窄化］	.52			.53	v35 第 15 题［(1) 世界变小了，地球成为一个小小村落］	y17
x21	v23 第 11 题［(4) 容易受持相同观点人群的影响，认识容易走向极端］	.52					

续表

	变量	因子载荷	维度	维度	因子载荷	变量	
x22	v83 第 26 题［(5) 阻碍我们进行深度学习和深入思考］	.79	网络对思维能力的影响	网络问题行为的后果	.83	v99 第 31 题［(10) 遭到网友的性骚扰］	y18
x23	v84 第 26 题［(6) 思维停滞，大脑处于茫然和空白状态］	.78			.80	v98 第 31 题［(9) 遭到网友的恐吓或欺骗］	y19
x24	v82 第 26 题［(4) 记忆力减退］	.78			.67	v100 第 31 题［(11) 影响了我与家人和同学朋友之间的关系］	y20
x25	v81 第 26 题［(3) 注意力更容易分散］	.75			.60	v101 第 31 题［(12) 浪费了时间和精力却难有收获］	y21
x26	v80 第 26 题［(2) 精神恍惚］	.73			.58	v32 第 12 题［(6) 基本上没有什么影响］	y22
x27	v85 第 26 题［(7) 学习的效率降低了］	.69			.56	v26 第 11 题［(7) 对认知方式的影响不大］	y23
x28	v93 第 31 题［(4) 缺少身份线索，交往缺乏诚意，无法取得相互信任］	.43			.51	v103 第 33 题［(1) 网恋的感觉十分美好］	y24
					.50	v106 第 33 题［(4) 寻找刺激，以发泄内心的压抑］	y25
					.47	v92 第 31 题［(3) 可以随时终止交往，而不需要负任何责任］	y26

二、网络对大学生思想和行为影响的结构方程标准解：模型拟合度比较好（见图 4-40）

（一）外生潜在变量表明网络的影响功能、认知观点与思维能力三个维度之间联系紧密

通过标准解的通经图所示看该结构方程中外生潜在变量的相关性，网络

的综合影响功能（Ksi1）和网络对认知观点的影响（Ksi2）关系密切，其关系系数是0.68。

网络对思维能力的影响（Ksi3）和网络的综合影响功能（Ksi1）关系密切，其关系系数是0.66。

网络对认知观点的影响（Ksi2）和网络对思维能力的影响（Ksi3）关系密切，其关系系数是0.60。

（二）内生潜在变量表明网络对思想观念的影响主要受行为感受制约，而对问题则影响较弱

通过标准解的通经图所示看该结构方程中内生潜在变量的相关性，网络对思想观念的影响（Eta2）与网络导致的行为感受（Eta1）的关系较密切，其系数值为0.39。

网络问题行为的后果（Eta3）与网络对思想观念的影响（Eta2）的关系为负，其影响系数为-0.09，网络问题行为的后果本应对思想观念产生制约作用即正相关关系，但上述数据并不支持这一点，表明此问题是在网络对大学生思想和行为影响中要解决的问题。

这表明在内生潜在变量中，网络对思想观念的影响（Eta2）主要受网络导致的行为感受（Eta1）影响，而受网络问题行为的后果（Eta3）较弱或受其有较小的阻碍作用。

（三）外内生潜在变量关系结构模型的标准解

网络对大学生思想和行为影响的外内生潜在变量关系结构模型的标准解，定量地给出了外内生潜在变量之间关系的方向与大小。正负号表示相关方向，绝对值表示相关强弱。该结构方程标准解证明这是一个能翔实反应网络对大学生思想和行为影响的好模型。

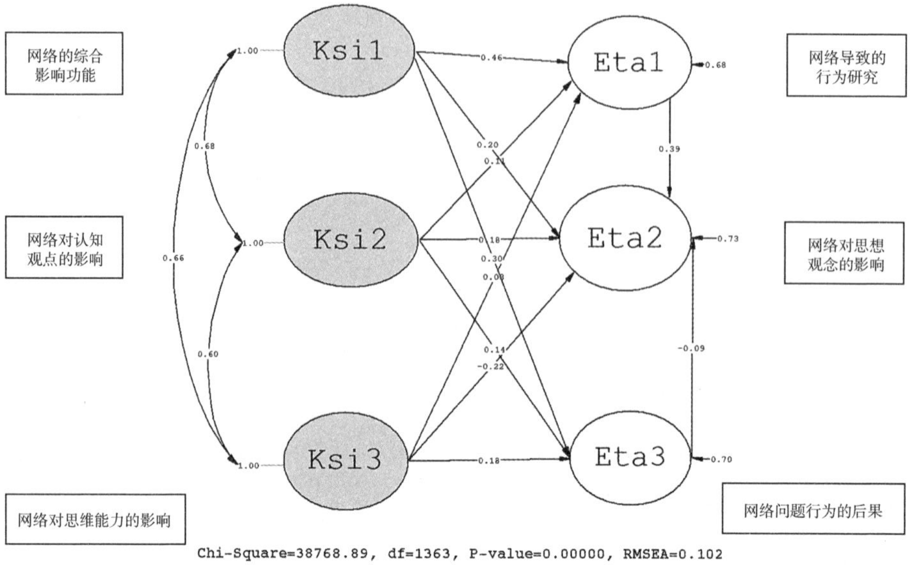

图 4-40　网络对思想和行为影响的结构方程

三、T 值检验：网络对思维能力的影响对网络导致的行为感受产生非常弱的关系是非常态现象

T 值检验是判断调查中的数据结果是否有普遍意义和是否为常态现象的衡量标准。它是通过计算 T 值是否大于 1.96 来确定的。

外内生潜在变量关系结构模型的 T 值检验表明，网络对思维能力的影响（Ksi3）与网络导致的行为感受（Eta1）的 T 值系数小于 1.96，说明在标准解中，网络对思维能力的影响（Ksi3）对网络导致的行为感受（Eta1）的影响系数是 0.03，为非常态现象。（见图 4-41）通常情况下，网络对思维能力的影响将对网络导致的行为感受产生较强的关系，这是在今后研究中值得注意的现象。

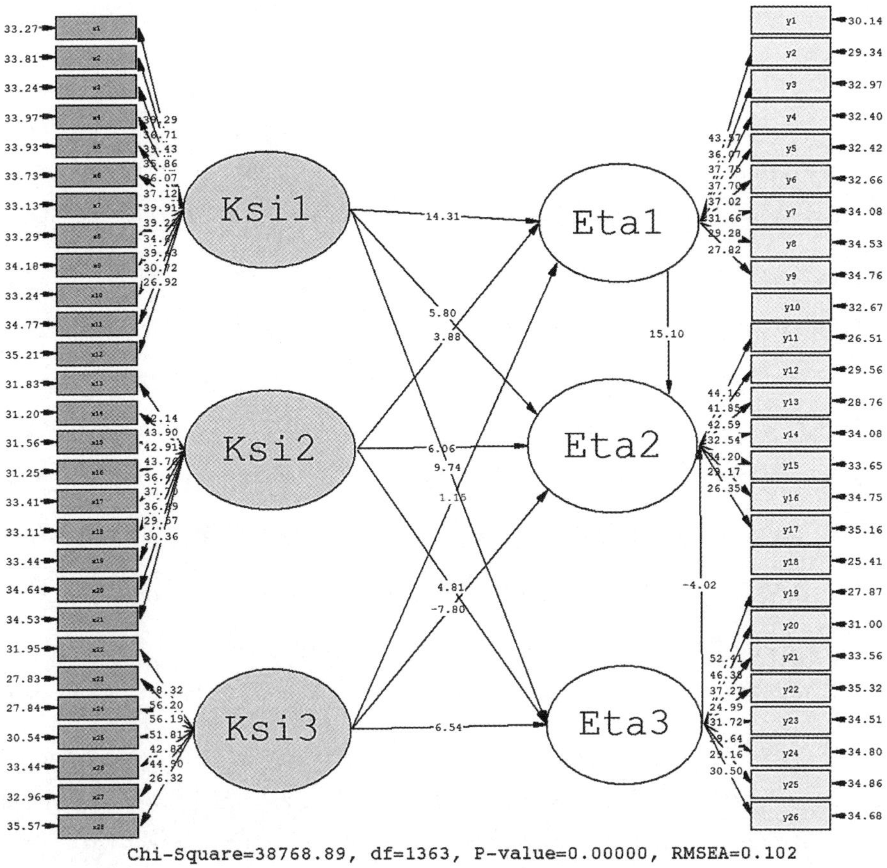

图 4-41 网络对思想和行为影响的结构方程 T 值

四、网络对大学生思想和行为影响的外内生潜在变量关系结构模型分析

（一）对网络导致的行为感受（Eta1）产生有无普遍意义正面影响的因素分析

Eta1 = 0. 459 × Ksi 1 + 0. 111 × Ksi2 + 0. 0308 × Ksi3， Errorvar. = 0. 683，

R? =0.317

Standerr	(0.0321)	(0.0287)	(0.0269)	(0.0306)
Z-values	14.314	3.876	1.147	22.311
P-values	0.000	0.000	0.251	0.000

网络的综合影响功能（Ksi1）对网络导致的行为感受（Eta1）的影响为正，其值为0.459。网络对认知观点的影响（Ksi2）对网络导致的行为感受（Eta1）的影响为正，其值为0.111。网络对思维能力的影响（Ksi3）对网络导致的行为感受（Eta1）的影响为正，其值为0.031，由于其数值太小可以忽略不计，认为二者之间没有联系，但T值检验表明两者没有联系不是一种常态现象。网络的综合影响功能（Ksi1）、网络对认知观点的影响（Ksi2）和网络对思维能力的影响（Ksi3）这三个外生潜在变量与网络导致的行为感受（Eta1）这个内生潜在变量通过Eta1的结构方程将联结，揭示了这三者之间的相关性。

1. 网络的综合影响功能（Ksi1）对网络导致的行为感受的影响为正，有普遍意义

网络的综合影响功能（Ksi1）对网络导致的行为感受（Eta1）的影响为正且有普遍意义，现实结论与此相符合。通过对Ksi1与Eta1交叉表的相关性进行分析，所辖若干标示变量的交叉表鲜明地呈现了这一特点，仅以以下两例予以证明。

交叉表　y1觉得网络中的我才是更为真实的我/x1大学生活课余时间较多，生活空虚，没什么乐子

觉得网络中的我才是更为真实的我	大学生活课余时间较多，生活空虚，没什么乐子				
	完全同意	有些同意	说不清楚	不太同意	很不同意
完全符合	25.2%	2.7%	1.9%	2.7%	4.3%
有些符合	17.6%	20.2%	13.9%	9.8%	5.7%
说不清楚	13.3%	19.0%	32.9%	15.7%	12.3%
不太符合	15.0%	34.8%	30.8%	43.4%	18.5%

续表

觉得网络中的我才是更为真实的我	大学生活课余时间较多，生活空虚，没什么乐子				
	完全同意	有些同意	说不清楚	不太同意	很不同意
很不符合	28.8%	23.3%	20.5%	28.4%	59.2%
合计	420	1109	468	447	211

交叉表　y2 我经常在网上同时扮演两个以上角色/x5 受身边朋友、同学的影响，虚荣心在作怪

我经常在网上同时扮演两个以上角色	受身边朋友、同学的影响，虚荣心在作怪				
	完全同意	有些同意	说不清楚	不太同意	很不同意
完全符合	36.7%	5.7%	6.8%	6.3%	9.0%
有些符合	14.6%	30.1%	18.4%	11.7%	8.5%
说不清楚	9.1%	12.5%	27.7%	12.9%	7.1%
不太符合	15.3%	32.0%	27.4%	43.6%	19.0%
很不符合	24.4%	19.8%	19.7%	25.5%	56.4%
合计	308	967	690	479	211

当网络的综合影响功能以“大学生活课余时间较多，生活空虚，没什么乐子”出现，且以“觉得网络中的我才是更为真实的我”为影响时，以交叉表的对角线来看，对网络导致的行为感受的态度不同意的程度越高，则对网络的综合影响功能的不符合程度也越高，表现出一致性；网络导致的行为感受的态度同意的程度越高，则对网络的综合影响功能的符合程度也越高，表现出一致性，即网络的综合影响功能（Ksi1）与网络导致的行为感受（Eta1）呈现正相关性。

当网络的综合影响功能以“受身边朋友、同学的影响，虚荣心在作怪”出现，且以“我经常在网上同时扮演两个以上角色”为影响时，对网络导致的行为感受的态度不同意的程度越高，则对网络的综合影响功能的不符合程度也越高，表现出一致性，即网络的综合影响功能（Ksi1）与网络导致的行为感受（Eta1）呈现正相关性。

2. 网络对认知观点的影响（Ksi2）对网络导致的行为感受的影响为正，有普遍意义

交叉表　y1 觉得网络中的我才是更为真实的我/x13 阅读的知识面变宽，欣赏能力得到提高，但思考鉴别能力却大大降低了

觉得网络中的我才是更为真实的我	阅读的知识面变宽，欣赏能力得到提高，但思考鉴别能力却大大降低了				
	完全同意	有些同意	说不清楚	不太同意	很不同意
完全符合	19.9%	3.4%	1.7%	2.8%	12.4%
有些符合	14.6%	21.7%	10.7%	8.3%	7.6%
说不清楚	15.8%	18.0%	33.3%	12.7%	8.6%
不太符合	20.3%	32.1%	32.0%	43.8%	17.1%
很不符合	29.3%	24.9%	22.2%	32.4%	54.3%
合计	467	1175	522	386	105

交叉表　y6 全神贯注于网络活动，下线后仍想着网上的事情/x14 形象思维能力更为发达，逻辑思维能力变差了

全神贯注于网络活动，下线后仍想着网上的事情	形象思维能力更为发达，逻辑思维能力变差了				
	完全同意	有些同意	说不清楚	不太同意	很不同意
完全符合	23.9%	3.9%	2.3%	1.6%	6.2%
有些符合	24.1%	31.0%	16.2%	16.7%	10.1%
说不清楚	16.2%	20.6%	33.8%	15.5%	10.1%
不太符合	19.6%	29.9%	31.5%	42.9%	25.6%
很不符合	16.2%	14.6%	16.2%	23.3%	48.1%
合计	377	980	666	503	129

消极的网络认知观点表现出网络导致的不良行为感受。在网络导致的行为感受（Eta1）受网络对认知观点的影响（Ksi2）作用时，不难发现网络对认知观点的影响以两种消极态度呈现时，即“阅读的知识面变宽，欣赏能

力得到提高，但思考鉴别能力却大大降低了”“形象思维能力更为发达，逻辑思维能力变差了”，网络导致的行为感受以痴迷网络为表现时，即“觉得网络中的我才是更为真实的我”“全神贯注于网络活动，下线后仍想着网上的事情”，交叉表的百分数出现了与日常情理相一致的计算结果，越反对消极的网络认知观点，就越反对网络导致的不良行为感受，y6 与 x14 的交叉表中完全符合与完全同意 23.9%、有些符合与有些同意为 31.0%、说不清楚与说不清楚为 33.8%、不太符合与不太同意为 42.9%，很不符合与很不同意为 48.1%。这一结论与预想一致，充分表明网络对认知观点的影响（Ksi2）对网络导致的行为感受（Eta1）的影响为正，有普遍意义。

3. 网络对思维能力的影响（Ksi3）对网络导致的行为感受的影响为正，无普遍意义

交叉表 y5 网络让我能随时在不同的场景之间转换/x22 阻碍我们进行深度学习和深入思考

网络让我能随时在不同的场景之间转换	阻碍我们进行深度学习和深入思考				
	完全同意	有些同意	说不清楚	不太同意	很不同意
完全符合	39.2%	10.0%	8.6%	10.4%	27.4%
有些符合	25.7%	46.3%	35.3%	38.1%	26.9%
说不清楚	10.9%	15.5%	34.8%	18.8%	12.4%
不太符合	12.2%	19.2%	15.6%	24.2%	13.4%
很不符合	11.9%	9.0%	5.6%	8.6%	19.9%
合计	385	969	603	512	186

对称测量

		值	渐近标准化误差[a]	近似 T[b]	渐进显著性
有序到有序	Gamma	.124	.024	5.206	.000
	斯皮尔曼相关性	.111	.021	5.749	.000[c]

续表

		值	渐近标准化误差[a]	近似 T[b]	渐进显著性
区间到区间	皮尔逊 R	. 093	. 022	4. 828	. 000[c]
有效个案数	2655				

a. 未假定原假设。

b. 在假定原假设的情况下使用渐近标准误差。

c. 基于正态近似值。

交叉表　y7 更能体现我的个性/x25 注意力更容易分散

更能体现我的个性	注意力更容易分散				
	完全同意	有些同意	说不清楚	不太同意	很不同意
完全符合	36. 1%	8. 6%	8. 8%	9. 9%	25. 0%
有些符合	23. 7%	45. 8%	30. 4%	35. 4%	27. 1%
说不清楚	15. 6%	20. 7%	48. 0%	23. 9%	12. 5%
不太符合	15. 8%	21. 2%	10. 5%	26. 7%	18. 8%
很不符合	8. 7%	3. 8%	2. 3%	4. 1%	16. 7%
合计	379	1157	560	415	144

数据结果不符合常理判断。在网络对思维能力的影响（Ksi3）对网络导致的行为感受（Eta1）的影响为正、无普遍意义进行分析时，从其包含的标示变量的交叉表不难发现，以完全符合与完全同意出发到很不符合与很不同意的对角线考量，从数据变化看是一条符合预设的对角线，证明 Ksi3 与 Eta1 是有相关性的，但运用定性的方式去考察内容时，网络对思维能力的影响以消极的现象表现时，即“阻碍我们进行深度学习和深入思考”“注意力更容易分散”，而网络导致的行为感受并不以负面的态度出现，即“网络让我能随时在不同的场景之间转换”“更能体现我的个性”，这样的交叉表测量出完全符合与完全同意为 36. 1%、有些符合与有些同意为 45. 8%、说不清楚与说不清楚为 48. 0%。可见结果均是以完全符合与同意到说不清楚

占最大比重，越支持这样的消极态度却越符合网络导致的行为感受是不合常理的，而结构方程则很好地印证了这一点。

（二）网络问题行为的后果（Eta3）产生有普遍意义正面影响的因素分析

Eta3 = 0. 303 × Ksi1 + 0. 138 × Ksi2 + 0. 176 × Ksi3， Errorvar. = 0. 701， R? =0. 299

Standerr	（0. 0311）	（0. 0287）	（0. 0270）	（0. 0271）
Z-values	9. 744	4. 813	6. 542	25. 870
P-values	0. 000	0. 000	0. 000	0. 000

Eta3 的结构方程表明，网络的综合影响功能（Ksi1）、网络对认知观点的影响（Ksi2）和网络对思维能力的影响（Ksi3）对网络问题行为的后果（Eta3）的影响均为正且均具有普遍意义，其影响系数分别是 0. 303、0. 138、0. 176。

1. 网络的综合影响功能（Ksi1）对网络问题行为的后果影响为正，有普遍意义

交叉表 y2 我经常在网上同时扮演两个以上角色/x2 可以弥补现实生活中的某种缺憾，更好地体现个人价值

我经常在网上同时扮演两个以上角色	可以弥补现实生活中的某种缺憾，更好地体现个人价值				
	完全同意	有些同意	说不清楚	不太同意	很不同意
完全符合	33. 7%	6. 1%	5. 3%	6. 0%	3. 5%
有些符合	15. 7%	26. 0%	17. 4%	12. 3%	11. 1%
说不清楚	8. 7%	13. 6%	29. 1%	12. 3%	6. 9%
不太符合	15. 7%	33. 1%	30. 0%	40. 5%	19. 4%
很不符合	26. 2%	21. 1%	18. 2%	28. 9%	59. 0%
合计	401	1239	570	301	144

交叉表　y4 上网让我忘掉了生活和学习中的烦恼/x11 容易影响大学生辨别是非的能力

上网让我忘掉了生活和学习中的烦恼	容易影响大学生辨别是非的能力				
	完全同意	有些同意	说不清楚	不太同意	很不同意
完全符合	25.6%	4.4%	3.7%	4.7%	13.6%
有些符合	23.2%	36.3%	24.7%	22.4%	11.4%
说不清楚	13.9%	17.5%	33.3%	14.2%	9.1%
不太符合	17.0%	26.6%	25.4%	39.4%	6.8%
很不符合	20.3%	15.2%	13.0%	19.3%	59.1%
合计	512	1274	571	254	44

反对网络的综合影响功能则反对网络问题行为的后果。网络的综合影响功能（Ksi1）对网络问题行为的后果（Eta3）的结果，通过其相关标示变量的交叉表显示两者有较强的相关性。“可以弥补现实生活中的某种缺憾，更好地体现个人价值”“容易影响大学生辨别是非的能力”作为网络的综合影响功能（Ksi1）中的标示变量，越反对这些功能时就越反对“我经常在网上同时扮演两个以上角色”“上网让我忘掉了生活和学习中的烦恼”的网络问题行为的后果，所以说网络的综合影响功能（Ksi1）对网络问题行为的后果影响为正，有普遍意义。

2. 网络对认知观点的影响（Ksi2）对网络问题行为的后果影响为正，有普遍意义

交叉表　y20 影响了我与家人和同学朋友之间的关系/x16 思维好像变得不够灵活了

影响了我与家人和同学朋友之间的关系	思维好像变得不够灵活了				
	完全同意	有些同意	说不清楚	不太同意	很不同意
完全符合	24.3%	2.5%	2.4%	1.2%	2.1%
有些符合	18.1%	25.2%	10.2%	8.7%	4.8%
说不清楚	17.3%	20.6%	32.0%	11.1%	12.8%

续表

影响了我与家人和同学朋友之间的关系	思维好像变得不够灵活了				
	完全同意	有些同意	说不清楚	不太同意	很不同意
不太符合	16.1%	33.0%	32.6%	49.8%	21.8%
很不符合	24.3%	18.8%	22.7%	29.2%	58.5%
合计	342	894	625	606	188

对称测量

		值	渐近标准化误差[a]	近似 T[b]	渐进显著性
有序到有序	Gamma	.318	.021	14.563	.000
	斯皮尔曼相关性	.283	.019	15.189	.000[c]
区间到区间	皮尔逊 R	.306	.019	16.528	.000[c]
有效个案数	2655				

a. 未假定原假设。

b. 在假定原假设的情况下使用渐近标准误差。

c. 基于正态近似值。

交叉表 y21 浪费了时间和精力却难有收获/x16 思维好像变得不够灵活了

浪费了时间和精力却难有收获	思维好像变得不够灵活了				
	完全同意	有些同意	说不清楚	不太同意	很不同意
完全符合	32.7%	6.2%	2.7%	3.8%	4.8%
有些符合	24.3%	34.9%	17.4%	13.9%	11.7%
说不清楚	17.3%	23.9%	40.8%	18.8%	15.4%
不太符合	11.1%	25.3%	24.8%	43.7%	19.1%
很不符合	14.6%	9.7%	14.2%	19.8%	48.9%
合计	342	894	625	606	188

对称测量

		值	渐近标准化误差[a]	近似 T[b]	渐进显著性
有序到有序	Gamma	.361	.021	16.761	.000
	斯皮尔曼相关性	.328	.019	17.874	.000[c]
区间到区间	皮尔逊 R	.334	.020	18.232	.000[c]
有效个案数	2655				

a. 未假定原假设。
b. 在假定原假设的情况下使用渐近标准误差。
c. 基于正态近似值。

交叉表 y21 浪费了时间和精力却难有收获/x21 容易受持相同观点人群的影响，认识容易走向极端

浪费了时间和精力却难有收获	容易受持相同观点人群的影响，认识容易走向极端				
	完全同意	有些同意	说不清楚	不太同意	很不同意
完全符合	27.7%	4.9%	4.5%	3.5%	7.0%
有些符合	25.4%	32.2%	17.9%	10.4%	8.9%
说不清楚	17.2%	26.4%	37.2%	19.0%	17.1%
不太符合	15.0%	24.7%	28.1%	43.3%	21.5%
很不符合	14.7%	11.7%	12.3%	23.8%	45.6%
合计	401	1083	530	483	158

对称测量

		值	渐近标准化误差[a]	近似 T[b]	渐进显著性
有序到有序	Gamma	.334	.021	15.202	.000
	斯皮尔曼相关性	.298	.019	16.078	.000[c]
区间到区间	皮尔逊 R	.304	.020	16.442	.000[c]
有效个案数	2655				

a. 未假定原假设。
b. 在假定原假设的情况下使用渐近标准误差。
c. 基于正态近似值。

皮尔逊 R 系数显示了交叉表的较强相关性。皮尔逊 R 系数在-1 到 1 即认为两者有相关性，正负号表明的正相关与负相关，以上三个 R 系数均为正且达到 0.3 以上，表明 Ksi2 与 Eta3 有正的相关性。在以上三个百分数交叉表中，“思维好像变得不够灵活了”“容易受持相同观点人群的影响，认识容易走向极端”是一种消极的网络认知观点，“影响了我与家人和同学朋友之间的关系”“浪费了时间和精力却难有收获”是一种负面的行为后果，在这样的交叉表中的对角线均以一种递增的反对态势增强，说明网络对认知观点的影响（Ksi2）对网络问题行为（Eta3）的后果为正，有普遍意义是合理可循的。

（三）网络对思想观念的影响（Eta2）产生有普遍意义正负面影响的因素分析

Eta2 = 0. 386×Eta1 − 0. 0936×Eta3 + 0. 204×Ksi1 + 0. 180×Ksi2 − 0. 219×Ksi3，Errorvar. = 0. 733，R? = 0. 267

Standerr　(0. 0255)　(0. 0233)　(0. 0351)　(0. 0297)　(0. 0280)　(0. 0354)

Z-values　15. 102　−4. 016　5. 800　6. 058　−7. 799　20. 704

P-values　0. 000　0. 000　0. 000　0. 000　0. 000　0. 000

网络对思想观念的影响是该结构方程最终想证明的结果，有 5 个因素对网络对思想观念的影响（Eta2）产生影响。通过 Eta2 的结构方程表明，网络问题行为的后果（Eta3）与网络对思维能力的影响（Ksi3）对网络对思想观念的影响（Eta2）的影响为负，网络导致的行为感受（Eta1）、网络的综合影响功能（Ksi1）、网络对认知观点的影响（Ksi2）对网络对思想观念的影响（Eta2）的影响为正。

1. 网络的综合影响功能（Ksi1）对网络对思想观念的影响为正，有普遍意义

交叉表　y10 社会主义核心价值观更加深入人心/x10 交叉表
使大学生价值选择更加多元化

社会主义核心价值观更加深入人心	使大学生价值选择更加多元化				
	完全同意	有些同意	说不清楚	不太同意	很不同意
完全符合	64.3%	17.4%	9.2%	13.3%	12.5%
有些符合	16.6%	47.2%	24.0%	15.6%	0
说不清楚	12.7%	26.9%	54.8%	24.4%	6.3%
不太符合	5.0%	6.7%	9.9%	33.3%	12.5%
很不符合	1.3%	1.9%	2.1%	13.3%	68.8%
合计	902	1400	292	45	16

对称测量

		值	渐近标准化误差[a]	近似 T[b]	渐进显著性
有序到有序	Gamma	.563	.022	23.427	.000
	斯皮尔曼相关性	.436	.018	24.959	.000[c]
区间到区间	皮尔逊 R	.415	.020	23.485	.000[c]
有效个案数	2655				

a. 未假定原假设。
b. 在假定原假设的情况下使用渐近标准误差。
c. 基于正态近似值。

交叉表　y11 增强了大学生的社会责任感和使命感/
x10 使大学生价值选择更加多元化

增强了大学生的社会责任感和使命感	使大学生价值选择更加多元化				
	完全同意	有些同意	说不清楚	不太同意	很不同意
完全符合	61.5%	9.9%	3.4%	4.4%	25.0%

续表

增强了大学生的社会责任感和使命感	使大学生价值选择更加多元化				
	完全同意	有些同意	说不清楚	不太同意	很不同意
有些符合	22.2%	54.6%	27.1%	17.8%	6.3%
说不清楚	11.4%	27.1%	57.9%	24.4%	6.3%
不太符合	3.7%	7.6%	10.3%	40.0%	12.5%
很不符合	1.2%	0.8%	1.4%	13.3%	50.0%
合计	902	1400	292	45	16

对称测量

		值	渐近标准化误差[a]	近似 T[b]	渐进显著性
有序到有序	Gamma	.637	.020	27.726	.000
	斯皮尔曼相关性	.498	.017	29.596	.000[c]
区间到区间	皮尔逊 R	.465	.020	27.074	.000[c]
有效个案数	2655				

a. 未假定原假设。

b. 在假定原假设的情况下使用渐近标准误差。

c. 基于正态近似值。

皮尔逊 R 系数高，相关性高。y10x10 交叉表显示，当自变量“使大学生价值选择更加多元化”同意的程度越高，则应变量“社会主义核心价值观更加深入人心”的符合程度越高；反之，当越不同意自变量“使大学生价值选择更加多元化”，则越不符合应变量“社会主义核心价值观更加深入人心”的程度越高。y11x10 交叉表也显示了这一规律性反应，当对“使大学生价值选择更加多元化”是完全同意时，“增强了大学生的社会责任感和使命感”的完全符合达到了 61.5%，当对“使大学生价值选择更加多元化”是很不同意时，“增强了大学生的社会责任感和使命感”的很不符合达到 50.0%，也表现出了网络的综合影响功能（Ksi1）与网络对思想观念的影响

(Eta2) 的一致相关性。

2. 网络对认知观点的影响 (Ksi2) 对网络对思想观念的影响为正，有普遍意义

交叉表 y1 觉得网络中的我才是更为真实的我/x13 阅读的知识面变宽，欣赏能力得到提高，但思考鉴别能力却大大降低了

觉得网络中的我才是更为真实的我	阅读的知识面变宽，欣赏能力得到提高，但思考鉴别能力却大大降低了				
	完全同意	有些同意	说不清楚	不太同意	很不同意
完全符合	19.9%	3.4%	1.7%	2.8%	12.4%
有些符合	14.6%	21.7%	10.7%	8.3%	7.6%
说不清楚	15.8%	18.0%	33.3%	12.7%	8.6%
不太符合	20.3%	32.1%	32.0%	43.8%	17.1%
很不符合	29.3%	24.9%	22.2%	32.4%	54.3%
合计	467	1175	522	386	105

交叉表 y5 网络让我能随时在不同的场景之间转换/x19 虽然可供支撑的自己观点论据变多了，但是感觉认识问题时越来越抓不住关键了

网络让我能随时在不同的场景之间转换	虽然可供支撑的自己观点论据变多了，但是感觉认识问题时越来越抓不住关键了				
	完全同意	有些同意	说不清楚	不太同意	很不同意
完全符合	35.2%	8.8%	9.2%	11.1%	30.9%
有些符合	26.8%	46.6%	33.0%	38.6%	19.1%
说不清楚	15.8%	17.9%	30.8%	16.7%	11.8%
不太符合	9.9%	19.7%	20.2%	21.6%	14.5%
很不符合	12.3%	7.1%	6.8%	12.0%	23.6%
合计	514	1159	530	342	11

完全同意与完全符合或很不同意与很不符合表现出一致性。在以上两个百分数交叉表中，第一个百分数交叉表中不太同意与不太符合为43.8%、很不同意与很不符合为54.3%，呈现出不同意与不符合的一致

性；而第二个百分数交叉表中完全同意与完全符合为35.2%，有些同意与有些符合为46.6%，呈现出同意与符合倾向的一致性。除了数据的呈现，对交叉表中所代表内容进行分析，该数据的反映也是合理的。对于第一个百分数交叉表来说，以“阅读的知识面变宽，欣赏能力得到提高，但思考鉴别能力却大大降低了”作为网络对认知观点的影响是负面的，以“觉得网络中的我才是更为真实的我”作为网络对思想观念的影响也是一个不切实际的想法，所以倾向于对两者的反对是符合预设的。对于y5x19百分数表中，虽然“虽然可供支撑的自己观点论据变多了，但是感觉认识问题时越来越抓不住关键了”作为网络对认知观点的影响也是负面的，但是“网络让我能随时在不同的场景之间转换”作为网络对思想观念的影响并不是一个不好的想法，所以倾向于对两者的肯定是合常理的，所以说网络对认知观点的影响（Ksi2）对网络对思想观念的影响（Eta2）为正，有普遍意义。

3. 网络对思维能力的影响（Ksi3）对网络对思想观念的影响为负，有普遍意义

交叉表　y10社会主义核心价值观更加深入人心/x24记忆力减退

社会主义核心价值观更加深入人心	记忆力减退				
	完全同意	有些同意	说不清楚	不太同意	很不同意
完全符合	48.2%	23.0%	28.5%	34.6%	53.3%
有些符合	21.9%	42.6%	33.2%	32.3%	18.3%
说不清楚	16.9%	25.9%	31.4%	23.6%	14.2%
不太符合	7.7%	6.6%	6.1%	8.4%	7.1%
很不符合	5.3%	1.9%	0.9%	1.1%	7.1%
合计	338	835	759	526	197

交叉表 y11 增强了大学生的社会责任感和使命感/x22 阻碍我们进行深度学习和深入思考

增强了大学生的社会责任感和使命感	阻碍我们进行深度学习和深入思考				
	完全同意	有些同意	说不清楚	不太同意	很不同意
完全符合	44.7%	18.0%	20.4%	27.9%	52.2%
有些符合	22.1%	48.7%	40.0%	40.8%	24.2%
说不清楚	20.3%	24.3%	35.0%	22.1%	14.5%
不太符合	9.1%	8.5%	4.0%	7.6%	5.4%
很不符合	3.9%	0.6%	0.7%	1.6%	3.8%
合计	385	969	603	512	186

交叉表 y13 使大学生人生态度更加认真、务实和积极进取/x27 学习的效率降低了

使大学生人生态度更加认真、务实和积极进取	学习的效率降低了				
	完全同意	有些同意	说不清楚	不太同意	很不同意
完全符合	38.6%	17.6%	20.1%	26.0%	47.6%
有些符合	19.6%	44.7%	35.6%	37.6%	28.0%
说不清楚	22.0%	26.2%	37.7%	24.6%	14.9%
不太符合	14.9%	10.2%	5.9%	11.0%	4.8%
很不符合	4.9%	1.3%	0.6%	0.8%	4.8%
合计	409	947	623	508	168

两级现象同时出现。在以上三个百分数交叉表中，“记忆力减退”“阻碍我们进行深度学习和深入思考”“学习的效率降低了”作为网络对思维能力的影响的负面态度时，“社会主义核心价值观更加深入人心”“增强了大学生的社会责任感和使命感”“使大学生人生态度更加认真、务实和积极进取”作为正面的网络对思想观念的影响时，我们认为越不同意“记忆力减退”“阻碍我们进行深度学习和深入思考”“学习的效率降低了”作为网络

对思维能力的影响的负面态度时，应该越符合“社会主义核心价值观更加深入人心”“增强了大学生的社会责任感和使命感”“使大学生人生态度更加认真、务实和积极进取”。这两者进行交叉表计算出现了一种两级分化的现象，一是出现了符合预设的情况，二是同时出现了与预设相反的情况。例如，对“社会主义核心价值观更加深入人心”完全符合时，“记忆力减退”完全反对是53.3%，而“记忆力减退”完全同意也能达到48.2%；对“增强了大学生的社会责任感和使命感”完全符合时，“阻碍我们进行深度学习和深入思考”完全反对是52.2%，而“阻碍我们进行深度学习和深入思考”完全同意也能达到44.7%；对“使大学生人生态度更加认真、务实和积极进取”完全符合时，“学习的效率降低了”完全反对是47.6%，“学习的效率降低了”完全同意也能达到38.6%。所以，在完全符合正面的网络对思想观念的影响时，出现了较高程度的完全同意负面态度网络对思维能力的影响，这是一种负相关的表现。

4. 网络导致的行为感受（Eta1）对网络对思想观念的影响为正，有普遍意义

交叉表 y16 有利于实现自己在现实中无法实现的愿望/y7 更能体现我的个性

有利于实现自己在现实中无法实现的愿望	更能体现我的个性				
	完全同意	有些同意	说不清楚	不太同意	很不同意
完全符合	74.6%	27.0%	19.0%	18.3%	31.3%
有些符合	16.9%	51.1%	40.8%	38.4%	20.6%
说不清楚	6.4%	14.4%	34.5%	23.3%	20.6%
不太符合	1.4%	6.8%	5.1%	18.1%	13.7%
很不符合	0.8%	0.6%	0.6%	1.8%	13.7%
合计	362	976	684	502	131

交叉表　y17 世界变小了，地球成为一个小小村落/y9 让我找到自信，可以塑造新的自我形象

世界变小了，地球成为一个小小村落	让我找到自信，可以塑造新的自我形象				
	完全同意	有些同意	说不清楚	不太同意	很不同意
完全符合	74.6%	31.6%	25.9%	29.6%	42.6%
有些符合	20.1%	55.6%	47.6%	47.4%	36.2%
说不清楚	3.1%	5.8%	20.3%	9.6%	5.0%
不太符合	1.4%	5.8%	5.7%	12.0%	9.9%
很不符合	0.8%	1.2%	0.6%	1.3%	6.4%
合计	358	912	704	540	141

积极的态度与正面的观念影响出现完全同意与符合的一致性。网络导致的行为感受（Eta1）以积极的态度出现，即“更能体现我的个性”“让我找到自信，可以塑造新的自我形象”，网络对思想观念的影响（Eta2）以正面的观念影响出现，即“有利于实现自己在现实中无法实现的愿望”“世界变小了，地球成为一个小小村落”，我们则会预设两者出现一种正相关，越同意网络导致的行为感受，越符合网络对思想观念的影响。对于这一预设，两张百分数交互分类表提供了很好的证明。所以，网络导致的行为感受（Eta1）对网络对思想观念的影响为正，有普遍意义。

5. 网络问题行为的后果（Eta3）对网络对思想观念的影响为负，有普遍意义

交叉表　y10 社会主义核心价值观更加深入人心/y21 浪费了时间和精力却难有收获

社会主义核心价值观更加深入人心	浪费了时间和精力却难有收获				
	完全同意	有些同意	说不清楚	不太同意	很不同意
完全符合	52.8%	21.0%	24.0%	32.4%	50.7%
有些符合	17.6%	44.3%	32.8%	36.8%	21.7%
说不清楚	13.4%	24.8%	36.4%	22.4%	17.8%
不太符合	10.6%	8.4%	5.2%	6.9%	5.9%

续表

社会主义核心价值观更加深入人心	浪费了时间和精力却难有收获				
	完全同意	有些同意	说不清楚	不太同意	很不同意
很不符合	5.6%	1.6%	1.6%	1.5%	3.9%
合计	216	610	671	720	438

交叉表 y11 增强了大学生的社会责任感和使命感/y21 浪费了时间和精力却难有收获

增强了大学生的社会责任感和使命感	浪费了时间和精力却难有收获				
	完全同意	有些同意	说不清楚	不太同意	很不同意
完全符合	55.6%	17.0%	16.4%	24.4%	45.4%
有些符合	20.4%	48.4%	40.2%	43.6%	29.5%
说不清楚	11.6%	22.5%	37.3%	24.3%	17.6%
不太符合	10.6%	8.4%	5.2%	6.9%	5.9%
很不符合	4.6%	0.8%	1.2%	0.7%	2.7%
合计	216	610	671	720	438

两级现象同时出现。在以上两个百分数交叉表中，"浪费了时间和精力却难有收获"作为负面的网络问题行为的后果时，"社会主义核心价值观更加深入人心""增强了大学生的社会责任感和使命感"作为正面的网络对思想观念的影响时，我们认为越不同意"浪费了时间和精力却难有收获"作为网络问题行为的负面后果时，应该越符合"社会主义核心价值观更加深入人心""增强了大学生的社会责任感和使命感"。这两者进行交叉表计算出现了一种两级分化的现象，一是出现了符合预设的情况，二是同时出现了与预设相反的情况。例如，对"社会主义核心价值观更加深入人心"完全符合时，对"浪费了时间和精力却难有收获"完全反对是50.7%，而对"浪费了时间和精力却难有收获"完全同意也能达到52.8%；对"增强了大学生的社会责任感和使命感"完全符合时，"浪费了时间和精力却难有收

获”完全反对是45.4%，而“浪费了时间和精力却难有收获”完全同意也能达到55.6%。所以，在完全符合正面的网络对思想观念的影响时，出现了较高程度的完全同意负面网络问题行为的后果，这是一种负相关的表现。

Structural Equations

Eta1 = 0.459 × Ksi1 + 0.111 × Ksi2 + 0.0308 × Ksi3，Errorvar. = 0.683，R? =0.317

Standerr (0.0321) (0.0287) (0.0269) (0.0306)

Z-values 14.314 3.876 1.147 22.311

P-values 0.000 0.000 0.251 0.000

Eta2 = 0.386×Eta1 − 0.0936×Eta3 + 0.204×Ksi1 + 0.180×Ksi2 − 0.219×Ksi3，Errorvar. =0.733，R? =0.267

Standerr (0.0255) (0.0233) (0.0351) (0.0297) (0.0280) (0.0354)

Z-values 15.102 −4.016 5.800 6.058 −7.799 20.704

P-values 0.000 0.000 0.000 0.000 0.000 0.000

Eta3 = 0.303 × Ksi1 + 0.138 × Ksi2 + 0.176 × Ksi3，Errorvar. = 0.701，R? =0.299

Standerr (0.0311) (0.0287) (0.0270) (0.0271)

Z-values 9.744 4.813 6.542 25.870

P-values 0.000 0.000 0.000 0.000

第五章

对大学生网民群体思想和行为的引导策略

大学生网民作为网络社会的生力军，是网络思想政治教育的主要对象，对其思想和行为的引导不仅关系到立德树人根本任务的落实，更关系到网络强国战略的落地落实。换言之，对大学生网民群体思想和行为的引导具有高校层面上的育人价值和国家层面上的战略意义。就大学生网民群体思想和行为的引导而言，首先，通过剖析大学生网民群体思想和行为引导的出发点、着力点和落脚点，揭示引导的必要性、可能性和价值性；其次，架构大学生网民群体思想和行为引导的理论框架，包括指导思想、目标设定以及方针原则等，为引导路径的选择提供科学的理论遵循；最后，擘画引导大学生网民群体思想和行为的科学路径，从主体参与、空间转向、内容设置、载体创新和保障机制等层面实现引导过程的提质增效。

第一节　大学生网民群体思想和行为引导的逻辑分析

因何要引导大学生网民群体的思想和行为、何以引导大学生网民的思想和行为以及对大学生思想和行为的引导指向何方，是高校开展思想政治工作不可回避的现实问题，也是本研究遵循问题导向、注重现实价值的集中体现。

一、必要性：大学生网民群体思想和行为引导的出发点

在互联网时代，人的网络化活动和数字化生存已然成为常态。简言之，谁掌握了信息、控制了网络，谁就将拥有整个世界。这意味着大学生生存依赖的“原子世界”和“比特世界”达到了充分融合，并且开始具备一定的互通性和动态性；意味着移动互联网在大学生学习和生活中从不离场，并孕生了一种独特的生活方式和人生态度；意味着平等、交流、共享成为一种普遍现象，比特单位缩短了人与人之间的心理距离，在大而空洞的场域中扩散了细小而微弱的声音；意味着传统的信息集权被打破，信息权威被颠覆，“草根阶层”有了“传声筒”和“扩音器”；意味着开放、包容、互鉴成为互联网的未来，必须摒弃遏制思维和邻避思维，杜绝“隔离”，拥抱“连接”；意味着网络的本质价值越来越脱离经济收益和财富占有率，而与网络社会的凝聚力和秩序性相关。综合以上因素可知，随着网络社会的崛起，社会环境发生巨变，对大学生的认知方式和价值观念都产生了一定程度的冲击。

因何要引导大学生网民群体的思想和行为？对于这一问题的回答，主要基于以下三个方面的原因：

第一，网络技术利弊兼具的内在特性使得大学生普遍处于“键盘在前、思维在后”的境地，并从网民主体、思维主体转向了乌合之众。

首先，网络解构着人的本质，让旧有的社会关系发生巨变。马克思曾言，“人的本质并不是单个人所固有的抽象物，实际上，它是一切社会关系的总和”①。在传统的人类社会，人们依托地缘、血缘和业缘形成了一定的

① 《马克思恩格斯全集》第3卷，人民出版社1960年版，第7页。

亲属关系、合作关系、伙伴关系、竞争关系以及制约关系，这种社会关系以“脉络清晰”和“结构稳定”为外在表征，构成了人的本质属性。正如尼葛洛庞帝所言，“过去，地理位置相近是友谊、合作、游戏和邻里关系等一切的基础，而现在的孩子们则完全不受地理的束缚。数字科技可以变成一股把人们吸引到一个更和谐的世界之中的自然动力”①。在网络时代，网络媒介作为人的感官延伸将人的交往活动转移到了网络空间，人们因网结缘建构了新的人际网络，形成了新的社会关系。简言之，在网络时代，大学生的社交网络更为复杂，社会关系更为多元，在此基础上构成的人的本质也凸显了鲜明的时代性和新颖性。

其次，网络革新着人的生存样态，让人类生存成为越发复杂的命题。诚如埃瑟·戴森所言：“数字化世界是一片崭新的疆土，可以释放出难以形容的生产能量，但它也可能成为恐怖主义者和江湖巨骗的工具，或是弥天大谎和恶意中伤的大本营”；“网络赋予个人强大的权力——能够赢得全世界的听众，能够获取关于人和东西的信息……与此同时，也能够在全体范围内散布谣言，发掘朋友或路人秘密，并寻找诈骗、虐待儿童或其他骚扰互动的潜在牺牲品”。总之，在戴森看来，“网络既可以用来造福社会，也可以用来危害人间”。② 以当前较为普遍的网络借贷为例，不法分子利用大学生的猎奇心理和攀比心理，用网络借贷的形式满足大学生的畸形消费需求，进而导致部分大学生一步步坠入“套路贷”和“裸贷”的深渊，成为不法分子谋取非法收益的牺牲品，甚至最终付出生命的代价。“每一种技术或科学的馈赠都有其黑暗面”③。无数血淋淋的案例警示我们，网络并不是一块“纯白”的“圣地”，其承载着“阳光”与“雨露”的同时，也含纳着“黑暗”

---

① ［美］尼葛洛庞帝：《数字化生存（20周年纪念版）》，胡泳、范海燕译，电子工业出版社2017年版，第228页。

② ［美］埃瑟·戴森：《2.0版数字化时代的生活设计》，胡泳、范海燕译，海南出版社1998年版，第17—19页。

③ ［美］尼葛洛庞帝：《数字化生存（20周年纪念版）》，胡泳、范海燕译，电子工业出版社2017年版，第228页。

和“腐朽”。大学生自身世界观、人生观、价值观尚未成熟，社会经验匮乏，甄别网络诈骗与网络陷阱能力不足，极易在网络世界中迷失方向。因此，高校思想政治教育工作者必须精准识别网络对大学生思想和行为的影响，精准定位大学生出现的思想问题和行为偏向，制定精细化的教学方案，进而精准引导大学生的思想和行为。

最后，网络颠覆了社会统治秩序，打造了新型的国际关系。随着网络技术的全面推进，互联网突破了初始的工具性价值，开始了对人类社会的全方位跨界介入。曼纽尔·卡斯特认为：“作为一种历史趋势，信息时代的支配性功能与过程日益以网络组织起来。网络建构了我们社会的新社会形态，而网络化逻辑的扩散实质地改变了生产、经验、权力与文化过程中的操作和结果。”① 作为互联网的诞生地，长期以来美国借助网络向全世界宣扬意识形态、价值观念、社会生活、文化习俗以及外交理念，在“数字王国”中处于“霸主”地位，掀起了一场凸显着“美国特性”的信息革命。21 世纪以来，随着互联网的迅速普及，数字大革命与旧制度的冲突成为常态，如国家疆域界线与网络无边界性的冲突、文化交融内向性与网络互动开放性的冲突、个人隐私与网络公开性的冲突、个人安全与网络自由的冲突、政府管理与社区自治的冲突、独特创意与产权保护的冲突。经由互联网的连接，民族国家的价值观发生突变，开始让位于大大小小的网络社区的价值观，传统的霸权理念也在互联网络之下被彻底颠覆，数字化生存的和谐效应越发凸显，合作共赢取代了传统的国际竞争。由此而言，为了抢夺网络时代的发展先机，搭乘信息化与数字化的高速列车，高校思想政治教育工作者必须强化对大学生思想和行为的引导，从源头入手净化网络环境，为网络社会的和谐运行助力，为网络强国的建设护航。

第二，网络技术引发的“信息爆炸”使得大学生陷入了“信息饥渴”

---

① ［美］曼纽尔·卡斯特：《网络社会的崛起》，夏铸九、王志弘等译，社会科学文献出版社 2003 年版，第 569 页。

和“信息恐慌”的状态，并从信息崇拜、信息迷信转向了信息反噬。

毋庸讳言，网络技术的发展在全球范围内掀起了一股信息化洪流，如惊涛骇浪般冲击、影响与改变着社会的方方面面。我们曾预言未来人类的数字化生活将是“随选信息”的天下，人们可以根据自身需求自主获取信息。值得注意的是，这种对网络未来的期许和预言是建立在信息主体具有思维理性和精准判断的基础上的。众所周知，大学生虽善于通过网络进行信息共享、情感交流和心理慰藉，在网络中针砭时弊、指点江山、激扬文字，以满足自身对自我实现、风尚引领和社会角色预演的需求，但其知识储备、社会经验与心理状态都处于成长阶段，不具备应对网络风险的能力和心理素质，往往容易陷入信息焦虑的状态。具体表现在以下几个方面：

一是信息占有暂时性与信息生产持续性之间的矛盾。毋庸赘言，这是一个“信息爆炸”的时代，网络宽带和移动无线网的出现让人的信息获取实现了从涓涓细流向浩浩江河的跨越，网络之旅也成为“寻宝”的过程，通过信息的传递，代际的经验差异在顷刻之间就被大大缩小，更多的经验、知识和智慧能够为年轻人所用。众所周知，当今时代信息更迭速度快，上一秒钟爬取的信息可能在下一秒就因失真而被推翻，因而信息主体所获取的信息不可避免地具有一定的滞后性。一方面，这种滞后性会导致信息主体占有的信息丧失时效性，不具有实际的参考价值和使用价值；另一方面，信息快速更迭会引发主体的信息恐慌，使得信息主体失去对信息的信赖感。总而言之，借助网络大学生群体虽实现了在线学习、网络交往和视野拓宽，但这种信息获取与信息更新之间客观存在的时间差会在一定程度上影响大学生的思想和行为。换言之，在时间序列上信息占有与信息输入的时间差导致信息异化，成为压迫人和束缚人的外在枷锁。

二是信息占有碎片性与信息图景完整性之间的落差。信息被称为 21 世纪的“世纪之光”，是构筑社会大厦的基础材料。社会的信息系统具有复杂的结构和层次，从不同的视角，按照不同的标准，可以将信息进行不同的分类。按信息受众分，有个人信息、群体信息、社会信息；按信息性质分，有生活信息、工作信息、知识信息、娱乐信息、金融信息、新闻信息、文化信息、教育信息和交往信息等；按信息价值分，有正面信息、积极信息、健康信息和负面信息、消极信息、有害信息。换言之，信息种类浩瀚如云海，但信息主体的选择却极为有限，这种信息供给远超于信息主体接受能力的现象会使主体陷入一种相对的“信息贫困”状态，即信息总量看似可观，但主体的实际选择却极为有限。

第三，网络育人价值的挖掘使得大学生思想政治教育步入了“数字化”和“可视化”时代，并从课堂育人、实践育人转向了数据育人。

数据作为互联网的衍生物，是信息爆炸积累到一定阶段的产物，“数据就像一个神奇的钻石矿，当它的首要价值被发掘后仍能不断给予”①。自2013年伊始，大数据逐渐实现跨界融合，从单纯的科技领域转向多元发展。面对这一宝藏，思想政治教育必须主动出击，厘清网络时代与数据社会思想政治教育的“变”与“不变”，及时进行教育理念与教育方法的改良和创新。

其一，教育环境的变迁要求思想政治教育必须占领网络阵地。“当今世界，网络信息技术日新月异，全面融入社会生产生活，深刻改变着全球经济格局、利益格局、安全格局。”② 党的十八大以来，以习近平同志为核心的党中央高度重视我国网络信息事业的发展，围绕互联网战略意义、网络安全、网络治理、网络生态提出了一系列新论断和新观点，形成了系统科学的网络强国战略思想，点燃了国内网络信息化事业的发展引擎。众所周知，大学生是网络社会的生力军，是网络文化和网络生态创建的排头兵，高校更是网络普及率高的示范区域。作为现实社会向虚拟世界的延伸，网络为学生的励志成才和学校的立德树人提供了新场域。简言之，网络已经成为高校思想

① ［英］维克托·迈尔-舍恩伯格：《大数据时代》，盛杨燕、周涛译，浙江人民出版社2013年版，第127页。

② 《习近平在中共中央政治局第三十六次集体学习时强调　加快推进网络信息技术自主创新　朝着建设网络强国目标不懈努力》，《人民日报》2016年10月10日。

政治教育的新环境和新场所。如何将互联网思维融入高校思想政治教育，切实回应网络时代大学生思想和行为存在的现实问题，已然成为不可回避的紧迫课题。

其二，教育对象的特殊性要求思想政治教育必须转变教育方式。随着互联网的发展与准入门槛的降低，网民中大学生的数量日益增加，成为网民群体中的主力军。据中国互联网络信息中心（CNNIC）发布的第44次《中国互联网络发展状况统计报告》显示，截至2019年6月，我国网民规模达到了8.54亿人，其中大学专科网民占比为10.5%，大学本科及以上学历占比为9.7%。[①] 换言之，这意味着大学生网民群体占中国网民总量的五分之一，成为影响网络生态的关键群体。毋庸置疑，“大学生网民群体是指一群具有相同兴趣、爱好、情感或其他任何特定目的的大学生网民通过网络持续地参与、交流、互动及经营，以共享知识、信息、价值而形成的‘数字化’人的集合体”。[②] 作为新生代网民中的“领航者”，大学生网民群体反应灵敏，思维灵活、观念先进、意识独立、个性张扬，对新现象、新观点、新生事物和新潮流敢于追随、勇于质疑，充分“沐浴”在“比特”创造的虚拟环境中，在网络表达和网络交往中获得了成就感和幸福感。这意味着高校思想政治教育工作者必须要抓住时机，扭转传统的教育观念，采用线上教学、远程互动等形式开展教学活动，切实推进思想政治教育的精准化和智慧化进程。

二、可能性：大学生网民群体思想和行为引导的着力点

不言而喻，随着科技的发展和宽带的普及，建构网络空间命运共同体已达成共识，资源的共享与文化的互鉴已经成为人类基本的生存方式。在互联网塑造的崭新生存空间中，高校思想政治教育工作者对大学生网民思想和行

---

① 中国互联网络信息中心（CNNIC）：第44次《中国互联网络发展状况统计报告》。

② 曹银忠：《大学生网民群体研究》，人民出版社2019年版，第74页。

为的引导有着多重着力点，包括大数据、物联网、云计算、区块链、人工智能等技术层面的革新，思想政治工作规律、教书育人规律以及学生成才规律等育人规律的探索，社会主义办学方向、国家人才培养目标以及高校思想政治教育工作等顶层设计的建构。只有准确剖析大学生网民思想和行为引导的着力点，高校思想政治教育工作者才能做到“知己知彼，百战不殆”，在立足于已有着力点和切入点的基础上，发现、夯实和培育新的增长点。

（一）信息技术的快速更迭

“当今世界，信息技术创新日新月异，数字化、网络化、智能化深入发展，在推动经济社会发展、促进国家治理体系和治理能力现代化、满足人民日益增长的美好生活需要方面发挥着越来越重要的作用。”① 党的十九大以来，数字中国的建设正如火如荼推进，高校思想政治教育也必须贯彻新发展理念，用信息化、数字化、智能化培育新的育人动力。

其一，数据爬虫技术为科学引导大学生网民思想和行为提供了数据准备。数据爬虫技术是指按照一定的程序和规则，通过控制器、解析器、资源库在各个网站和搜索引擎中收集信息的程序或脚本，包含信息采集、归类和存储三个部分。当前常用的 Octoparse、Cyotek WebCopy、HT Track、Getleft、Scraper 等爬虫工具，助推了爬虫过程的简单化，使得每个人都可以轻松地访问网络数据资源，给高校思想政治教育工作者引导大学生的思想和行为提供了便捷的信息渠道。

其二，数据清洗技术为科学引导大学生网民思想和行为提供了技术支撑。对信息价值性的判断不能脱离信息主体的需求，正如中国社科院信息化研究中心秘书长姜奇平所言：“数据只是客体，一旦离开主体的意义，就会事与愿违。大数据好还是不好，判断标准要看意义的有无：有意义的数据是

① 《习近平致信祝贺首届数字中国建设峰会开幕强调　以信息化培育新动能　用新动能推动新发展　以新发展创造新辉煌》，《人民日报》2018 年 4 月 23 日。

智慧的，没有意义的数据只是垃圾。”① 拥有海量数据只是开展大学生网民群体思想和行为引导的基础和前提，能否通过技术手段筛选出教育主体所需的有价值数据才是引导大学生思想和行为的关键之举。借助数据过滤技术、数据过滤软件、数据过滤算法、数据过滤程序能够实现网络数据的筛选和净化，为高校思想政治教育工作者科学提取学生的网络行为数据以及有针对性地绘制学生“数据图谱”提供了有效的数据集合。

其三，数据可视化技术为科学引导大学生网民思想和行为提供参照标本。数据可视化是指借助可视化算法和技术将网络数据以图表和图形的样态呈现出来，挖掘数据背后含纳的现实价值。数据可视化将技术与艺术完美结合，借助图形化的手段，清晰有效地传达与沟通信息。一方面，数据赋予可视化存在的价值；另一方面，可视化增加数据的灵性。两者相辅相成，帮助教育者从数据宝库中高效地提取有价值信息。例如，当前高校可借助校园网追踪学生的网络使用情况，通过后台数据痕迹描绘出学生画像，并进行可视化呈现，为思想政治教育管理者制定科学的培养方案和合理的教学目标提供了重要参照。

（二）教育规律的探寻

习近平总书记在全国高校思想政治工作会议上指出：“做好高校思想政治工作，要因事而化、因时而进、因势而新。要遵循思想政治工作规律，遵循教书育人规律，遵循学生成长规律，不断提高工作能力和水平。”②“三大规律”的论断深化了中国共产党思想政治工作的认知体系，对做好新时代高校思想政治教育工作具有重要的指导意义，是开展高校思想政治工作的基本遵循，为引导大学生在网络空间的思想和行为提供了坚实的根基。

其一是思想政治工作规律。“思想政治工作规律”是指思想政治工作系

---

① 姜齐平：《大数据的时代变革力量》，《互联网周刊》2013 年第 1 期。

② 《习近平在全国高校思想政治工作会议上强调：把思想政治工作贯穿教育教学全过程 开创我国高等教育事业发展新局面》，《人民日报》2016 年 12 月 9 日。

统中各要素的本质联系和组合方式，既反映教育工作的共性，又敞显思想政治教育工作的个性。当前学术界对思想政治工作规律的探索，为本研究提供了“灯塔”和“指南针”。第一，思想政治工作要保持适度张力的规律。思想政治工作目标的制定应超出思想政治教育工作者和教育对象的原有思想水平，达到师生思想素养的动态平衡。第二，思想政治工作要坚持教学相长的规律，思想政治工作应在充分发挥教师主导性的同时，体现学生在教育过程中的主体地位，形成相互尊重和平等交流的互动关系。第三，思想政治工作要推进多元协同的规律。思想政治工作是多元育人要素相互作用的结果，每门课程都要“守好一段渠，种好责任田”，实现“课程思政”与“思政课程”的同向同行和协同发力。

其二是教书育人规律。“教书育人规律”是指教育者传授知识与培育品德的内在统一关系。“教书”是“育人”的工具和手段，“育人”是“教书”的目的和旨归，两者相辅相成，构成了学校教书育人的全过程。在具体实践教学中，高校仍存在重意识形态灌输、轻道德意识培养的现象，造成政治素养与道德素养培养脱节，偏离了党和国家人才培养的目标轨道。对这一规律的认识，明确了高校思想政治教育工作的痛点、堵点和弱点，为大学生网民群体思想和行为的引导提供了指引。

其三是学生成长规律。“学生成长规律”是指学生生理、心理、个性和人格等成长元素之间的固有联系及其矛盾运动所凸显的必然趋势。思想政治教育对象是有血有肉、有情感、有个性的生命体，其思维与行为受到成长规律的影响，如果思想政治教育忽视学生成长规律，极易引发教育供给与对象需求之间错位，进而导致整个思想政治教育生态系统陷入无序和失控的状态。目前，高校思想政治教育仍存在内容设置与方法选择不符合学生实际需求的现状，这意味着对大学生思想和行为的引导必须围绕学生、关照学生、服务学生，不断提高学生思想水平、政治觉悟、道德品质、文化素养，让学生成为德才兼备、全面发展的人才。

（三）人才培养的政策扶持

大学生是国家的未来，民族的希望，也是世界的未来。习近平总书记强调："青年是整个社会力量中最积极、最有生气的力量，国家的希望在青年，民族的未来在青年。今天，新时代中国青年处在中华民族发展的最好时期，既面临着难得的建功立业的人生际遇，也面临着'天将降大任于斯人'的时代使命。"① 中华民族的复兴大业必须培育青年力量，汇聚青年智慧，将青春色彩融入民族血液，让青年成为点燃民族复兴的蓬勃之力。党的十八大以来，以习近平同志为核心的党中央高度重视国家人才培养，对社会主义办学方向、国家人才培养目标、思想政治教育工作作出了重要指示，明确了为谁培养人、培养什么样的人以及如何培养人的核心问题，夯实了大学生网民群体思想和行为引导的政策基础。

为谁培养人：坚持社会主义办学方向。习近平强调："我国高等教育肩负着培养德智体美全面发展的社会主义事业建设者和接班人的重大任务，必须坚持正确政治方向。""办好我们的高校，必须坚持以马克思主义为指导，全面贯彻党的教育方针。"② 换言之，对大学生网民群体思想和行为的引导不仅要坚持学生本位，更要以助推社会主义建设事业的发展为根本指南，始终坚持以社会主义意识形态凝聚共识，用社会主义先进文化营造氛围，用社会主义建设的斐然成绩激发动力。

培养什么样的人：国家人才培养的目标。培养什么人，是教育的首要问题，也是教育现代化必须回应的根本问题。习近平总书记指出："我国是中国共产党领导的社会主义国家，这就决定了我们的教育必须把培养社会主义建设者和接班人作为根本任务，培养一代又一代拥护中国共产党领导和我国

---

① 习近平：《在纪念五四运动 100 周年大会上的讲话》，人民出版社 2019 年版，第 6 页。

② 《习近平在全国高校思想政治工作会议上强调：把思想政治工作贯穿教育教学全过程 开创我国高等教育事业发展新局面》，《人民日报》2016 年 12 月 9 日。

社会主义制度、立志为中国特色社会主义奋斗终身的有用人才。”① 解决培养什么人的问题，给高校思想政治教育工作厘清了思路，也为引导大学生网民群体的思想和行为明确了方向。

如何培养人：高校思想政治教育的开展。高校思想政治教育承担着为党育人、为国育才的重要任务。中共中央办公厅、国务院办公厅印发的《关于深化新时代学校思想政治理论课改革创新的若干意见》中指出：要完善思想政治课程的教材体系；建设一支政治强、情怀深、思维新、视野广、自律严、人格正的思政课教师队伍；不断增强思政课的思想性、理论性和亲和力、针对性；加强党对思政课建设的领导。② 换言之，要多管齐下充分激活思想政治教育的潜在因子，完成立德树人的根本任务。《关于深化新时代学校思想政治理论课改革创新的若干意见》强调了高校思想政治理论课的战略地位，指明了思想政治理论课教师的必备素养，明确了高校思想政治理论课的改革方向，为大学生网民群体思想和行为的引导点燃了引擎，为高校思想政治理论课擘画了未来发展的蓝图，也聚合了中华民族伟大复兴的核心人才力量。

三、价值性：大学生网民群体思想和行为引导的落脚点

思想政治教育价值是人和社会在思想政治教育实践——认识活动中建立起来的，以人的思想政治品德形成和发展规律作为尺度的一种客观的主客体关系，是思想政治教育的存在及其性质是否与人的本性、目的和需要等相一致、相结合、相接近的关系。③ 具体而言，大学生网民群体思想和行为引导

---

① 《习近平在全国教育大会上强调　坚持中国特色社会主义教育发展道路　培养德智体美劳全面发展的社会主义建设者和接班人》，《人民日报》2018 年 9 月 11 日。

② 中共中央办公厅、国务院办公厅：《关于深化新时代学校思想政治理论课改革创新的若干意见》，新华社 2019 年 8 月 14 日。

③ 项久雨：《思想政治教育价值论》，中国社会科学出版社 2003 年版，第 47 页。

的价值性是指教育者施教过程对于大学生群体自身成长、思想政治教育学科发展以及网络生态系统运行产生的积极影响。简言之，对价值性的追求是开展本研究的根本驱动力，也是网络思想政治教育遵循问题导向的集中体现。由于价值构成的不同，可将大学生网民群体思想和行为的引导划分为多重价值类型。从价值主体层面看，可分为社会价值、群体价值和个人价值；从价值实现的性质看，可分为正价值和负价值；从价值客体作用看，可分为导向价值、助力价值、规范价值和调适价值。依据大学生网民群体思想和行为引导价值构成的特殊性和复杂性，选择从国家、社会、个人三个维度对价值性加以剖视。

（一）政治价值维度：保障国家意识形态安全

一方面，占领网络主阵地，营造传播马克思主义意识形态的网络环境。历史告诫我们，国家政权的更迭往往是从思想领域开始的，意识形态工作是党的一项极端重要的工作。众所周知，东欧剧变、苏联解体使国际社会主义事业遭受重创。在苏联解体后，国外敌对势力将和平演变的矛头转向了中国，以意识形态的侵蚀和演变为突破口，企图用“弄乱脑子，偷换价值观念”来达到和平演变的邪恶目的。在这场复杂、残酷、激烈的意识形态斗争中，若后知后觉、不以为意，忽视媒体矩阵的建设与网络舆论高地的占领，缺乏抵制错误思潮的定力和魄力，各种非马克思主义、反马克思主义错误思潮会在潜移默化中植入大学生的价值观念，进而可能引发政治动荡和政权不稳。

另一方面，净化网络生态系统，保障马克思主义意识形态主导地位。毋庸讳言，当前马克思主义意识形态在我国面临着“边缘化”危机，在大学生中“圈粉力”有限。总体而言，马克思主义意识形态的“传播弱化”可归因为：经济全球化趋势的推进，民众法律意识的增强，资本主义发展现状使马克思主义合理性遭遇质疑，思想文化多元化发展，意识形态教育亲和力和实效性不足等。网络空间作为多元思潮交汇的虚拟场域，其内在的生态环境和生态系统对保障马克思主义意识形态的主导地位发挥着重要作用。

概而论之，对大学生网民群体思想和行为的引导是占领网络主阵地的重要一环。在网络空间培育马克思主义意识形态的生存土壤，对网络生态系统的修复、网络发展的肌体健康以及网络安全具有重要价值。

（二）社会价值维度：应对社会主要矛盾转化

“中国特色社会主义进入新时代，我国社会主要矛盾已经转化为人民日益增长的美好生活需要和不平衡不充分的发展之间的矛盾。”① 党的十九大报告宣告中国特色社会主义事业步入新时代，各项工作站在了新起点，开启了新征程，呈现了新面貌。思想政治教育作为社会系统的重要组成部分，理应密切关注时代发展的宏观动向，必须敞显时代之内涵，顺应时代之变迁。

一方面，满足人民美好生活需要，促进人的需求与思想政治教育学科发展的融合共生。随着我国社会主要矛盾转变，大学生网民群体对网络美好生活的需求日益强烈，而思想引领、文化熏陶与价值浸润正是追求美好生活的应有之义。思想政治教育工作者对大学生网民群体思想和行为的引导体现了思想政治教育对“现实的人”的尊重，也凸显了思想政治教育从课本本位到学生本位的积极转变。另一方面，引导人民的需求观，激发人们为美好生活而奋斗的内生动力。马斯洛的需求层次理论表明，人有着生理需求、安全需求、感情需求、尊重需求和自我实现的需求，其中尊重和自我实现是人最高层次的需求。毋庸讳言，人的需求在凸显共性的基础上，也有着鲜明的差异性和独特性。并非所有的需求都应当得到满足，根据性质异同可将需求分为正当需求和非正当需求，绝不能为体现人本主义一味迎合低俗需求，必须进行及时有效的疏导和引领。同时，对美好生活的追求具有“长期性”和“超现实性”，不是一蹴而就的，必须充分激发大学生网民群体为美好生活

---

① 《决胜全面建成小康社会　夺取新时代中国特色社会主义伟大胜利——在中国共产党第十九次全国代表大会上的报告》，人民出版社 2017 年版，第 11 页。

而奋斗的热情和激情。总之，思想政治教育工作者对大学生网民群体思想和行为的引导必须契合社会主要矛盾的转变，回应大学生网民对美好生活的现实之需。

（三）个体价值维度：满足学生成长成才之需

“代替那存在着阶级和阶级对立的资产阶级旧社会的，将是这样一个联合体，在那里，每个人的自由发展是一切人的自由发展的条件。”① 马克思和恩格斯用这段经典论述描绘出了未来社会的蓝图，为思想政治教育指明了终极目标和价值取向。

思想政治教育最终必须回归微观主体，即人的发展上。一方面，要纠正网络认知错位，树立正确的网络观。随着网络领域新技术、新平台、新媒介、新手段的发展，以符号为生命源，模因为助推器，人际传播和群体传播为主渠道的网络流行语在大学生网民群体中饱受青睐，催生了碎片化、平面化、区域化的独特语言风格，冲击着思想政治教育的话语体系。同时，出于对新生语言类型的偏爱，大学生网民更倾向于接受网络上的新思想和新观念，这也引发其网络情感、网络思维、网络人格、网络“三观”发生异变。因此，对大学生网络认知的引导能够防范学生的心理问题，降低其遭受网络风险的概率，在意识扭转中建构起正确的网络观。另一方面，要扭转网络行为偏好，提升大学生的网络素养。网络的无边界性，加上“翻墙”“越狱”等网络技术的研发，使得大学生可以随心所欲地徜徉在网络的海洋，接触新事物、新知识和新思维的概率远超于传统的思想政治教育课堂。这也引发一部分大学生在网络空间出现道德失范、言行过激的现象，成为网络“黑粉”或网络“愤青”。不言而喻，对大学生网络学习行为、网络娱乐行为、网络社交行为、网络表达行为、网络消费行为的引导，能够提升大学生的网络道德素养，培育新时代网络文明。

① 《马克思恩格斯全集》第39卷，人民出版社1974年版，第189页。

综上所述，价值性是大学生网民群体思想和行为引导关系中的核心，对价值性的追求是思想政治教育开展的内在驱动力，要求思想政治教育工作者必须遵循价值主体需要的阶段性、层次性、易变性、差异性，发挥价值客体的引领功能、保证功能、聚合功能、育人功能和开发功能，保障价值内容的多元性、时代性、针对性、思想性和亲和力，促进价值标准的科学化、规范化、合理化和精细化。

第二节 大学生网民群体思想和行为引导的理论架构

网络空间作为现实社会的延伸，催生了新的社会群体，即大学生网民群体。大学生网民群体不是凭空产生的，其出现以网络科技为媒介，经由科技与社会互动孕育而成，是传统血缘、地缘、业缘式交往的综合呈现。显然，对大学生网民群体思想和行为的引导要以马克思主义科学理论体系为指导思想，深入挖掘马克思主义理论宝库中蕴含的丰富的思想政治教育思想，并对其进行梳理、总结和深化，为引导大学生网民群体的思想和行为奠定坚实的理论基础；对大学生网民群体思想和行为的引导要建构渐进式、多层次、多维度目标体系，制定科学的实施方案，明确引导大学生思想和行为的运行逻辑；对大学生网民群体思想和行为的引导要制定科学的方针原则，为科学引导路径的建构明晰路线。

一、大学生网民群体思想和行为引导的指导思想

理论是行为的先导，失去理论指导的实践必定是盲目的、无结果的。大学生网民群体思想和行为的引导理应以先进理论和科学思想为指导，必须坚持马克思主义以及马克思主义中国化最新成果，即习近平新时代中国特色社

会主义思想。

（一）“现实的人”思想奠定了大学生网民引导的认识论基础

正是由于“现实的人”的思想，马克思和恩格斯对人的本质的认识摆脱了抽象人性的框架，彻底划清了与唯心主义、唯心史观、人道主义以及旧唯物主义等非马克思主义的界限，逐步构建起历史唯物主义的理论大厦。

第一，“现实的人”是处在特定社会关系中从事实践活动的人。在《德意志意识形态》中马克思对“现实的人”作出了科学的规定，“现实的人”即进行物质生产的人，受物质生活条件制约。“……现实中的个人，也就是说，这些个人是从事活动的，进行物质生产的，因而是在一定的物质的、不受他们任意支配的界限、前提和条件下活动着的。”① 这意味着对大学生网民群体思想和行为的引导必须依托现有的社会条件，不能脱离或超出社会的技术环境和人文环境。

第二，“现实的人”是自然存在与精神存在的统一体。马克思指出：“人则使自己的生命活动本身变成自己意志的和意识的对象。他具有有意识的生命活动。……有意识的生命活动把人同动物的生命活动直接区别开来。”② 这意味着对大学生网民群体思想和行为的引导必须要统筹兼顾、鞭辟入里，充分尊重大学生的思想意识，以双向互动取代单向灌输，在思想碰撞与情感共鸣中潜移默化地施加影响。

第三，“现实的人”是不断发展变化的，是现实性与历史性相统一的人。任何人都处在一定的、不受他们任意支配的物质生活条件之中，都受到某一生产力发展阶段以及与该生产力阶段相适应的交往的制约。因此，任何现实的人都是一定历史阶段的人。这意味着对大学生网民群体思想和行为的引导必须要持之以恒、全始全终，要把握各个阶段大学生网民群体的特点，

① 《马克思恩格斯选集》第1卷，人民出版社2012年版，第151页。

② 《马克思恩格斯选集》第1卷，人民出版社2012年版，第56页。

做到与时俱进、与时偕行。

（二）“社会有机体”理论是大学生网民群体引导价值论指引

马克思主义社会有机体理论是马克思主义的重要组成部分，全面揭示了社会的内部结构、生长机制及其运行规律，为大学生网民群体思想和行为的引导如何凝聚全社会之力，如何促进社会生态系统的运行提供了分析指南。

马克思主义社会有机体理论强调社会的整体性，但这种整体性并非指社会系统各要素、各环节的乱序拼接或机械组合，而是指社会各环节呈现和谐有序、相互促进、相互作用的状态。“人是全部社会关系的承担者，是社会有机体生成的必要性前提，也是推动社会有机体不断演化的核心要素和唯一能动源泉。”思想政治教育是社会大系统的一个子系统，是社会有机体的重要组成部分。社会大系统的演变决定着思想政治教育系统始终处于变化与调整之中。[①] 因此，对大学生网民群体思想和行为的引导要把整体思维、系统思维和发展思维贯穿其中，以动态的眼光审视大学生网民的思想和行为，注重引导过程中的经验总结和规律探寻，努力探索新时代网络思想政治教育的有效途径。

（三）习近平新时代中国特色社会主义思想提供了方法论指导

习近平新时代中国特色社会主义思想以全新的视野深化了中国共产党执政规律、社会主义建设规律和人类社会发展规律，开辟了马克思主义中国化的新境界。新时代对大学生网民群体思想和行为的引导，服从和服务于以习近平同志为核心的党中央对互联网技术与思想政治教育互融共生的重要指示，满足了新时代进行伟大斗争，建设伟大工程，推进伟大事业，实现伟大梦想的现实需求。

---

① 吴满意、宁文英、王欣玥等：《网络思想政治教育生态系统研究》，人民出版社 2019 年版，第 62 页。

其一，习近平新时代中国特色社会主义思想坚持了实事求是的思想路线。习近平指出："坚持实事求是，就是坚持一切从实际出发来研究和解决问题，坚持理论联系实际来制定和形成指导实践发展的正确路线方针政策，坚持在实践中检验真理和发展真理。"① 党的十八大以来，习近平总书记始终坚持引领当代中国人民脚踏实地地开展中国特色社会主义事业，勇于直面新问题，破解新难题，拆除新阻力，建构新理论，始终不渝地推进社会主义现代化强国的建设。对大学生网民思想和行为的引导也要贯彻实事求是的思想路线，客观全面地呈现教育对象出现的思想问题和错误行为，厘清产生问题的客观原因和主观因素，既不能弄虚作假、虚报浮夸，为搞噱头将细小问题扩大化，也不能觉得无关宏旨、无足轻重，为搞"面子功程"将客观问题弱化、虚化或淡化。

其二，习近平新时代中国特色社会主义思想贯彻了"底线思维"。2019年伊始，习近平总书记在省部级主要领导干部坚持底线思维着力防范化解重大风险专题研讨班开班式上发表的重要讲话中强调，要"深刻认识和准确把握外部环境的深刻变化和我国改革发展稳定面临的新情况新问题新挑战，坚持底线思维，增强忧患意识，提高防控能力，着力防范化解重大风险"②。坚持底线思维，常思大局、居安思危、未雨绸缪是新时代保证国家安全、改革发展局势稳定、全面建成社会主义现代化强国、实现中华民族复兴大业的重要保障。同样，对大学生网民群体思想和行为的引导必须强化风险意识，注重风险研判，采取强有力的教育手段从源头消解网络对大学生网民群体思想和行为产生的消极影响。同时，要强化模拟演练与实践体验，帮助大学生网民在切身感知和互动体验过程中认识自我，反思自我，修正自我，发展自我，完善自我。

---

① 习近平：《坚持实事求是的思想路线》，《学习时报》2012年5月28日。

② 《习近平在省部级主要领导干部坚持底线思维着力防范化解重大风险专题研讨班开班式上发表重要讲话强调 提高防控能力着力防范化解重大风险 保持经济持续健康发展社会大局稳定》，《人民日报》2019年1月22日。

二、大学生网民群体思想和行为引导的目标设定

美国著名的现代教育学家杜威曾言："所谓的目的，就是我们在特定情境下有所行动，能预见不同行动所产生的不同结果，并利用预料的事情指导观察与实验。"① 据此杜威认为良好目的的标准有三条：第一，所确定的目的必须是现有教育环境的产物，也就是说目的必须依托实际情况；第二，目的是实验性的，即目的必须是灵活的可调节的，在行动中受到检验时，它会不断得到发展；第三，目的和手段是相互转换、不可分离的。② 杜威的教育目的论强调以发展、动态的视角考量教育对象，充分考虑教育对象的个性特点与成长环境，制定切实可行的教育目的。不可忽视的是，如果仅仅从教育主客体层面去制定教育目标，难免会使教育活动陷入极端主义，引发教育过程与社会发展的脱节。

大学生网民群体思想和行为引导目标的制定是一个渐进式的过程，要以实际需求为导向，充分遵循学生思想品德发展的内在规律。大学生网民群体思想和行为的引导依托于现实需要，归属于一定的时间阶段与空间阶段，必定会衍生阶段性教育目标与阶段性的教育效果。从目标源头看，可分为教育外在目标与教育内在目标；从时间序列看，可分为近期目标与长远目标、当下目标与未来目标；从空间范畴看，可分为微观目标、中观目标和宏观目标；从价值取向看，可分为个人本位目标与社会本位目标。毋庸置疑，无论从问题导向、时空范畴或价值范畴制定的教育目标，都体现出"知、情、意、信、行"的演进过程。基于思想政治教育内化与外化的规律，我们制定出大学生网民群体思想和行为引导的两维目标结构，即思想引导目标与行

① ［美］约翰·杜威：《民主主义与教育》，王承绪译，人民教育出版社 1990 年版，第 117 页。

② ［美］约翰·杜威：《民主主义与教育》，王承绪译，人民教育出版社 1990 年版，第 110—112 页。

为引导目标。

（一）思想目标：培养正确的网络认知，削弱错误网络思潮的辐射力

对大学生网民群体思想和行为引导的内容是对现实社会和网络社会问题的积极回应，有着鲜明的时代性、阶段性与现实性。所谓网络认知，是指教育对象即大学生网民群体借助网络媒介接收信息后，经过感性认识和理性思考加以分析和加工，最后内化为自身知识储备与思想修养的过程。

其一，形成对“网络本质”的正确认知。所谓网络本质，是指网络科技是人类开拓未知世界和多元文明的媒介和手段，具有鲜明的工具性和介质性。反观当下，由于大学生群体普遍存在的技术依赖，引发了技术反噬，网络技术异化为“低头神器”与“骂战平台”，催生了一代又一代“低头族”和“手机狂魔”，成为束缚大学生的心灵枷锁。因此，对大学生网民群体思想引导必须注重对网络本质的认识，这是形成正确网络观的基础所在。

其二，形成对“网络自我”的正确认知。诚如美国著名的网络哲学家迈克尔·海姆所追问的，“进入网络空间后，那个我还是我吗?”众所周知，互联网不仅改变了人的生活方式，也催生了人类崭新的生存样态，即网络自我。所谓网络自我，是指在互联网时代，现实自我在虚拟空间中塑造的“数字角色”和网络身份的结合体，其本质是物质自我与精神自我、现实自我与虚拟自我、个体自我与社会自我在信息空间中重构与耦合的结果。网络自我只是现实自我在网络虚拟世界的呈现状态，其存在形式是虚拟的，但并不意味着网络自我不受现实社会规则的约束。同时，网络自我呈现物质身体可以缺场、身份角色可以建构、交往关系可以隐匿的新特征。因此，大学生网民群体的思想引导必须深化对网络自我的认识，这是形成正确网络观的核心所在。

其三，形成对“网络情感”的正确认知。所谓网络情感，是指网民群体在网络人机互动、网络人际互动以及网络自我互动过程中，基于对网络群体、

网络生态以及网络社区的深度认同产生的归属感和信赖感。网络情感能力是大学生网民对网络自我、网络他者抑或网络社会进行认知和管理的心理特征，是大学生健康成才、幸福生活的核心素养。[①] 简言之，健康的网络情感能够有效激发大学生网民群体的责任感和主人翁意识，成为驱使大学生网民群体开展合目的性与合规律性网络活动的内在力量；扭曲的网络情感则会使网络主体陷入“极化情感”的泥沼，盲目参与“网络骂战”“非正义网络维权”，甚至成为国外敌对势力宣扬种族主义、偏执和仇恨的棋子。因此，大学生网民群体思想引导必须要培养网络情感能力，这是形成健康网络观的关键所在。

其四，形成对“网络道德”的正确认知。在网络时代，人的精神存在与社会存在发生了翻天覆地的变化，人类面临着新的道德问题，于是网络道德应运而生，成为和谐网络文化建设的重要一环。顾名思义，所谓网络道德，是指以善恶为标准，通过社会舆论、内心信念和传统习惯来评价人们的上网行为，调节网络时空中人与人之间以及个人与社会之间关系的行为规范。[②] 由于网络空间的开放性、虚拟性、兼容性、无序性以及网络道德与现实道德之间存在的差异和鸿沟，大学生网民的道德观念弱化，自由意识扩张，极易衍生可以“为所欲为”的冲动，从而引发网络隐私泄露、网络暴力、言论侵犯等道德问题。因此，对大学生网民群体的思想引导必须要加强网络道德教育，这是形成健康网络观的重中之重。

（二）行为目标：开展规范的网络行为，构建天朗气清的网络生存空间

行为本身是个系统，它包括行为主体、行为客体、行为工具、行为主体所在的群体（团体）、该群体的组织规则和任务分工等要素。[③] 显而易见，

---

① 支爱玲：《学生社会情感能力的培养路径》，《教育学术月刊》2019 年第 11 期。

② 百度百科，https：//baike. so. com/doc/703830-744890. html。

③ 杨开城、李文光等：《现代教学设计的理论体系初探》，《中国电化教育》2002 年第 2 期。

今天的网络空间不再只是传递信息的媒介，而是一个适时的、互动的社会生活场域，人们在网络空间中开展多种社会行为，不再局限于线上的信息互换。换言之，网络空间构建了一个全新的社会行为场域，孕生着人类新的交往方式，即网络行为。所谓网络行为，是指网络使用者依托网站、新媒体、自媒体、社交软件、移动设备等媒介，基于某种目的与主观意愿在网络空间中实施的行为，包括网络交往行为、网络学习行为、网络消费行为、网络娱乐行为以及网络维权行为等。与线下的社会行为不同的是，网络空间中“身体”“存在”“交谈”都被赋予了新的含义，网络行为也脱离了物理场所，使得物理存在与交往行为相脱钩，物理存在不再是交往活动实施的唯一前提。毋庸置疑，网络行为与现实行为有着鲜明的异质性，集中体现在行为主体、行为场所、行为习惯、行为规范和行为结果等层面。网络行为并不能独立于现实行为而存在，两者是社会行为的两个部分，现实行为是网络行为的母体，网络行为是现实行为的延伸，两者相辅相成，共同构成了社会行为的全部内容。大学生社会化是大学生的社会行为的模塑过程。① 在步入大学校园之后，大学生自身发展进入新的阶段，他们渴望走出“象牙塔”，接触真正的社会，此时网络空间一跃成为重要的实践平台，为大学生演练与模拟社会生活提供了重要渠道。简言之，网络行为不仅构成了网络空间活动的全部内容，还关系到大学生社会化进程的推进。因此，高校思想政治教育工作者必须制定出渐进式的科学行为目标，为大学生网民群体的行为引导厘清思路。

第一，规范网络交往行为，建构互促共进的网络关系。哈贝马斯的交往行为理论认为语言是交往行为的沟通媒介，主体间性是交往行为的重要基础，交往行为是最合理的社会行为，交往理性是交往行为的基本原则。② 基于此可得出良性的交往行为有两个条件：第一，必须以语言为媒介；第二，

---

① 黄少华、武玉鹏：《网络行为研究现状：一个文献综述》，《兰州大学学报（社会科学版）》2007 年第 2 期。

② 代艳丽、奉苏妹：《哈贝马斯交往行为理论对大学生“低头族”的启示》，《学术探索》2016 年第 1 期。

必须依赖于主客体的平等互动。当前，各种类型的社交软件基本满足了交往行为的两大条件。与此同时，大学生网民群体中出现了不同程度的交往异化，包括网络交往角色异化、网络交往关系异化、网络交往情感异化、网络交往道德异化以及网络交往的过程异化，出现了语言粗俗、诚信危机与网络暴力等行为，严重破坏了网络空间的生态环境。因此，大学生网民群体行为引导必须要规范网络交往行为。

第二，规范网络学习行为，开发新颖独特的学习模式。互联网与信息技术的应用和推广，使人类的学习活动从线下延伸到线上，具备虚拟性、延时性、个性化等与传统学习模式迥异的特征，网络学习应运而生。所谓网络学习，是指学习者在网络技术创设的具有全新互动机制、交流模式以及丰富教育资源的在线环境中实施的远程学习行为。众所周知，远程在线学习虽有一定的积分模式和监督措施，但由于身体缺场，网络学习难以保障学生的学习状态。当前，云班课、慕课、超星学习通、钉钉、爱课堂、雨课堂、腾讯课堂等在线学习平台开创了网络学习的新时代。但是，由于大学生绩效期望、努力期望、学习意愿以及社群影响等因素，大学生网络学习仍停留在被动的、工具化的层面。因此，对大学生网民群体的行为引导必须要规范网络学习行为，打造一条线上线下联动发力的高效学习链。

第三，规范网络消费行为，形成健康绿色的消费习惯。所谓网络消费行为，是指消费主体出于某种物质需求和心理需求，借助网络消费平台在线完成的消费过程。网络消费有三个构成要素：一是主体要素，即消费主体、消费介体和消费客体；二是需求驱动，以满足主体的某种物质需要或精神需要为目的；三是代价要素，要完成网络消费行为，消费主体必须付出一定的代价，包括金钱代价与技能代价等。当前，淘宝、天猫、京东、唯品会、拼多多等网络平台已成为大学生网络消费的主要场所，给予大学生与现实社会截然不同的购物体验。但是，目前大学生出现了过度消费、名牌消费、攀比消费、借贷消费、赶潮流消费等不良消费现象，甚至这种异端消费风气正力图主宰校园消费文化。久而久之，在群体模仿消费中出现的压倒对方以求独领风骚的畸形心理，成为大学生强烈好胜心的副产品。因此，对大学生网民群体行为引导必须规范网络消费行为，培养健康绿色的网络消费心理和消费行为模式。

第四，规范网络娱乐行为，打造生机勃勃的文化氛围。所谓网络娱乐行为，是指网民在网络视频、网络游戏、网络音乐、网络直播、网络综艺、网络文学、网红博主以及娱乐新闻中满足自身娱乐需求的网络行为。随着互联网和网络技术的推进，大学生娱乐阵地转移到网络空间，成为创造和传播网络娱乐文化的主力军。网络娱乐文化满足了大学生的感官审美享受，缓冲了心理压力和焦虑情绪，彰显了青年温度、青春靓度和青网态度。但是，由于商业资本的逐利性与网络监管的困难性，目前网络娱乐文化发展出现纯粹迎合受众的感官刺激和世俗需求的倾向，娱乐行为也呈现低俗化、反主流、反道德的异端现象，使理性道德让位于快感道德，抛弃思想深度和审美价值，给大学生网民群体的世界观、人生观、价值观造成了巨大影响，导致部分大学生出现沉迷网络游戏、浏览色情暴力信息、侵犯知识产权、泄露他人隐私、散播不实言论等负面行为。因此，对大学生网民群体的行为引导必须要规范网络娱乐行为，塑造积极向上的品牌网络娱乐文化。

第五，规范网络维权行为，打造秩序井然的网络空间。所谓网络维权，是指网民为维护自身的网络权利而采取的一系列维权行为。众所周知，由于网络时代信息发布的即时性与受众的广泛性以及全社会法律意识与维权意识的提升，网络成为“草根阶层”维权的重要手段。近年来，微博、微信、贴吧、网站、论坛、博客等成为网民“发声”的重要场所，如马加爵、药家鑫、林森浩等刑事案件，“表哥”“房媳”“房姐”等贪污腐败案件，孙志刚、钟光伟等个人维权案，师生关系、医患纠纷、食品安全、教育公平、消费纠纷等社会性事件，都在网络平台具有较高的曝光度。可见，网络维权往往声势浩大，影响范围极广，弥补了传统维权监督面过窄、发声渠道受限的缺陷。但是，网络维权必须要建立在实事求是的基础上，若是没有搞清楚真相就肆意煽动网络舆论，只会被“后真相幻境”所愚弄，成为怀着不法意图的人达到目的的棋子。作为思维活跃、维权意识强烈的网民群体，大学生已然成为网络维权的“顶梁柱”。在网络维权行动中宣扬正义和公平意识的同时，也要时刻保持理性理智，避免被“谣言”蒙蔽双眼，偏离正义维权的轨道。因此，对大学生网民群体的行为引导必须规范网络维权行为，强化规则意识和法律意识。

三、大学生网民群体思想和行为引导的基本原则

对大学生网民群体思想和行为的引导是一个关照整体又不能遗漏细节的系统工程，包括了主体系统、客体系统、介体系统、环体系统，其中任何一个系统的偏差或离散都会影响整个系统的运行状态。因此，在引导大学生网民群体思想和行为过程中不能片面地纠偏或纠错，而是要在更为开放的视域下，依照具体情况进行助力优化。基本原则是对大学生网民群体思想和行为引导活动所做出的本质规定，是贯穿引导活动始终的基本准则，对大学生网民群体思想和行为的引导具有重要指引作用。基于网络对大学生网民思想和行为影响的量化分析，可为大学生网民思想和行为的引导制定四大原则。

（一）综合性原则

创设经典系统论的贝塔朗菲曾指出：“系统的定义可以确定为处于一定的相互关系中的与环境发生关系的各组成部分的总体。”① 从横向角度来讲，大学生网民群体思想和行为的引导，要注重研究目的、研究方法、研究内容、研究思路和行动措施等层面的统筹协调。从纵向角度来讲，大学生网民群体思想和行为的引导，要注重预防阶段、引导阶段、反馈阶段和追踪阶段的有序衔接，以确保整个引导过程的完整性、连续性和系统性。其一，要厘

① ［美］贝塔朗菲、王兴成：《普通系统论的历史和现状》，《国外社会科学》1978 年第 2 期。

清大学生网民群体思想和行为引导的主体系统、客体系统、介体系统以及环体系统的概念界定和要素选择，廓清各个子系统之间的相互关系和结构层次，找出系统之间的接洽点和制衡点；其二，要缕析大学生网民群体思想和行为引导的制约因素，如社会大环境的运行状态、教育对象的客观需求、教育者的专业素养、教育手段的客观条件、既有的知识结构等，在认识到困难性与艰巨性的同时，聚焦矛盾集中发力。

（二）协同性原则

从时间角度而言，大学生网民群体思想和行为的引导，要注重大局意识、审时度势、科学部署。其一，针对教育对象在不同时区呈现的特质，在具体引导中要凸显阶段性特征，绝不能生搬硬套、以偏概全；其二，针对教育对象在不同时区呈现的状态，要分清引导的轻重缓急，抓住主要矛盾，优先解决重要问题，决不能“眉毛胡子一把抓”；其三，基于教育对象思想发展与行为养成的长期性和连续性，在引导过程中必须要注重保持适度的张力，既不能超出教育对象认知能力的极限，也不能滞后于学生思维成长速度。

从空间角度而言，对大学生网民群体思想和行为的引导，要注重全员、全过程、全方位的协同，强调各要素的协调互补、同向同行，形成全景、全时、全域、全员的育人模式。其一，要注重家庭教育、网络教育、社会教育与学校教育的场域协同，将教育引导的多维空间延伸到大学生网民群体学习和生活的整个场所；其二，根据理工科大学生与社会科学类大学生思维特点和知识结构的差异，在引导过程中要注意区分类别，做到因材施教、分层教学。

从内容角度而言，大学生网民群体思想和行为的引导，要坚持政治性与艺术性相统一、理论性与实践性相统一，既要注重社会氛围的营造、价值观导向，又要体现人性化建构。其一，要坚持马克思主义理论的灌输，用科学理论引领学生思想成长；其二，要充分运用技术手段和人文素材，使引导过程凸显趣味性；其三，要坚持“内容为王”与形式活泼相结合，深化学生体验，在实践中实现理论认识的深化与思维启迪。

（三）精准化原则

精准思政与智慧思政的生成是思想政治教育与现代网络技术融合的产物。马克思曾指出，“（技术）揭示出人对自然的能动关系，人的生活的直接生产过程，以及人的社会生活条件和由此产生的精神观念的直接生产过程”①。众所周知，大数据技术研发的不断推进给思想政治教育的精准化、智慧化、智能化提供了无限可能。顾名思义，所谓精准化原则，是指思想政治教育工作者依靠大数据技术平台，通过数据爬虫、数据清洗、数据可视化以及数据挖掘等过程，实现对教育对象的精准识别、精准管理、精准供给和精准施教。精准育人是思想政治教育向现代化与科学化迈出的至关重要的一步，体现着思想政治教育以学生为本的价值导向。其一，坚持精准识别教育对象，借助大数据技术精确呈现大学生网民思想和行为演变曲线，识别教育对象的思想异象与行为异常；其二，坚持精准管理，要建立专业的思想政治教育管理体系，包括建立大学生动态电子档案、组建有数据素养与专业技能的教师队伍、制定科学合理的教育实施方案等；其三，坚持精准供给，要优化思想政治教育供给环境，创新思想政治教育供给内容，变革思想政治教育供给方式，从内容到形式全方位提升大学生网民群体思想和行为引导的供给质量；其四，坚持精准施教，要充分把握大学生网民群体的共性与个性，设置栏目式与菜单式的施教模式，根据不同的教育对象实施与之契合的教育模式，确保施教过程的教育效果。②

（四）及时性原则

受身心发展规律的制约，在网络生活中大学生的思想行为极易出现偏

① 《马克思恩格斯全集》第23卷，人民出版社1972年版，第410页。

② 吴满意、景星维：《精准思政：内涵生成与结构演化》，《学术论坛》2019年第5期。

差。若不及时加以引导，会在潜意识中为大学生行为偏向的加深注入“无形推力”，最终演化为难以改变的恶习、陋习，甚至是违法行为，严重危害大学生健康成长，与思想政治教育的理念相背离。因而，对大学生网民群体思想和行为的引导必须坚持及时性原则。其一，坚持问题发现的及时性。及时发现问题是大学生网民群体思想和行为引导取得实效的重要前提，教育者若没能及时发现教育对象的思想问题，任由其扩大、变深、变难，会造成“细菌”滋生、繁衍和扩散，大大削弱思想政治教育预防效果。其二，坚持教育引导的及时性。及时转变思想观念是大学生网民群体思想和行为引导取得实效的客观要求，对思想行为出现问题苗头的大学生要及时进行思想教育与劝说引导，找准问题症结所在，在互动交流中化解问题、降低风险。其三，坚持内容更新的及时性。及时更新教育内容是大学生网民群体思想和行为引导取得实效的关键要素，当前的教育内容契合了社会发展的动态，但并未完全贴合社会发展所引发的教育对象的思想变动和观念更新，在一定程度上影响着大学生网民思想行为引导的实效性和满意度。

第三节　大学生网民群体思想和行为引导的路径探寻

恩格斯指出，“历史是这样创造的：最终的结果总是从许多单个的意志的相互冲突中产生出来的，而其中每一个意志，又是由于许多特殊的生活条件，才成为它所成为的那样。这样就有无数互相交错的力量，有无数个力的平行四边形，由此就产生出一个合力，即历史结果”①。大学生网民群体思想和行为的引导是一项涉及多要素、多领域、多主体、多阶段协调配合的系统工程，是各个分合力综合作用的结果，其中每个要素、每个环节都对教育

① 《马克思恩格斯选集》第4卷，人民出版社2012年版，第605页。

效果产生着影响。这个合力系统主要包括主体合力、空间合力、内容合力、载体合力以及机制合力。大学生网民群体思想和行为的引导需要各个分合力之间优化组合、互融共进，实现结构最优化与效益最大化。

一、大学生网民群体思想和行为引导的主体合力

所谓主体合力，是指大学生网民群体思想和行为引导中各主体力量聚合而成的总合力。这一概念包含两个内在规定性：一是主体的界定，这里的主体不仅限于教育者，也包含教育对象；二是合力的形成，主体合力不是自然组合而成的，需要主体分力之间的相互磨合、相互协调、相互促进。概而言之，主体合力的构成要素是多元的且合力作用效果是可变的。因此，大学生网民群体思想和行为的引导必须在明确主体构成的基础上优化主体合力。

（一）大学生网民群体思想和行为引导的主体构成

思想政治教育是全员参与的过程，需要从课堂主阵地、网络主战场和家庭微场域三个场所出发界定主体群的构成，包括大学生网民群体思想和行为引导的设立主体、管理主体、执行主体、接受主体和保障主体等。

其一，大学生网民群体思想和行为引导的“主导者”和“领航者”，即政府管理人员。中央政府、地方政府以及相关职能部门是网络生态与思想政治教育的“指挥者”和“引路人”，是网络生态治理和思想政治教育工作推进指南的制定者和管理者，对大学生网民群体思想和行为的引导具有最高的统领性。例如，2013 年 1 月 30 日《国务院关于修改〈信息网络传播权保护条例〉的决定》；2016 年 12 月 9 日《国务院办公厅关于同意建立网络市场监管部际联席会议制度的函》（国办函〔2016〕99 号）发布；2019 年 11 月 19 日，国家新闻出版署发布《关于防止未成年人沉迷网络游戏的通知》；2018 年，国家广播电视总局组织举办了“弘扬社会主义核心价值观　共筑中国梦”主题原创网络视听节目征集推选和展播活动。无论从政策制定、

价值引领抑或市场管理来看，政府部门都对网络生态的维护发挥着至关重要的作用。

其二，大学生网民群体思想和行为引导的“贯彻者”和“执行者”，即思想政治理论课教师、辅导员队伍、网络媒体监管者以及家庭成员。一是思想政治理论课教师。“教师承担着传播知识、传播思想、传播真理的历史使命，肩负着塑造灵魂、塑造生命、塑造人的时代重任，是教育发展的第一资源，是国家富强、民族振兴、人民幸福的重要基石。”① 习近平强调：“办好思想政治理论课关键在教师，关键在发挥教师的积极性、主动性、创造性。”② 众所周知，大学生网民思想和行为引导的主阵地是高校思想政治理论课课堂，思想政治理论课教师作为课堂的“导演”和“编剧”，其自身的专业技能、知识素养以及教学艺术对大学生网民思想和行为的引导产生着重要影响。二是普通高等学校辅导员队伍。辅导员是开展大学生思想政治教育的骨干力量，是高等学校学生日常思想政治教育和管理工作的组织者、实施者、指导者。③ 辅导员是与大学生最为贴近的教育主体，承担着思想理论教育和价值引领、党团和班级建设、学风建设、学生日常事务管理、心理健康教育与咨询工作、网络安全教育、校园危机事件应对、职业规划与就业创业指导等职责，有着较高的教育引导能力、沟通协调能力、调查研究能力和危机处理能力，是思想政治教育管理者中的中坚力量。简而言之，辅导员群体是大学生网民思想和行为引导的“护航者”和“保障者”。三是网络媒体运营者。随着互联网的普及和网民数量激增，网络空间成为舆论生产、新闻传播和社会互动的重要阵地。由于网络媒体的利益诉求和流量争夺以及网络监管立法和网络治理机制不够完善，当前网络新闻出现“虚”与“实”相混

① 《中共中央 国务院关于全面深化新时代教师队伍建设改革的意见》，新华网，2018 年 1 月 31 日。

② 《习近平主持召开学校思想政治理论课教师座谈会强调 用新时代中国特色社会主义思想铸魂育人 贯彻党的教育方针落实立德树人根本任务》，《人民日报》2019 年 03 月 19 日。

③ 《普通高等学校辅导员队伍建设规定》，《中华人民共和国国务院公报》2017 年第 34 期。

淆、“真”与“假”相交织的现象，网络言论呈现低俗化、情绪化、庸俗化的趋势，网络社区管理凸显形式化、极端化、逐利化的倾向。这也导致部分大学生网民被裹挟在网络舆论旋涡之中，盲目跟风，导致网络道德失范、网络秩序缺失、价值信仰虚无等问题。可见，网络媒体运行人员肩负着整个网络大环境的“过滤”和“净化”，是大学生网民群体思想和行为引导的“守门人”和“放哨人”。四是学生的家庭监护人员。“天下之本在国，国之本在家，家之本在身。”① 家庭是社会的细胞，家庭氛围关系到社会氛围，家庭风气关系到党风、民风和社会风气。“不论时代发生多大变化，不论生活格局发生多大变化，我们都要重视家庭建设，注重家庭、注重家教、注重家风”。② 家风是一种德行的传承，是一种精神的传递，更是一种素养的培育过程。作为人生的第一任老师，父母或监护人对学生的思想和行为产生着潜移默化的影响，从某种程度而言，孩子就是父母和监护人的缩影。因而，家庭监护人是大学生网民思想和行为引导不可忽视的坚实后盾。

其三，大学生网民群体思想和行为引导的接收者和自律者，即大学生网民群体。“授人以鱼不如授人以渔”。著名教育家叶圣陶有句名言：“教是为了不教。”换而言之，教育的最高境界就是发展学生自辨、自治、自理、自学和运用知识的能力，以期能让学生的智慧和能力得到充分释放和全面提升。不言而喻，大学生网民群体思想和行为引导本质上就是学生在教育者引领下进行自我反思、自我互动、自我修正的过程。简而言之，大学生网民群体思想和行为的引导离不开大学生自身的积极参与和高度自律。大学生是网民群体的主力军，有着较强的理性思维和思辨能力，也有着强烈的主体意识和主体精神。这意味着大学生网民群体思想和行为的引导要创设良好的社会氛围，夯实大学生的理论基础，培养其理性思维和公共理性意识，在与网络社会的深度融合与多维互动中实现自我引导和自我教育。

① 朱熹：《四书集注》，岳麓书社 2004 年版，第 210 页。
② 习近平：《在 2015 年春节团拜会上的讲话》，《人民日报》2015 年 2 月 18 日。

（二）大学生网民群体思想和行为引导的主体合力生成

在厘清大学生网民群体思想和行为引导主体构成的基础上，要进一步探索多重主体协同发力的合力组成模式，调整分合力的作用方向，优化分合力的作用方式，以期形成庞大的主体合力。概括而言，主要通过把握力的作用点、明确力的作用方向、催化力的作用效果等层面制定大学生网民群体思想和行为引导主体合力的优化方案。

其一，把握主体分合力的作用点，确保主体要素各司其职、高效运转。大学生网民群体思想和行为引导的主体群是由多层次、多职能、多元化的主体构成，各个主体所处的位置不同，承担的职能和作用也不尽相同。这意味着要依托数字化平台，对引导主体进行网格化管理。第一，明确引导主体的层次结构，推行从上到下的垂直管理，做到目标一致、责任分明、任务统一；第二，明确引导主体的职能划分，避免各主体之间的职能重叠造成的人力损耗；第三，明确引导主体的责任划分，将引导责任落实到个人，建立一种监督和处置互相分离的形式，避免出现互相推诿扯皮的现象。

其二，明确主体分合力的作用方向，保持整个合力系统的动态平衡。所谓正向合力，是指大学生网民思想和行为引导主体都切实发挥作用，对大学生思想和行为产生不同程度的积极影响。反向合力则是指引导主体之间存在一定的矛盾和摩擦，不仅没有促进大学生网民思想和行为的发展，反而造成引导缺失、引导滞后甚至引导失误等现象。毋庸讳言，正向合力是大学生网民群体思想和行为引导的理想状态。可实际上，由于现实条件的种种限制，大学生思想政治教育主体合力作用方向总是正向合力与反向合力相互纠缠，很难达到力的平衡点。简而言之，大学生网民群体思想和行为引导必须要消解反向合力，能进一步催化正向合力，从而形成主体合力的平衡态势。

其三，催化主体分合力的引导实效，激发主体合力作用的外在引擎力。力的作用效果是大学生网民群体思想和行为引导的落脚点，脱离实效性的支撑，整个引导过程就会形同虚设。主体分合力的作用效果可以分为两个层面：层面一是主体分合力的内部作用，即主体分合力之间的相互促进、齐头并进；层面二是主体分合力的外部作用，即主体合力对外部环境、体制机制等合力的促进作用。但是，力的作用效果仅靠主体分合力内部的结构修缮、模式调整和信息聚合很难实现作用最大化，必须要强化激发主体合力的外部引擎，如主体的网络素养、价值观念、行为习惯以及职业素养等。一是强化引导主体网络素养和网络规则意识的培育，摆正其网络育人理念，推进引导主体的“再塑”和“重生”，以激发出新的育人潜能；二是纠正引导主体网络行为和网络使用习惯的偏差，要杜绝错误示范，做到欲正他人必先正其身；三是提升引导主体的职业素养和专业技能，包括尊重引导对象的网络自由和隐私安全，构建和谐互动的师生关系，避免“引导者”与“被引导者”陷入剑拔弩张的绝对对立状态。

二、大学生网民群体思想和行为引导的空间结构

“网络是一组相互连接的节点，节点是曲线与己身相交之处。”同时，曼纽尔·卡斯特在《网络社会的崛起》一书中指出：“网络是开放的结构，能够无限扩展，只要能够在网络中沟通，亦即只要能够分享相同的沟通符码（如价值或执行的目标），就能整合入新的节点。一个以网络为基础的社会结构是具有高度活力的开放系统，能够创新而不至于威胁其平衡”①。随着电子科技和网络媒体的广泛运用，高校思想政治教育空间转向成为必然趋势。换言之，思想政治教育要与时俱进，应将空间元素融入教育理念，用“空间维度”完善思想政治教育的理论框架，以“空间理念”作为思想政治教育研究新的基点。

---

① ［美］曼纽尔·卡斯特：《网络社会的崛起》，夏铸九、王志弘等译，社会科学文献出版社 2003 年版，第 570 页。

（一）大学生网民群体思想和行为引导空间的结构模式

所谓思想政治教育空间，是指认知活动、价值引领、社会秩序、政治意义的生成平台，是物质空间与数字空间、社会空间和个体空间、现实空间与虚拟空间的结合体。要引导大学生网民群体思想和行为必须要明确思想政治教育的空间结构，打造“全空间”“全场域”的思想政治教育，以期达到大学生网民群体思想和行为引导实效的最优化。

根据空间的存在样态，可将大学生网民群体思想和行为引导的空间划分为物理空间与虚拟空间。物理空间是物质存在的一种客观形式，是由长度、宽度、高度构建出的一种现实场域，是与时间相对应的物质元素，如课堂、家庭、校园、社区等。所谓虚拟空间抑或网络空间，是指借助技术平台搭建、由比特和符号组成的数字化空间，在形式上是虚拟的，在内容上又指向现实，如网络社区、在线群聊、自媒体平台、微博、微信、QQ、贴吧等。但是，当前出现的远程课堂，如钉钉直播、快手、抖音、哔哩哔哩、今日头条以及腾讯会议等，将物理空间与虚拟空间进行了创造性的融合，使二者呈现“你中有我，我中有你”的特质。简而言之，物理空间和虚拟空间构成了大学生网民群体思想和行为引导的形态空间。

根据空间的内在属性，可将大学生网民群体思想和行为引导的空间划分为思想空间、对话空间以及行为空间。思想空间是指以思想为轴心，以价值引领为导向，形成的一种相对位置结构，如引导主体和大学生群体的内心世界；对话空间是指引导主体与大学生网民之间开展互动、交流的场所，可以是物理空间抑或现实空间，如由远程聊天、面对面交谈、书信交流等形式营造的对话场域。行为空间是指引导主体进行行为调研、行为纠偏、行为示范的场所，也指大学生网民在引导主体引领下进行行为实践的场域。思想空间、对话空间、行为空间构成大学生网民群体思想和行为引导的内容空间。

根据空间的规模大小，可将大学生网民群体思想和行为引导的空间划分为大型空间、中型空间以及微型空间。大型空间是指空间的范围大、承载的人员多的引导场域，包括国家、民族、社会。大型空间中成员之间未必相识，但有着共同的价值观念和目标。中型空间是指学校、班级、社区、社团、家族等场域，这类空间规模中等，成员之间有着共同的生活场域，相对于大型空间而言关系更为密切。小型空间是指由2—7个人组成的场域，小型空间联系最为密切，对话最为频繁，了解程度最高，如依托家庭、朋友、恋人等关系形成的互动空间。

（二）大学生网民群体思想和行为引导空间的整合模式

法国哲学家亨利·列斐伏尔曾提出，空间是“被各种历史的、自然的元素模塑铸造，但这个过程是一个政治过程。空间是政治的、意识形态的。它真正是一种充斥着各种意识形态的产物”①。思想政治教育空间是具有感染力和弥散性的空间，在网络观念、社会秩序与价值认同的维系下，思想政治教育空间成为关于知识、方法、行为的结构空间体。当前，思想政治教育存在空间碎片化和断裂化，结构单一化、绝对化与僵化的意识形态危机，急需打破传统的空间结构，探索出多元、立体、全景式的空间整合模式。②

一方面，思想政治教育空间应是公共空间与个体空间的耦合体。公共空间为个体空间创设大环境，个体空间以个性化弥补公共空间针对性不足的难题。大学生网民群体思想和行为引导既要注重从国家和社会、学校和社会层面营造大环境，又要注重大学生自身心理世界的活动轨迹和成长规律。另一方面，思想政治教育空间应是思想空间、对话空间和行为空间的结合体。思想空间是对话空间和行为空间存在的前提，对话空间是思想空间转向行为空间的中介和桥梁，行为空间是思想空间和对话空间运行的终结点和落脚点。大学生网民群体思想和行为的引导应适应思想空间、对话空间到行为空间的空间转换，在空间交替和空间对接中实现引导空间的全覆盖、零死角、无盲

① 包亚明：《现代性与空间的生产》，上海教育出版社2003年版，第62页。

② 温在泼：《思想政治教育空间转向的多元探索》，《学校党建与思想教育》2019年第18期。

区，保证引导过程的有序性、完整性和统一性。

概而论之，大学生网民群体思想和行为的引导必须树立空间思维，探索空间转向，顺应时代之需，在对话、交流、共享与互鉴中，占领思想政治教育的理论高地。

三、大学生网民群体思想和行为引导的内容体系

众所周知，当前高校思想政治教育改革成绩斐然，但从供给侧视角看，仍存在供给内容偏离现实生活世界的缺陷。重构大学生网民群体思想和行为引导的内容体系，不能仅对思想政治教育内容进行简单的提取和排列，而应根据大学生网民网络生存和发展的实践需求制定有针对性的教育内容，包括网络文化、媒介素养、网络道德、网络世界观、网络人生观、网络价值观、网络实践精神等。

（一）大学生网民思想和行为引导应培育“精品网络文化”

文化是思想政治教育的重要载体，打造高品质的网络文化是大学生网民群体思想和行为引导的必然要求。网络文化可以是文化氛围、文化活动抑或文化产品。当前网络文化在“眼球经济”和新兴媒体的推波助澜下，为大学生网民群体思想和行为引导谋寻到了另类出路。高校应把握时机创设优质的网络品牌文化，打造网络文化建设与思想政治教育的融通路径，提升思想政治教育工作的渗透力和辐射力。

首先，明确网络品牌文化的核心竞争力。在大学生网民群体思想和行为引导的视域下，网络文化的核心竞争力是“育人”，这也是网络文化建设必须始终围绕的一个核心。一旦偏离“育人”目的，网络文化建设就难以发挥出育人价值。其次，打造“形神兼备”的网络品牌文化。“形”是指网络品牌文化的输出形式和呈现方式。高校应加强与自媒体平台以及科技研发机构的合作，充分吸收潮流元素、时尚文化特色，以电影、动漫、图画、摄

影、游戏等学生喜闻乐见、易于接受的“柔性”表达方式输出“刚性”的教育要求，提升网络品牌文化的“圈粉”能力，达到教育的供给平衡。顾名思义，“神”是指网络品牌文化的思想底蕴和文化内核。一方面，高校应充分挖掘优秀传统文化、红色文化以及社会主义先进文化的思想精髓，传承中华民族文化基因；另一方面，高校应有效衔接当地的特色文化，从原汁原味的地方历史文化与民俗文化中汲取养分。概而论之，作为大学生网民群体思想和行为引导的重要内容，网络品牌文化必须是“形”与“神”的有机统一，是“刚”与“柔”的兼容并进、相得益彰。例如，当前在网络空间颇受大学生网民青睐的“国潮”文化以及由此衍生出的“国潮”视频、“国潮”服饰等一系列新风尚，吸引着大学生网民踏上“国潮”之路，积极参与“国潮”文化的创造和传播，将蕴含着中国悠久历史印迹的传统文化发扬光大，并在网络空间刮起了一股崇尚古典元素、彰显东方韵味的“国潮”之风。

（二）大学生网民思想和行为引导应加强“网络素养教育”

网络素养是指在当代网络科技与信息技术飞速发展的背景下，人适应网络时代和网络生存的基本素养。中国传媒大学传媒教育研究中心主任、中国传媒大学传播研究院张开教授指出：“网络素养包含网络信息的获取能力、网络信息的辨识能力和分析能力、网络信息的批判性和解读能力、网络信息的生产能力、网络学习能力、网络交往和协作能力、自我管理能力七项基本能力”。[①] 可以说，网络素养影响着网络空间生态环境，决定着网络社会的未来走向。大学生网民作为网民群体的主力军，更应具备较高的网络素养，在网络社会中发挥着表率作用。

为引导大学生网民群体思想和行为，高校应推动大学生网络素养教育从工具层、识别层、参与层、协作层向智慧层的平稳过渡。工具层是指基本了

---

① 张开：《有关网络素养与社会风险的刍议》，https：//www. sohu. com/a/210270681_407835。

解互联网的工具特性，包括搜索引擎、信息浏览以及个人信息管理等层面；识别层是指在熟悉互联网工具的基础上，能够理性分辨和甄别信息，具有初步的互联网责任意识；参与层是指个人具有网络分享意识，能够积极参与网络社会的互动活动；协作层是指在网络互动基础上，开始在网络社会发挥创造力和合作力，如参与一次互联网社区的共建；智慧层是指在虚拟与现实交互中有清晰的角色定位，能够熟练应对网络风险，始终保持理性思维和防范意识。① 显而易见，智慧层是网络素养的最高层次，也是未来网民必须具备的核心素养。高校应竭尽全力引导大学生网民思想和行为，使其网络素养向智慧层不断靠近。一是教育主管部门要深入把握高校大学生网民网络素养培育的实际状况，通过问卷调查、抽样调查、分层调查、半结构式访谈等形式了解大学生网络素养的实际水平，为教育政策的制定提供科学的数据参照；二是高校要完善大学生综合测评指标体系，对大学生网民尤其是新生进行系统的网络素养培育，包括提升相关课程的学分比重，每月例行开设专家讲座，举办线上或线下的网络素养知识竞赛活动等；三是大学生网民要制定合理的上网规划，时刻明确使用网络的目的和初衷，积极组建网络学习小组，强化网络自律意识。

（三）大学生网民思想和行为引导应培育网络“三观”意识

所谓网络“三观”，是指网络世界观、网络人生观以及网络价值观。网络“三观”是大学生网民群体思想和行为引导的核心内容，不仅直接决定着大学生网民的思想观念，也影响着大学生网民在网络社会的行为选择。

首先，高校要引导大学生网民树立科学的网络世界观，即“网络是什么”这一认识论基本问题。曼纽尔·卡斯特说：“因特网既不是天堂也不是地狱……如果我们想改变我们的现实，我们就必须理解它。”② 一是认清网

① 360 百科，https：//baike. so. com/doc/5712734-5925460. html。

② ［美］曼纽尔·卡斯特：《网络星河——对互联网、商业和社会的反思》，郑波等译，社会科学文献出版社 2007 年版，第 6 页。

络社会与现实社会的关系。网络社会并不是独立于现实社会而存在的虚拟场域，网民在网络社会中依然要受到规则约束，只能获得相对自由，切不能随心所欲。二是培育网络道德和网络法治观念。网民的网络行为必须遵循道德和法律的约束，不能突破社会框架和伦理界限的限制，否则必将受到严惩。其次，高校要引导大学生网民形成正确的网络人生观，即“网络世界中自身究竟以何种方式存在”的问题。一是帮助大学生认识到虚拟人生是现实社会与网络社会交融的产物；二是指导大学生走出虚拟人生的误区，克服沉溺虚拟空间脱离现实社会，进而放任自我、随波逐流的“避世”状态。最后，高校要引导大学生网民塑造健康的网络价值观，即“网络对社会和人生的价值”。网络依赖症、手机癌、电脑痴迷、网游沉迷、网络娱乐综合征等是当前普遍存在的现象，凸显“科技拜物教”倾向。这种对技术的痴迷甚至引发对“网络黑客”的崇拜，严重影响着大学生网民的价值判断和价值选择。为此，高校引导大学生网民思想和行为时不仅要明确技术层面的“能”与“不能”、“行”与“不行”，还要在价值维度明确“该”与“不该”、“美”与“丑”、“善”与“恶”，切实提升大学生网民群体自我教育、自我识别、自我管理的意识和能力。

（四）大学生网民思想和行为引导应塑造“网络实践精神”

在马克思看来，“全部社会生活在本质上是实践的”①。人的实践构成了社会存在、发展、变革的基础，创造了人类生活的全部内容。大学生网民群体思想和行为引导最终要回归网络实践，因而高校思想政治教育工作者必须引导大学生网民确立网络实践主体意识，提升网络创造力和引领力。

一方面，引导大学生网民在网络实践中的主体意识。马克思说：“凡是有某种关系存在的地方，这种关系都是为我而存在的。”②“了解自己本身，

① 《马克思恩格斯选集》第1卷，人民出版社2012年版，第885页。
② 《马克思恩格斯选集》第1卷，人民出版社2012年版，第161页。

使自己成为衡量一切生活关系的尺度，按照自己的本质去估价这些关系，真正依照人的方式，根据自己本性的需要，来安排世界。”① 网民是网络社会的主体，网络实践中人的主体地位不可撼动，网络主体意识正是“为我精神”的核心。高校要引导大学生网民群体正确面对网络压力，规避主体迷失与主体沉溺的风险，在网络实践中激发主体的自主意识和独立意识，在实践中有序发挥主体作用。另一方面，引导大学生网民在网络实践中发挥创造力。“创造性既是人类实践的本质属性，也是网民网络实践的本质要求。”② 高校思想政治教育工作者要指导大学生将创新精神与开拓意识融入网络实践，积极开展合目的性与合规律性相统一的实践活动，提升大学生网民的行为自觉，在积极健康的网络实践中提升大学生网民的网络获得感和成就感。

四、大学生网民群体思想和行为引导的载体创新

习近平总书记指出：“我们推动媒体融合发展，是要做大做强主流舆论，巩固全党全国人民团结奋斗的共同思想基础，为实现‘两个一百年’奋斗目标、实现中华民族伟大复兴的中国梦提供强大精神力量和舆论支持。”③ 现代网络信息技术开启了人类新的生存方式，网络媒体由新媒体、自媒体、融媒体向全媒体的变革，为大学生网民知识共享、休闲娱乐和开阔视野提供了全新的互动平台和交流媒介，也深刻影响着大学生的认知习惯、思想观念、道德规范和行为特征。同时，网络媒体“井喷式”发展也使大学生思想政治教育呈现“全程、全息、全员、全效”的“四全”特性。为此，大学生网民群体思想和行为的引导要在转变思维观念的基础上，以学生全面发展为根本宗旨，以校园文化建设为突破口，以网络教育平台搭建为重

---

① 《马克思恩格斯全集》第1卷，人民出版社1956年版，第651页。

② 谢玉进、吕雪飞：《论网络思想政治教育内容拓展》，《继续教育研究》2017年第5期。

③ 习近平：《加快推进媒体融合发展 构建全媒体传播格局》，《求是》2019年第6期。

点，同时注重优化载体的功能设置，释放教育载体的最大潜力。

（一）大学生网民群体思想和行为引导的课程载体创新

教学是高校思想政治教育的永恒主题，课堂集管理、服务、互动、传道、授业、解惑于一体，是大学生网民群体思想和行为引导最重要的载体。换言之，课程载体质量直接关系到大学生网民群体思想和行为引导的实效性。当前高校思想政治教育课程可分为思想政治理论课和人文素养课程，如通识课程、法律基础课程以及人文历史课程等。思想政治理论课是灌输马克思主义基本原理，宣传爱国主义精神与社会主义核心价值观的主阵地和主渠道。网络时代的到来，给高校实现优质课程资源的整合和共享提供了契机。第一，要充分吸纳互联网资源，优化课程教材体系。思想政治教育学科教材编写者应在原有内容的基础上，密切结合学生关注的网络热点话题，做到与时俱进、吐故纳新。第二，要优化课程管理体系。课程管理是指教育者对课程效果、课程反馈以及课程改革的一系列管理措施，课程管理的科学性关系到课程内容的推进和实施，大学生网民群体思想和行为的引导离不开思想政治教育管理者科学的过程管理。就管理理念而言，高校要强化思想政治教育管理者的岗位培训，增强管理者的服务意识和引导意识；从管理行为上看，高校要强化过程监管，如建立专职课程督导队伍，在单一期末课程考核基础上增加日常课后反馈，搭建常态化的组织管理团队与教学队伍交流平台，实现思想政治教育过程的精细化、规范化和科学化。

（二）大学生网民群体思想和行为引导的活动载体创新

实践活动是高校思想政治教育的外化路径，是发现思想问题和错误行为的窗口，也是检验引导效果的试金石。简而言之，大学生网民群体思想和行为的引导起始于网络实践，也必将从网络活动和线下活动中寻求“诊疗方案”。

与时俱进，用新观念创新校园活动的新思路。一方面，要充分利用校园素材，提升现有校园活动的质量。高校思想政治教育工作者要对学校现有的关于网络行为和网络观念的品牌活动进行汇总，深入分析各项活动的优缺点，进而进行有针对性的整改，实现现有品牌活动的提质增效。另一方面，要加强跨校、跨地区合作，引进外校的实践活动。高校之间要搭建共享平台，推广优质的实践活动，让具有专业特点与学科特色的实践活动能够服务学生、服务高校以及服务社会。

实践探索，用新理念搭建社会活动的新平台。一是要鼓励大学生社团及学生会组织校外实践活动，积极寻求社会活动的新载体和新途径，在贴近社会、贴近生活、贴近实际的同时，推进大学生的社会化。例如，高校学生会组织和活动团体应与互联网企业加强联合，定期组织大学生到网络研发基地进行参观和体验，在身体力行中实现观念修正。二是要注重协调社会活动的个人效益和社会效益，不能重形式轻实效、重个人轻整体。例如，高校可组织大学生进入基层社区进行网络文化宣讲，传播正确的网络观念，在理念传输中实现自我提升。

总结经验，用新作为谱写网络活动的新篇章。一方面，要吸纳特色元素，推出蕴含高校精神特质的校园网络活动。高校要依托网络技术和自身特色，推出系列的“线上”活动，理工科院校可举办网络编程、计算机模型、人工智能研发、网络游戏等比赛，文科类院校可组织网络知识问答、网络社区管理以及网络征文等活动，在线上活动中引导大学生网民深刻认识网络的工具性价值。另一方面，要严格把关网络产品的供给，引领网络社区开展有价值、有内涵、有韵味、有风格的网络活动，如“我最爱讲中国故事”“你身边的英雄”“网络暴力你怎么看”等活动。通过话题引导和故事分享，借助网络社区的向心力和凝聚力，引导大学生网民在网络虚拟世界中发扬真、善、美。

（三）大学生网民群体思想和行为引导的网络载体创新

网络空间已经成为大学生思想交流、愉悦身心、获取新知以及信息管理的主平台，也是大学生网民群体思想和行为引导的主战场和主引擎。因此，借助互联网与网络媒介搭建线上教育平台，创新大学生网民群体思想和行为的引导载体势在必行。

首先，组建新型网络社群，搭建网络互动平台。“自2002年伊始，网络社群历经QQ群聊、贴吧、人人网、开心网、微博的PC社群的黄金时代，到2012年诞生的微信群、贴吧群、陌陌群、社群服务平台等，移动社群的黄金时代到来。”① 网络社群相较于普通的网络线上互动，用户黏性更高、凝聚力更强，群体价值观体现出日渐趋同的倾向。高校要以大学生兴趣点和需求点为导向，建构个性化、特色化的网络社群；要明确社群的目标和结构，以共享和共进为宗旨塑造社群文化；要培养具有理性思维与管理素养的意见领袖。

其次，开设多主题线上教育网站，搭建网络交流平台。网络时代传统的单向信息传输模式被打破，网民不仅是接收信息与消费信息的主体，更可借助自媒体平台实现信息角色逆转，成为信息生产者和发布者。高校要积极开发微信公众号、媒体APP以及新闻客户端等，做到传统媒体与新兴媒体的有机融合。

最后，借助大数据预测功能，搭建网络预警平台。众所周知，大数据技术能够通过数据分布情况洞察深层规律，给网络事件的预测和风险评估提供了科学的数据分析模型。高校要积极引进大数据的研发技术，准确判断网络突发事件以及网络舆情的走向，把握大学生网民群体思想和行为引导的契机。

五、大学生网民群体思想和行为引导的保障机制

所谓大学生网民群体思想和行为引导的保障机制，是指通过建立一系列

① 万文双：《网络社群：高校思想政治教育的新载体》，《学校党建与思想教育》2017年第11期。

规章制度，包括硬性手段和软性手段，为思想政治教育工作的开展提供组织领导、人员队伍、资金场所、手段方式等方面条件保障，使大学生网民群体思想和行为的引导能够有序推进，最终达成引导目标。大学生网民群体思想和行为引导涉及多主体参与、多维度协同、多元素融合，为确保引导过程的顺利实施，高校思想政治教育工作必须要从组织、管理、法治、技术、绩效、环境等维度搭建多重保障机制。

（一）搭建大学生网民群体思想和行为引导的队伍建设机制

第一，要建立科学的领导队伍。针对当前大学生网民群体思想和行为引导出现的权责不明、职责不清等问题，高校思想政治教育工作必须组建精干高效的组织领导队伍，强化思想政治教育工作领导层的责任意识和大局意识，将大学生网民群体思想和行为引导工作进行明确的责任划分，发挥党在大学生网民思想和行为引导工作中的主导权。

第二，要组建高素质的教师队伍。思想政治理论课教师是大学生网民群体思想和行为引导的实施者和执行者，教师队伍的建设对整个引导工作发挥着至关重要的作用。就年龄结构而言，高校思想政治理论课团队要建立合作机制、改革教学内容和方法、开发丰富的教学资源、促进教学研讨和教学经验交流、推进教学工作的传帮带和老中青相结合，做到前辈引领后辈、后辈助推前辈，提高教师队伍整体教学水平，培养出色的青年后备人才；从知识结构上看，高校要打造一支技术素养与专业素养兼备的教师团队，激发大学生网民群体思想和行为引导的内生动力。

第三，要组建高效的管理队伍。大学生网民群体思想和行为的引导是一个系统工程，管理队伍对整个思想政治教育过程的运行、反馈和调整发挥重要作用。为此，高校要积极引进拥有先进管理理念、掌握科学管理技巧的优秀管理人才，为思想政治教育管理队伍注入新鲜血液，使大学生网民群体思想和行为的引导焕发出新气象和新活力。

（二）搭建大学生网民群体思想和行为引导的运行管理机制

第一，要建立科学的队伍培训机制。一方面，要组建专门的培训团队，依据师资队伍的实际情况，制订科学的培训目标和翔实的培养计划；另一方面，要以电子档案的形式详细记录教师的成长情况，并及时与相关教师沟通培训进度，切实改变工作作风，提升教师队伍综合素质，最大限度地激发教师队伍的内在动力，使其才有所用、劳有所得、功有所奖。

第二，要建立科学的队伍绩效考核机制。绩效考核是激励教师不断提升自我，以期实现教育目标的管理机制。换言之，绩效考核旨在通过硬性的考核指标激发教师群体的工作热情和能力素质，以达到最终的引导效果。显而易见，绩效考核方案的合理性和精益化直接关系到教师队伍工作积极性和主动性。一是强化目标指引，突出考核科学化。高校应进一步细化以目标为核心的考核指标体系，通过分层次、分类别的绩效考核，最大限度地发挥绩效考核工作的引领和激励作用。二是强化过程监督，突出考核全程化。高校应强化对教学工作的日常监督与管理，可以年、季度、月、旬、周、日为周期，实时关注教学团队工作指标完成进度情况，及时发现问题，实时进行整改提升。三是强化健全机制，突出考核层级化。高校应建立职责清晰、分工明确的绩效考核机构，制定科学合理的考核流程，促进结果考核和过程考核有机结合，严格按照预设评价标准开展考评操作，规范考核过程。四是强化奖优罚劣，实现评价标准化。要将定性考察与定量考核结合起来，建立客观公正的评价标准；要推进绩效考核落地落实，凸显考评结果在薪资待遇、评先创优、干部选拔任用等方面的实际应用。

第三，要建立长效的风险预防机制。其一，建立校园舆情与网络舆情的监控机制。高校媒体是对内传播信息的重要渠道，是网络舆情与校园舆情的晴雨表。媒体管理应加强舆情监管，通过对微博、网站、微信公众号等媒体热门话题进行评估和研判，对可能引发网络舆情的话题及时进行干预，引导话题研讨转向正确轨道。其二，建立校园舆情与网络舆情的防御机制。高校要充分利用校园媒体，对校园新闻中学生的私信、留言、评论、转发、互动情况进行汇总，对学生关注度高、争议大的问题要及时作出回应，适时调整引导方案，抚平学生的暴躁情绪，化解可能出现的网络舆论危机。其三，建立网络突发事件的应急机制。在互联网时代，突发事件往往能够冲破小范围界限引发一场舆论风暴，对大学生网民群体的思想和行为产生重要影响，如不加以防范，会演化为网络危机，破坏网络空间的生态环境。高校应当在突发事件出现后，立即启动应急机制，运用官方微博、微信、QQ 群、贴吧等发布信息，及时澄清事实真相，遏制谣言传播，维护教育环境的稳定。

（三）搭建大学生网民群体思想和行为引导的环境建设机制

网络信息技术的飞速发展为消极文化思想和负面社会思潮滋生提供了温床，西方价值观打着娱乐的幌子，借助娱乐媒体肆意扩张领地。为此，对大学生网民群体思想和行为的引导必须要做到严防死守，全方位打造教育环境。

第一，齐抓共管，营造良好的社会环境。社会环境是指国家或地区在一定阶段内由风俗习惯、文化传统、行为模式、道德观念以及时尚观念等要素呈现的整体面貌。① 社会环境是育人之摇篮，是社会精神面貌之体现，好的社会环境能够夯实大学生网民群体思想和行为引导的基础。一是要坚持全面从严治党，整顿党风。党风代表着一个执政党的形象，对社会风气发挥着引领和导向作用。由于大学生处于社会化的重要阶段，对政治的热情和敏感度较高，对党风问题尤为关切。并且，中国共产党是中国特色社会主义事业的坚强领导核心，党风不仅关系党的建设，也影响着民风、社风、家风、文风以及政风。因而，必须要坚持全面从严治党，用“组合拳”破除“潜规则”，剔除党内“毒瘤”和“细菌”，拆除黑恶势力“保护伞”，彻底肃清党内不良风气，保持党的肌体健康。二是全社会应以马克思主义为指导思

① 张亚丹：《大学生思想政治教育价值论》，人民出版社 2017 年版，第 120 页。

想，培育和践行社会主义核心价值观，用习近平新时代中国特色社会主义思想启迪智慧，凝聚人心，弘扬真善美、贬斥假恶丑，合力打造健康绿色的社会环境。

第二，共建共享，营造健康的校园环境。高校校园是最高的艺术殿堂，承载着大学之文化，孕育着大学之精神，彰显着大学之担当。所谓校园环境，是指以学生为主体，以校园为空间范围，以育人为导向，以精神文化、环境设施、行为艺术、制度机制等为构成要素，包括教学基础设施、校园绿化景观等物质形态内容，也包括校训、学风、师德师风、校风等精神层面内容。校园环境具有独特的思想政治教育功能，能够实现情感激励、观念培育、人格塑造、价值导向和行为规范功能。因此，大学生网民群体思想和行为引导必须融入校园环境的建设，让原本没有生命力的东西通过校园环境的浸润与大学生进行"无形对话"，在潜移默化中施加影响。一是高校要进行全方位的资源整合，改善网络课程教学条件，开设科技馆和网络博物馆，借助 VR 设施和虚拟仿真技术等，激发大学生网民的学习兴趣和乐趣；二是要组织开展理论课堂和名师讲座，扩展大学生网民的网络知识储备；三是要组织开展大学生喜闻乐见、丰富多彩、积极向上的学术和实践活动，建设高雅的校园文化；四是要培育良好的学风、师风和校风，端正大学生网民的思想观念，形成正确的价值认同，增强大学生网民抵御网络错误思潮的意识和能力。

第三，多措并举，营造清朗的网络环境。一是加强网络文化建设，打造具有时代精神和青春特色的网络文化品牌，为大学生网民群体建立和谐的交往环境和友好的沟通平台；二是把握网络舆论导向，提升主流意识形态的网络话语权，将社会主义核心价值观理念贯彻到网络空间；三是建立网络协调机制，强化网络生态体系的自我调节，平衡好网络社会中个人利益与集体利益的关系，将可能发生的矛盾冲突控制在可调和的范围之内。

综上所述，对大学生网民群体思想和行为的引导是主体合力、空间合力、内容合力、载体合力以及机制合力协同作用的结果。主体合力明确了大学生网民群体思想和行为的引导主体；空间合力明确了大学生网民群体思想和行为的引导的空间场域；内容合力明确了大学生网民群体思想和行为引导的内容结构；载体合力明确了大学生网民群体思想和行为引导的优秀介质；机制合力明确了大学生网民群体思想和行为引导的保障体系。通过对大学生网民群体思想和行为的引导，大学生网民群体的网络素养得以提升，网络“三观”得以重塑，网络行为得以纠正，能够以积极的态度享受网络社会崛起引发的全方位变革，迎接网络空间的新机遇和新挑战，争做网络生态和网络文化的深度浸润者、参与者和建设者，真正成为新时代的理性网络人。

结　　语

行文至此，本该收笔，但是为了便于读者对全书的内容有一个总体的印象，特将书中的主要观点和创新点进行概括。

本课题研究的主要结论如下：

第一，网络首先是一种技术性的存在，也是一种人类崭新的生存空间，更是一种不同于现实社会生活的新样态。

第二，网络社会是现实社会的拓展与延伸，它与现实社会联系紧密，没有完全脱离现实社会而存在的纯粹虚拟社会，网络社会的一切无不深深地打上现实社会的烙印；同时，现实社会受到网络社会的深刻影响，也在无形之中被网络社会形塑。

第三，马克思主义关于人与环境、人与技术的基本原理作为本课题研究的理论基础和根本遵循，中国古代先贤以及以西方哲人关于人与环境、人与技术等关系的相关论述为本课题的研究提供了丰富的思想资源和思想借鉴。

第四，毋庸置疑，网络对大学生的思想和行为有着明显的影响，并且其影响是全方位、多维度的，也是比较深刻、复杂的。网络对大学生思想和行为的影响具体表现为直接影响与间接影响、积极影响和消极影响、显在影响与潜在影响、近期影响与长远影响、正面影响与负面影响等多种影响的交织并存，是一个相互对立、相互统一的矛盾统一体。

第五，尽管由于大学生性别、年龄、所学专业、年级、性格、心理素质等个体的差异，网络对其思想和行为影响的程度会有所不同，但对整个大学生群体而言，网络对他们来说在总体上是利大于弊的。也就是说，网络对大学生思想和行为的积极影响（或正面影响）是主要的、第一位的，网络对大学生思想和行为的消极影响（或负面影响）是次要的、第二位的。

第六，对大学生网民群体进行思想和行为的引导与规范是十分必要的，也是可能的。就大学生网民群体的引导而言，主要从引导的指导思想、引导的原则、引导的内容、引导的方针和策略等方面展开论述，其实质就是通过外部的教育，促使大学生网民自省的过程。就大学生网民群体的规范而言，则需要坚持自律与他律相结合、内化与外化相统一、网上与网下相一致的指导思想，通过道德自律、技术控制、法律规制和制度保障促使大学生网民群体规范自己网上的言论和行为。概而言之，大学生的思想和行为在总体上还是可控的，完全可以通过采取一定的方式方法和策略对他们的思想进行引导，对他们的网络行为进行规范，从而能够因势利导、趋利避害，甚至化害为利，充分调动网络对大学生的积极的、正面的影响，为大学生的成长成才服务，也为塑造一个和谐有序、风清气正的清朗网络空间提供正能量。

本课题的主要创新点：

首先是整体研究上的创新。比较详尽地整理了国内外学界关于网络对大学生思想和行为研究方面的成果，并做出了一定的归纳概括与客观的评述。通过文献研究，笔者发现学术界现有研究成果都是从某一个方面、某一维度或某一视角去研究网络对大学生思想或行为的某一个具体方面，存在研究视角单一、研究内容不够完整的缺憾。可以说，本课题是国内外学界中从整体上比较系统地研究网络对大学生思想和行为影响的第一次尝试，虽不敢以独创自居，至少也是“敢于吃螃蟹的第一人”，这种勇气还是可嘉的。

其次是文献研究方面的创新。从大量的文献中梳理了马克思主义关于人与环境、人与技术的基本原理，中国古代思想家和西方先贤对人与环境、人与技术关系的思想，从而为本课题研究奠定了理论基础和思想借鉴。同时，这种梳理与概括本身也是文献研究视角方面的创新。

再次是研究内容方面的创新。通过对网络对大学生思想和行为影响研究的理论论证与实证分析，初步建构了一个系统的研究框架和研究范式，透过网络对大学生思想和行为影响的内涵、特征、种类、表征及其机理的论证与分析，初步回答了网络对大学生思想和行为有无影响、影响的具体表现以及为什么会产生这些影响等，基本上实现了本课题立项的旨趣。

最后是研究方法上的创新。本课题综合运用理论分析法、文献研究法、实证研究法等比较科学、可行的研究方法，尤其是将定性研究与定量研究相结合以及在运用结构方程分析方面独具特色。

尽管有着上述四个方面的创新，但是限于本人的理论功底、研究水平和驾驭能力等方面的不足，本课题研究还存在着以下缺憾：

其一，对网络对大学生思想和行为影响的某些概括还不够精练，有些提法还需要进一步去推敲。

其二，第二章关于网络对大学生思想和行为影响类型的分析中，有些分类的标准还不够准确，逻辑上还不够严密。

其三，第三章关于网络对大学生思想和行为影响的表征的有关概括也可能是挂一漏万，不够完整，对其机理的剖析有些过于简单，学理性还不够强。本人期待在今后的研究中进一步充实与提炼，使之更加完善。

参考文献

一、经典著作

1.《马克思恩格斯选集》第1—4卷，人民出版社1995年版。
2.《马克思恩格斯全集》第1、2、3、4、31、32、33、39、42、46卷，人民出版社版。
3.《马克思恩格斯文集》第1—10卷，人民出版社2009年版。
4.《列宁选集》第1—4卷，人民出版社版1995年版。
5.《列宁全集》第34卷，人民出版社1985年版。
6.《邓小平文选》第一至三卷，人民出版社1993年版。
7.《江泽民文选》第三卷，人民出版社2006年版。
8.《习近平谈治国理政》第二卷，外文出版社2017年版。
9.《十八大以来重要文献选编》（上），中央文献出版社2014年版。
10.《决胜全面建成小康社会　夺取新时代中国特色社会主义伟大胜利——在中国共产党第十九次全国代表大会上的报告》，人民出版社2017年版。

二、学术专著

（一）中文译著

1.［美］曼纽尔·卡斯特：《网络社会的崛起》，夏铸九等译，社会科学文献出版社 2003 年版。

2. ［美］曼纽尔·卡斯特：《网络星河：对互联网、商业和社会的反思》，郑波、武炜译，社会科学文献出版社 2007 年版。
3. ［美］尼古拉·尼葛洛庞帝：《数字化生存》（20 周年纪念版），胡泳、范海燕译，海南出版社 1997 年版。
4. ［俄］乌申斯基：《人是教育的对象》，科学出版社 1959 年版。
5. ［美］威廉姆·戴维德：《过度互联：互联网的奇迹与威胁》，李利军译，中信出版社 2012 年版。
6. ［英］蒂姆·伯纳斯-李、马克·菲谢蒂：《万维网之父谈万维网的原初设计与最终命运》，张宇宏、萧风译，上海译文出版社 1999 年版。
7. ［英］巴雷特：《赛伯族状态：因特网的文化、政治和经济》，李新玲译，河北大学出版社 1998 年版。
8. ［英］戴维·冈特利特：《网络研究：数字化时代媒介研究的重新定向》，彭兰等译，新华出版社 2004 年版。
9. ［美］曼纽尔·卡斯特：《认同的力量》（第二版），曹荣湘译，社会科学文献出版社 2006 年版。
10. ［美］唐·泰普斯科特：《数字化成长——网络时代的生活主张》，陈晓开、袁世佩译，东北财经大学出版社 2003 年版。
11. ［美］埃瑟·戴森：《2.0 版：数字化时代的生活设计》，胡泳、范海燕译，海南出版社 1998 年版。
12. ［美］威廉·J. 米切尔：《伊托邦：数字时代的城市生活》，吴启迪等译，上海科技教育出版社 2005 年版。
13. ［美］凯斯·桑斯坦：《网络共和国：网络社会中的民主问题》，黄维明译，上海人民出版社 2003 年版。
14. ［英］李约瑟：《四海之内》，劳陇译，生活·读书·新知三联书店 1987 年版。
15. ［英］李约瑟：《中国科学技术史》第二卷，科学出版社 1991 年版。
16. ［法］孟德斯鸠：《论法的精神》（上册），张雁深译，商务印书馆 1993 年版。
17. ［英］欧文：《欧文选集》（下卷），柯象峰等译，商务印书馆 1965 年版。
18. ［美］尼尔·波兹曼：《技术垄断：文明向技术投降》，机械工业出版社 2013 年版。
19. ［德］雅思贝尔斯：《历史的起源与目标》，华夏出版社 1987 年版。
20. ［德］弗兰克·施尔玛赫：《网络至死》，邱袁炜译，龙门书局 2011 年版。

21. ［英］詹姆斯·柯兰、娜塔莉·芬顿、德斯·弗里德曼：《互联网的误读》，何道宽译，中国人民大学出版社 2014 年版。
22. ［美］Patricia Wallace：《互联网心理学》，谢影、苟建新译，中国轻工业出版社 2001 年版。
23. ［美］尼古拉斯·卡尔：《浅薄——互联网如何毒化了我们的大脑》，刘纯毅译，中信出版社 2010 年版。
24. ［美］金伯利·S. 杨：《网络心魔：网瘾的症状与康复策略》，毛英明等译，上海译文出版社 2005 年版。
25. ［美］安德鲁·基恩：《网民的狂欢：关于互联网弊端的反思》，丁德良译，南海出版公司 2010 年版。
26. ［美］凯斯·桑斯坦：《极端的人群：群体行为心理学》，尹宏毅等译，新华出版社 2010 年版。
27. ［英］维克托·迈尔-舍恩伯格，肯尼思·库克耶：《大数据时代》，盛杨燕、周涛译，浙江人民出版社 2013 年版。
28. ［美］迈克尔·海姆：《从界面到网络空间——虚拟实在的形而上学》，金吾伦、刘钢译，上海科技教育出版社 2000 年版。
29. ［英］约翰·诺顿：《互联网——从神话到现实》，江苏人民出版社 2001 年版。
30. ［新西兰］杰瑞米·波普：《制约腐败——建构国家廉政体系》，中国方正出版社 2003 年版。
31. ［美］西奥多·罗斯扎克：《信息崇拜：计算机神话与真正的思维艺术》，中国对外翻译出版社 1994 年版
32. ［法］古斯塔夫·勒庞：《乌合之众：大众心理研究》，中央编译出版社 2000 年版。
33. ［美］约翰·杜威：《民主主义与教育》，王承绪译，人民教育出版社 1990 年版。

（二）中文专著

1. 乔岗：《网络化生存》，中国城市出版社 1997 年版。
2. 成孝予：《高校校园网管理与网上引导工作研究》，电子科技大学出版社 2010 年版。
3. 郭良：《网络创世纪——从阿帕网到互联网》，中国人民大学出版社 1998 年版。
4. 肖峰：《技术的人性面与非人性面》，科学技术文献出版社 1991 年版。

5. 谢玉进、陈士平主编:《中国网络社会研究报告》,经济科学出版社 2015 年版。
6. 吴满意:《网络人际互动——网络实践的社会视野》,人民出版社 2015 年版。
7. 陈万柏、张耀灿主编:《思想政治教育学原理》,高等教育出版社 2007 年版。
8. 王前:《“道”“技”之间——中国文化背景的技术哲学》,人民出版社 2009 年版。
9. 郑永廷、张彦:《德育发展研究——面向 21 世纪中国高校德育探索》,人民出版社 2006 年版。
10. 北京大学哲学系编译:《古希腊罗马哲学》,商务印书馆 1982 年版。
11. 曹孚编:《外国教育史》,人民教育出版社 1981 年版。
12. 张耀灿、郑永廷等:《现代思想政治教育学》,人民出版社 2006 年版。
13. 曹银忠:《大学生网民群体研究》,人民出版社 2019 年版。
14. 孙关宏、胡雨春:《政治学》,复旦大学出版社 2002 年版。
15. 严耕:《网络伦理》,北京出版社 1998 年版。
16. 郭玉锦、王欢:《网络社会学》,中国人民大学出版社 2016 年版。
17. 张明仓:《虚拟实践论》,云南人民出版社 2005 年版,第 52 页。
18. 项久雨:《思想政治教育价值论》,中国社会科学出版社 2003 年版。
19. 吴满意、宁文英、王欣玥等:《网络思想政治教育生态系统研究》,人民出版社 2019 年版。
20. 张亚丹:《大学生思想政治教育价值论》,人民出版社 2017 年版。
21. 中国社会科学院语言研究所词典编辑室编:《现代汉语词典》第 7 版,商务印书馆。

(三)中国古代文献

1.《论语》
2.《孟子》
3.《荀子》
4.《墨子》
5.《道德经》
6.《庄子》
7. 王夫之:《四书训义》卷三十五
8. 王夫之:《尚书引义》卷三

9.《尚书》
10.《管子》
11.《老子》
12. 朱熹:《四书集注》,岳麓书社 2004 年版。

三、报纸文章

1. 习近平:《在全国教育工作会议上的讲话》,《人民日报》2018 年 9 月 11 日。
2. 习近平:《在庆祝中国共产党成立九十五周年纪念大会上的讲话》,《人民日报》2016 年 7 月 2 日。
3.《坚持正确方向创新方法手段　提高新闻舆论传播力引导力》,人民日报 2016 年 2 月 20 日第 1 版。
4.《大学生成手机控,同处一室发短信让室友关灯》,《楚天金报》2012 年 7 月 27 日。
5. 张千帆:《网络民意的理性化》,《南方日报》2009 年 4 月 8 日。
6. 习近平:《以信息化培育新动能　用新动能推动新发展　以新发展创造新辉煌》,《人民日报》2018 年 4 月 23 日。
7.《习近平在全国高校思想政治工作会议上强调:把思想政治工作贯穿教育教学全过程　开创我国高等教育事业发展新局面》,《人民日报》2016 年 12 月 9 日。
8. 习近平:《加快推进网络信息技术自主创新　朝着建设网络强国目标不懈努力》,《人民日报》2016 年 10 月 10 日。
9. 习近平:《在纪念五四运动 100 周年大会上的讲话》,《人民日报》2019 年 5 月 1 日。
10. 习近平:《坚持中国特色社会主义教育发展道路　培养德智体美劳全面发展的社会主义建设者和接班人》,《人民日报》2018 年 9 月 11 日。
11. 习近平:《坚持实事求是的思想路线》,《学习时报》2012 年 5 月 28 日。
12.《习近平在省部级主要领导干部坚持底线思维着力防范化解重大风险专题研讨班开班式上发表重要讲话强调:提高防控能力着力防范化解重大风险保持经济持续健康发展社会大局稳定》,《人民日报》2019 年 1 月 22 日。
13. 习近平:《用新时代中国特色社会主义思想铸魂育人　贯彻党的教育方针落实立德树人根本任务》,《人民日报》2019 年 03 月 19 日。

14. 习近平:《在 2015 年春节团拜会上的讲话》,《人民日报》2015 年 2 月 25 日。
15. 胡锦涛:《在人民日报社考察工作时的讲话》,《人民日报》2008 年 6 月 21 日。

四、学术期刊论文

1. 王舜:《浅析微博在大学生思想政治教育工作中的作用》,《才智》2011 年第 18 期。
2. 曾军顺:《微博对大学生的影响及思想政治教育对策》,《教育理论研究》2011 年第 2 期。
3. 梁世敏、孙理、张丽伟:《基于校园 SNS 网络的大学生思想教育初探》,《长春工程学院学报(社会科学版)》2009 年第 10 期。
4. 吴勇:《微博:大学生思想政治教育的新载体》,《广西社会科学》2011 年第 8 期。
5. 阚道远:《微博兴起视野下的思想政治工作》,《思想政治工作研究》2010 年第 4 期。
6. 刘晨:《网络色情对大学生思想道德的影响及对策》,《民办教育研究》2010 年第 7 期。
7. 庞晓冬:《伪科学、迷信网络传播状况及对策》,《科普研究》2015 年第 6 期。
8. 辛桂京、赵丛楠:《网络时代的到来对大学生学习生活的影响》,《潍坊学院学报》2017 年第 2 期。
9. 张新贤:《大学生网络学习行为研究》,《考试周刊》2007 年第 31 期。
10. 吴伟伟:《网络环境下大学生自主学习:问题及对策》,《学理论》2010 年第 16 期。
11. 田佳、乜勇:《大学生网络问题学习行为探究》,《数字教育》2016 年第 2 期。
12. 张冬瑾、陈垚:《浅谈网络社交对大学生人际交往的影响》,《西部皮革》2017 年第 8 期。
13. 叶海燕:《网络社交工具对当代大学生影响》,《商》2016 年第 34 期。
14. 尹国欣:《网络社交媒体对大学生流行文化的影响与思考》,《教育现代化》2017 年第 38 期。
15. 刘玉仙、赵金蕾:《社交网络对大学生心理健康的影响及对策研究》,Information Engineering Research Institute, USA. Proceedings of 2015 5th International Conference

on Education and Sports Education（ESE 2015），Information Engineering Research Institute，USA，2015 年 4 月。
16. 翁琪慧、滕秋玲：《网络交友工具对大学生影响的研究》，《新闻研究导刊》2016 年第 7 期。
17. 姜新瑞、姜新宇、杨晓雯：《当代网络社交对大学生人际交往能力影响研究》，《现代商贸工业》2018 年第 1 期。
18. 魏双锋：《大学生网络社交的常见心理问题及对策》，《辽宁行政学院学报》2011 年第 12 期。
19. 朱晓辰：《论网购对大学生消费行为的影响》，《商业时代》2013 年第 22 期。
20. 刘鹏：《浅析大学生网络失范行为》，《北方经贸》2013 年第 3 期。
21. 陈茜：《大学生网络道德失范行为的主要特征及其有效防范与教育对策研究》，《当代教育论坛》（上半月刊）2009 年第 4 期。
22. 谢董汉：《大学生网络道德失范行为特征及对策》，《管理观察》2009 第 15 期。
23. 陶韶菁、王功敏：《关于大学生网络失范行为的调查和思考》，《思想理论教育导刊》2011 年第 7 期。
24. 胡剑芬、饶烜：《行为学视角下大学生网络失范行为研究》，《中国教育信息化》2014 年第 3 期。
25. 张机：《论大学生网络道德失范行为的表现及调适对策》，《韩山师范学院学报》2008 年第 1 期。
26. 闵辉、梁莉：《大学生网络失范行为的规制研究》，《思想理论教育》2013 年第 9 期。
27. 王刚山、田云辉：《失范与规范：大学生网络安全问题研究》，《大众文艺》2018 年第 1 期。
28. 李龙强、李桂丽：《马克思主义实践观和生态文明建设——《关于费尔巴哈的提纲》中人与自然关系的当代解读》，《甘肃理论学刊》2012 年第 2 期。
29. 胡化凯：《道家技术观对现代科技文明发展的启示》，《自然辩证法通讯》2008 年第 2 期。
30. 王前：《“以道驭术”——我国先秦时期的技术伦理及其现代意义》，《自然辩证法通讯》2008 年第 1 期。
31. 郑永廷：《德育环境理论比较研究》，《学校思想教育》1992 年第 5 期。
32. 刘志业、张召媛：《关于技术工具论和技术价值论的哲学思考》，《湖北经济学院学报（人文社会科学版）》2010 年第 9 期。

33. 张成岗:《西方技术观的历史嬗变与当代启示》,《南京大学学报(哲学·人文科学·社会科学)》2013 年第 4 期。
34. 李宏伟:《技术的价值观》,《自然辩证法通讯》2005 年第 5 期。
35. 陈侠、黄希庭、白纲:《关于网络成瘾的心理学研究》,《心理科学进展》2003 年第 11 期。
36. 力丹:《互联网的非线性传播及对其的批判思维》,《新闻记者》2017 年第 10 期。
37. 袁曦临:《超文本结构与超文本阅读》,《图书馆杂志》2015 年第 5 期。
38. 王欢、祝阳、刘颖:《网络快餐文化背景下的 90 后大学生价值观研究》,《现代情报》2014 年第 5 期。
39. 袁明刚等:《互联网络对大学生学习的影响及对策》,《武汉科技学院学报》2001 年第 1 期。
40. 肖立英、李中旗、文灿:《基于深度学习的个性化智能导学平台的研究》,《网络安全技术与应用》2018 年第 5 期。
41. 赵雪虹、田家:《信息化时代网络对大学生行为方式的影响探析》,《林区教学》2015 年第 5 期。
42. 沈茹:《大学生网络消费行为分析》,《边疆经济与文化》2016 年第 9 期。
43. 邢建华:《我国大学生网络政治参与的现状分析与对策思考》,《漳州师范学院学报》2011 年第 3 期。
44. 乔野:《互联网时代语言特点探究》,《文学教育》(上)2018 年第 5 期。
45. 姜齐平:《大数据的时代变革力量》,《互联网周刊》2013 年第 1 期。
46. 支爱玲:《学生社会情感能力的培养路径》,《教育学术月刊》2019 年第 11 期。
47. 杨开城、李文光等:《现代教学设计的理论体系初探》,《中国电化教育》2002 年第 2 期。
48. 黄少华、武玉鹏:《网络行为研究现状:一个文献综述》,《兰州大学学报(社会科学版)》2007 年第 2 期。
49. 代艳丽、奉苏妹:《哈贝马斯交往行为理论对大学生"低头族"的启示》,《学术探索》2016 年第 1 期。
50. [美] 贝塔朗菲、王兴成:《普通系统论的历史和现状》,《国外社会科学》1978 年第 2 期。
51. 吴满意、景星维:《精准思政:内涵生成与结构演化》,《学术论坛》2019 年第 5 期。
52. 包亚明:《现代性与空间的生产》,上海教育出版社 2003 年版,第 62 页。

53. 温在泼：《思想政治教育空间转向的多元探索》，《学校党建与思想教育》2019 年第 18 期。
54. 谢玉进、吕雪飞：《论网络思想政治教育内容拓展》，《继续教育研究》2017 年第 5 期。
55. 万文双：《网络社群：高校思想政治教育的新载体》，《学校党建与思想教育》2017 年第 11 期。

五、学位论文

1. 陈希：《网络对当代大学生自我认知的影响及对策研究》，硕士学位论文，成都理工大学，2012 年。
2. 钱梦缘：《网络环境对当代大学生高级认知过程的负效应及对策研究》，硕士学位论文，南京邮电大学，2010 年。
3. 宋军平：《数字阅读对大学生认知发展的影响研究》，硕士学位论文，河南师范大学，2015 年。
4. 杨志坚：《大学生网络心理问题及其成因分析研究》，硕士学位论文，西北工业大学，2004 年。
5. 卢敏：《大学生网恋问题及其教育对策研究》，硕士学位论文，东北师范大学，2006 年。
6. 马云：《我国当代大学生网恋问题的探析》，硕士学位论文，湖南师范大学，2008 年。
7. 雷林果：《网络环境下大学生思维方式研究》，硕士学位论文，暨南大学，2014 年。
8. 王瑶：《社交网络对大学生人格发展影响研究》，硕士学位论文，青岛大学，2014 年。
9. 单良：《社交网络对大学生思想的影响及对策研究》，硕士学位论文，东北农业大学，2012 年。
10. 宋朝程：《网络异化对大学生思想行为的影响及对策研究》，硕士学位论文，青岛大学，2014 年。
11. 李芳：《网络信息对大学生思想影响的现状及对策研究》，硕士学位论文，西南大学，2013 年。

13. 鞠晓天:《网络文化对大学生价值观的冲击与调适》，硕士学位论文，大连海事大学，2013 年。
14. 郝文清:《大学生网络心理健康研究》，硕士学位论文，河海大学，2003 年。
15. 郭倩云:《大学生网络学习行为研究》，硕士学位论文，武汉工程大学，2016 年。
16. 杜哲:《网络消费对大学生思想行为的影响及对策研究》，硕士学位论文，延安大学，2017 年。
17. 陈路路:《当代大学生网络消费研究》，硕士学位论文，淮北师范大学，2017 年。
18. 张道明:《大学生网络行为失范研究》，硕士学位论文，中国海洋大学，2011 年。
19. 赵素燕:《网络对大学生人际交往的影响及对策研究》，硕士学位论文，山西大学，2007 年。
20. 宋振宇:《网络环境下大学生婚恋观现状及教育对策研究》，硕士学位论文，西安科技大学，2013 年。

六、网络资源

1. 中国网络空间研究院:《世界互联网发展报告 2017・总论》。
2. 中国互联网信息中心（CNNIC）：第 41 次《中国互联网络发展状况统计报告》。
3. 中国互联网络信息中心（CNNIC）：第 44 次《中国互联网络发展状况统计报告》。
4. 中共中央办公厅、国务院办公厅:《关于深化新时代学校思想政治理论课改革创新的若干意见》，新华社，2019 年 8 月 14 日。
5. 《中共中央 国务院关于全面深化新时代教师队伍建设改革的意见》，《新华网》，2018 年 1 月 31 日。
6. 《普通高等学校辅导员队伍建设规定第 43 号》，http：//www. gov. cn/gongbao/content/2017/content_ 5244874. htm。
7. 百度百科，https：//baike. baidu. com/item/手机依赖症/。
8. 百度百科，https：//baike. baidu. com/item/读图时代。
9. 人民网，http：//cpc. people. com. cn/n1/2016/0420/c64094-28289000. html。
10. 人民网，http：//yuqing. people. com. cn/GB/16698341. html。
11. 中国网信网，http：//www. cac. gov. cn/2015-06/04/c_ 1115506033. htm。
12. 百度百科，https：//baike. so. com/doc/703830-744890. html。

13. 张开：《有关网络素养与社会风险的刍议》，https：//www. sohu. com/a/210270681_ 407835。

14. 360 百科，https：//baike. so. com/doc/5712734-5925460. html。

附　录

"网络对大学生思想和行为的影响"调查问卷

亲爱的同学：

您好！我们是电子科技大学国家社会科学基金项目"网络对大学生思想和行为的影响研究"课题组成员，为了更加客观地了解当前大学生对网络的使用情况以及网络对大学生思想和行为产生的各种影响，我们特别设计该调查问卷，希望能够得到您的理解与支持。本问卷仅为科学研究所用，采取匿名填写，所有信息保密，请各位同学放心根据自己的情况做出判断和回答。注意不要漏答题目。

感谢您抽出宝贵的时间，为我们的研究提供原始的、真实的数据支撑！祝您学习进步，前程似锦！

"网络对大学生思想和行为的影响研究"课题组

2017 年 9 月

答题说明：

①单选题请将您选中的答案选项填入括号（　　）；表格题请在相应的位置画"√"即可；

②请独立填写问卷，不要与他人商量。

第一部分　基本情况

1. 您的性别（　　）

A. 男　B. 女

2. 您的学习阶段（　　）

A. 专科生　B. 本科生　C. 硕士研究生　D. 博士研究生

3. 您的政治面貌是（　　）

A. 共产党员（含预备党员）　B. 共青团员　C. 一般群众

4. 您的专业所属学科是（　　）

A. 理学　B. 工学　C. 哲学　D. 法学　E. 文学　F. 历史学

G. 教育学　H. 经济学　I. 农学　J. 医学　K. 管理学　L. 艺术学

5. 您来自（　　）

A. 大城市　B. 中等城市　C. 县城　D. 乡（镇）　E. 农村或山区

6. 您最早接触网络开始于（　　）阶段

A. 学龄前　B. 小学　C. 中学　D. 高中　E. 大学

7. 您对网络的认识如何？请根据您的同意程度作答：

	完全同意	有些同意	说不清楚	不太同意	很不同意
（1）现实社会的拓展和延伸					
（2）人类生存和发展的新空间（新场域）					
（3）网络已成为人们日常生活中不可或缺的组成部分					
（4）学习生活的好帮手					
（5）社会交往的最佳平台或媒介					
（6）用于娱乐消遣的好工具					
（7）逃避现实的好去处					
（8）容易导致色情和暴力信息泛滥					

续表

	完全同意	有些同意	说不清楚	不太同意	很不同意
(9) 容易泄露个人信息，个人隐私无法保障					
(10) 可有可无					

8. 您使用网络的最大收获的是（ ）

A. 可以及时获得国内外时事新闻 B. 方便学习，获取相关知识

C. 能够参与时事讨论 D. 与亲朋好友保持联络 E. 游戏娱乐

F. 方便网上购物 G. 其他（请详细说明）__________

9. 您平均每天上网（包括使用移动互联网）的时间为（ ）

A. 1 小时以内 B. 2 至 3 小时 C. 3 至 4 小时

D. 4 至 5 小时 E. 5 小时以上

10. 平时生活中您对网络的依赖程度（ ）

A. 无依赖 B. 很轻，只是为了娱乐

C. 有一定的依赖，但更多是为了工作学习的需要

D. 比较依赖，每天都会抽时间上网

E. 严重依赖，离开网络就会魂不守舍、精神萎靡不振

第二部分 网络对大学生思想的影响

11. 您认为网络可能对您的认知方式带来的改变是什么？请根据您的同意程度作答：

	完全同意	有些同意	说不清楚	不太同意	很不同意
(1) 开阔了人们的眼界，提高了自己的认知能力					
(2) 碎片化的阅读和线性思维方式使人们的认识更加窄化					
(3) 懒得动脑思考，简单地从众					
(4) 容易受持相同观点人群的影响，认识容易走向极端					
(5) 虽然可供支撑的自己观点论据变多了，但是感觉认识问题时越来越抓不住关键了					
(6) 对认知方式带来了革命性的变革					
(7) 对认知方式的影响不大					

12. 您认为网络对您的思维方式的影响是什么？请根据您的同意程度作答：

	完全同意	有些同意	说不清楚	不太同意	很不同意
(1) 阅读的知识面变宽，欣赏能力得到提高，但思考鉴别能力却大大降低了					
(2) 形象思维能力更为发达，逻辑思维能力变差了					
(3) 降低了因果关系，更加重视相关关系					
(4) 思维好像变得不够灵活了					
(5) 容易分散注意力					
(6) 基本上没有什么影响					

13. 对于网络上传播的好人好事，您会（　　）

A. 点赞并转发，传播正能量　B. 围观　C. 由衷地钦佩，愿意向其学习

D. 默默飘过，不知是真是假　E. 鄙视，是在作秀吧？

14. 您在网络上看到关于社会丑恶现象的报道时，您会（　　）

A. 义愤填膺，强烈谴责这种行为

B. 合理表达自己的观点，更多地关注事件的进展

C. 围观　D. 不参与，但内心很反感　E. 事不关己，高高挂起

15. 您认为网络对大学生的世界观会产生哪些影响？请根据您的同意程度作答：

	完全同意	有些同意	说不清楚	不太同意	很不同意
(1) 世界变小了，地球成为一个小小村落					
(2) 各个国家、地区之间人们的联系更为密切了					
(3) 中国传统文化可以得到更为广泛地传播					
(4) 社会主义核心价值观更加深入人心					
(5) 中华民族伟大复兴的中国梦一定能够实现					
(6) 世界文化更加多样，不同文明同相辉映，相得益彰					
(7) 西方利用其语言和技术优势推行文化霸权					

16. 您认为网络对大学生的人生观会产生哪些影响？请根据您的同意程度作答：

	完全同意	有些同意	说不清楚	不太同意	很不同意
(1) 丰富了大学生对人生的多重体验					
(2) 有利于实现自己在现实中无法实现的愿望					

续表

	完全同意	有些同意	说不清楚	不太同意	很不同意
(3) 加速了大学生社会化的进程					
(4) 增强了大学生的社会责任感和使命感					
(5) 使大学生人生态度更加认真、务实和积极进取					
(6) 容易使大学生沉迷网络逃避现实社会					
(7) 使部分大学生更加愤世嫉俗和产生一些偏激的思想					

17. 您认为网络对大学生的价值观会产生哪些影响？请根据您的同意程度作答：

	完全同意	有些同意	说不清楚	不太同意	很不同意
(1) 有助于帮助大学生培育和践行社会主义核心价值观					
(2) 容易影响大学生辨别是非的能力					
(3) 使大学生价值选择更加多元化					
(4) 使部分大学生变得更加世故，成为精致的利己主义者					
(5) 集体观念淡化，个人主义成为当代大学生首要的价值取向					
(6) 更容易受当今社会思潮的影响					
(7) 更容易受到西方思想的侵袭					

18. 与现实社会一样，网络并不是不受任何约束的自由疆域，网络空间同样需要道德与法律的规制。您的态度是（　　）

A. 完全赞同　B. 比较赞同　C. 基本赞同　D. 不赞同　E. 反对

19. 下面的说法是否符合您的上网感受？

	完全同意	有些同意	说不清楚	不太同意	很不同意
(1) 我曾尝试网上做现实中不敢做的事情					
(2) 我经常在网上同时扮演两个以上角色					
(3) 网络让我能随时在不同的场景之间转换					
(4) 觉得网络中的我才是更为真实的我					
(5) 上网让我忘掉了生活和学习中的烦恼					
(6) 全神贯注于网络活动，下线后仍想着网上的事情					

20. 您如何看待目前网络上的低俗与恶搞现象（　　）

A. 其目的是为了吸引众人的眼球，满足自己的虚荣心

B. 搞笑而已，有趣就行　C. 借此讽刺和抨击社会现实　D. 无厘头

E. 与网民素质有关　F. 其他（请详细说明）____________

第三部分　网络对大学生行为的影响

21. 您是否有因为使用电脑上网或者打游戏而逃课的情况？（　　）

A. 经常　B. 偶尔　C. 从不　D. 视课程或任课教师而定

22. 您觉得上网对您现阶段的学习生活会产生什么样的影响？（　　）

A. 有正面影响　B. 有负面影响

C. 正、反两个方面影响都有　D. 没什么影响

23. 占据您上网时间最长的是（　　）

A. 获取学习资料　B. 资讯　C. 电子邮件

D. QQ 或微信等即时通讯　E. 在线游戏　F. 欣赏影视与音乐

G. 网上购物　H. 其他（请详细说明）____________

24. 您利用网络开展学习的主要内容是______。请根据是否符合您的实际作答：

	完全同意	有些同意	说不清楚	不太同意	很不同意
（1）浏览并下载相关学习资料					
（2）参加“慕课”（MOOC）或视频公开课程学习					
（3）网上完成并提交老师布置的作业					
（4）使用百度或其他搜索引擎					
（5）通过电子邮件或即时通讯工具与老师、同学讨论					
（6）解决学习中遇到的难题					

25. 对于网络上的有用信息，您通常浏览的方式是__________。请根据是否符合您的实际作答：

	完全同意	有些同意	说不清楚	不太同意	很不同意
（1）只读标题					
（2）从头到尾仔细阅读					
（3）只读感兴趣的部分					
（4）跳跃式的阅读或一目十行地浏览					
（5）读后将其打印或收藏					
（6）只是将其下载并分类保存					

26. 长时间上网会使您__________。请根据您上网的实际感受作答：

	完全同意	有些同意	说不清楚	不太同意	很不同意
（1）精神焕发，像打了鸡血一样					
（2）精神恍惚					
（3）注意力更容易分散					
（4）记忆力减退					
（5）阻碍我们进行深度学习和深入思考					
（6）思维停滞，大脑处于茫然和空白状态					
（7）学习的效率降低了					

27. 您会使用网络流行语吗？（　　）

A. 经常脱口而出　B. 偶尔用用　C. 从不使用（选此项者后一小题可不做）

您使用网络流行语的原因是什么？（　　）

A. 新奇有趣　B. 简单生动

C. 时尚，彰显个性　D. 别人都在用，自己不知不觉也用了

28. 您是否有通过网络进行购物的经历？（　　）

A. 是　B. 否（选此项者后一小题可不做）

您平均每月花费在网络购物上的金额（　　）

A. 300 元以下　B. 300—600 元　C. 600—900 元

D. 900—1200 元　E. 1200 元以上

29. 您如何看待网络交友？请根据您的同意程度作答：

	完全同意	有些同意	说不清楚	不太同意	很不同意
（1）能结识更多志同道合的朋友					

续表

	完全同意	有些同意	说不清楚	不太同意	很不同意
(2) 交往不受时间和空间的限制					
(3) 可以随时终止交往，而不需要负任何责任					
(4) 缺少身份线索，交往缺乏诚意，无法取得相互信任					
(5) 提高了我在现实生活中的交友技巧					
(6) 网上聊天比面对面交谈让我感到更轻松自在					
(7) 让我找到自信，可以塑造新的自我形象					
(8) 更能体现我的个性					
(9) 遭到网友的恐吓或欺骗					
(10) 遭到网友的性骚扰					
(11) 影响了我与家人和同学朋友之间的关系					
(12) 浪费了时间和精力却难有收获					

30. 您平时在校园里或宿舍里如何与同学（室友）交流（　　）

A. 经常面对面地交流　B. 偶尔面对面地交流

C. 基本上没有语言的交流　D. 主要通过社交网络或工具进行交流

E. 各干各的事，基本上属于熟悉的陌生人　F. 其他（请详细说明）__________

31. 您对网恋的看法是什么？请根据您的同意程度作答：

	完全同意	有些同意	说不清楚	不太同意	很不同意
(1) 网恋的感觉十分美好					
(2) 容易将对方过分美化					

续表

	完全同意	有些同意	说不清楚	不太同意	很不同意
(3) 因为空虚无聊，只是一种精神慰藉而已					
(4) 寻找刺激，以发泄内心地压抑					
(5) 网上热恋，网下约会					
(6) 网恋往往见光就死					
(7) 网恋很少有成功走进婚姻殿堂的案例					

32. 您曾在网络上发表过不文明的言论吗？(　　)

A. 完全没有　B. 很少　C. 偶尔　D. 经常

33. 您是否参与过网络“骂战”？(　　)

A. 经常　B. 较多　C. 偶尔　D. 没有

34. 您是否会对浏览过的网络新闻加以评论？(　　)

A. 一般都会评论　B. 只对感兴趣的进行评论

C. 从不评论（选此项者后一小题可不做）

如果您参与评论，那么您关注的内容包括（　　）

A. 就事论事　B. 时而会牵扯到相关事件，并表达自己的情绪

C. 与他人论战　D. 表达围观心态　E. 其他

35. 对于网络上报道事件的评论，您一般会采取的态度（　　）

A. 只看报道，不看评论　B. 看过报道并查看网友的评论后再回帖

C. 报道、评论都看，但不回帖　D. 略过报道内容，查看网友评论后直接回帖　E. 只看评论但不回帖

36. 您平时在网络上发表的帖子总体上属于哪种类型？(　　)

A. 流水账型，记述一天所见所闻，抒发心情

B. 发泄型，发表过激言语，宣泄不满情绪

C. 求助型，希望大家帮忙转发或者提供建议

D. 交流型，希望引起大家的共鸣，共同讨论

37. 对于网络“人肉搜索”行为，您是怎么看的？（　　）

A. 支持，有利于动员网民的力量揪住那些干了坏事的人

B. 反对，侵犯了他人的隐私权

C. 谴责，有悖于道德规范

D. 属于网络暴力行为，是网民的非理性集体狂欢

E. 正常，我也参与过，不犯法就行

F. 其他（请详细说明）__________

38. 您认为部分大学生痴迷于网络游戏的主要原因是？请根据您的同意程度作答：

	完全同意	有些同意	说不清楚	不太同意	很不同意
(1) 大学生活课余时间较多，生活空虚，没什么乐子					
(2) 羡慕游戏中其他人的等级装备技术等，试图超越					
(3) 可以弥补现实生活中的某种缺憾，更好地体现个人价值					
(4) 缓解学习压力					
(5) 受身边朋友、同学的影响，虚荣心在作怪					
(6) 没什么原因，就是喜欢而已					

39. 对网络游戏中存在的暴力和色情因素，您认为（　　）

A. 能够发泄不良情绪，有利于身心健康　B. 被过分放大了

C. 确实存在这样的问题，但不严重　D. 问题很严重，可能引发犯罪

E. 不关心

40. 总的来说，您认为网络对大学生的影响（　　）

A. 利大于弊　B. 弊大于利　C. 因人而异　D. 说不清楚

问卷填答完毕，请您检查一遍有无漏答。再次感谢您的支持！

后　记

本书是笔者在完成2012年度国家社会科学基金西部项目（项目批准号12XKS041）结题成果（结题号20184283）的基础上修改而成的。该课题从2012年6月立项到2018年12月结项，共历时六载有余，从写作大纲的拟定到内容的撰写，其间几易其稿，其中付出的艰辛与煎熬自不待言，也承受着巨大的心理压力，总是担心有辱国家社科基金项目的良好声誉。好在天不藏奸，辛勤付出必有回报。五位匿名评审专家在结题成果的鉴定意见中对该成果给予了较高的评价，一致推荐该成果可以出版。

有专家认为，该成果主要创新有三点：其一，整体研究上的创新。该成果比较详尽地整理了国内外学界关于网络对大学生思想和行为的影响。通过理论论证和实证分析，初步建构了一个系统研究该问题的框架和范式，初步回答了网络对大学生思想和行为有无影响、影响程度、影响表现、影响原因等问题。其二，文献梳理与概括的创新。该成果站在人与环境相互影响关系的角度梳理了马克思主义关于人与环境、人与技术的基本原理，中国古代思想家和西方先贤对人与环境、人与技术关系的思想，这些创造性梳理和概括为课题理论研究打好了基础，提供了思想借鉴。其三，研究方法上的创新。该成果综合运用理论分析法、文献研究法、实证研究法对问题进行了较为全面、系统、科学的研究，研究程序规范，研究结论令人信服。该研究的突出特色就在于将定性研究与定量研究相结合以及运用结构方程分析方面。该成果的主要建树在于借助数据统计软件对调查问卷中有效数据进行了全面分析和深度挖掘，并绘制了一幅网络对大学生思想和行为影响的最真实、最有说服力的全景图案，有力地证明了成果的理论分析机理和结论，并为大学生网民行为引导和规范的制定提供了科学依据。该成果的学术价值在于实现了数学统计工具在思想政治教育领域的深度结合和运用；其理论价值在于拓宽了传统思想政治教育研究领域，弥补了网络思想政治教育领域的不足；其应用价值在于借助大数据技术清晰精准勾画大学生思想行为“画像”，有利于思想政治教育精准施策和未雨绸缪，提高教育的主动性、创造性和实效性。

另有专家认为，该成果的创新程度、突出特色和主要建树有：该成果在理论方面从人与环境、人与技术的关系出发研究网络对大学生的影响问题，摆脱了一般研究成果往往以就事论事的方式探讨网络对大学生影响的局限性，使成果更具有学理性，更有深度与广度，分析更为深刻。该成果在网络对大学生思想和行为影响的分析方面十分系统深入。研究者用了 4 万余字的篇幅，分析了网络对大学生思想和行为的积极影响和消极影响、显在影响和潜在影响、直接影响和间接影响、近期影响和长远影响。这种细致入微的研究，在同类成果中达到了顶级水平。该成果还进行了较为扎实的实证研究。成果以 5 万字以上的篇幅进行了有关网络对大学生思想与行为影响的实证分析，占总篇幅的 1/4 以上。这一研究为在实践环节方面提出更有针对性的解决对策与建议打下了良好的基础。因此，总体上看，该成果是一项有理论深度又有现实依据、具有较强创新性的研究成果，基本上达到了预期目标。该成果的学术价值、理论价值在于，在网络对大学生思想与行为影响研究的理论基础方面，进行了系统深入的梳理与揭示；从学理性方面深入剖析了网络对大学生思想与行为影响的表征及其机理。该成果在学术水平上比之于同类成果有了较大的提升。

还有专家认为：（1）该成果的创新点在于对网络社会尤其是网络对大学生思想和行为影响这一重大而现实的课题，从学术和现实层面进行了比较深入深刻的研究，分析了应用网络技术的重大机遇和消除网络危害的紧迫性。（2）该成果的突出特点是治学态度严谨，研究方法可信。该课题采用理论概括、问卷调查、数量统计和数学模型等方法，比较准确概括了中外学术界以及我党我国关于网络对大学生思想和行为的影响的学术成果和思想观点，以合理的问卷方式收集了网络对大学生思想和行为影响的现实状况，以统计分析和研究模型揭示网络对大学生思想和行为影响的机理和路径，凸显课题成果的科学性、可信性和可操作性。（3）该成果的主要建树是通过对网络对大学生思想和行为影响的理论基础的分析、对其内涵特征与类型的界定、对其表征与机理剖析、对社会现状的实证分析，提出了对大学生网络群体思想和行为的引导与规范的指导思想、基本原则、主要内容和策略措施。该成果比较系统地研究了网络对大学生思想和行为的影响，具有较高的学术研究水准、一定的理论价值和应用价值。从学术上讲，该课题对“网络”和“网络社会”的特点、作用有比较深入的分析，揭示了其对大学生思想和行为的影响，有利于拓宽思想政治教育学研究领域；从理论上讲，该课题就网络思想政治教育研究做出了有益的探索；提出的建议和对策，对于做好大学生思想政治工作，具有一定的启发作用。

限于篇幅，此处不再一一列举其他两位专家的鉴定意见。从上述专家鉴定中不难看出本选题的学术价值、创新程度、突出特色与主要建树，进而彰显了其可能具有的巨大的社会效益。

十分感谢五位匿名评审专家对本课题结题成果的肯定与认可，也感谢他们不吝笔墨指出了成果存在的不足和修改建议。受专家们的鼓舞，在该课题顺利结题之后，本人又根据专家们所提意见和建议，进行了较大幅度的修改，尤其集中在导论和最后一章的内容上。2019 年 9 月，本人以此结题成果申报教育部思想政治工作司组编的全国“高校思想政治工作研究文库”，并于 2020 年 1 月成功获得批准立项（教思政司函〔2020〕2 号），成为全国高校 20 部入选文库的著作之一。

十分感谢戴钢书教授，本书的实证研究尤其是结构工程部分得益于戴教授的热心指导和切实的帮助，戴教授既是我的授业恩师，也是我的同事和朋友。戴老师对科学研究和教育事业的认真执着和不懈追求永远都是我学习的榜样。感谢我的博士研究生覃优军和马静音，他们对本书导论和最后一章“对大学生网民群体思想和行为的引导策略”的实质修改做出了很大贡献。感谢电子科技大学马克思主义学院王江波硕士，她对本书第五章“网络对大学生思想和行为影响的实证分析”中机构方程的解释方面做出了较大的贡献。感谢我的硕士研究生杨舒淇，她为本书的初稿校对和参考文献的整理付出了一定的时间和精力。

感谢人民出版社陈晓燕女士为本书的付梓所做的工作。

本书在写作中参考了国内外学术界大量的文献资料，因篇幅所限未能一一列明，在此，本人表示深深的谢意和歉意。

尽管本人在课题研究中投入了足够多的时间和精力，每年至少有半年的时间用于阅读与课题研究有关的文献资料，并尽量将它们完整地加以消化吸收，但是由于本人学术积淀还不够深厚，对这样一个比较大的题目的驾驭能力还有很大的不足。现在呈现在读者面前的这本著作难免还会存在缺点和不足之处，书中部分内容的论证可能还不够充分、前后衔接方面还有缝隙，个别观点还没有说全说尽说透，本人将在今后的研究中做进一步思考和完善。

曹银忠

2020 年 12 月于成电花园

责任编辑:陈晓燕
封面设计:林芝玉
版式设计:王欢欢

图书在版编目(CIP)数据

网络对大学生思想和行为的影响研究/曹银忠 著. —北京:人民出版社,2022.12
(高校思想政治工作研究文库)
ISBN 978-7-01-024048-0

Ⅰ.①网… Ⅱ.①曹… Ⅲ.①大学生-思想政治教育-研究-中国
Ⅳ.①G641

中国版本图书馆 CIP 数据核字(2021)第 256362 号

网络对大学生思想和行为的影响研究

WANGLUO DUI DAXUESHENG SIXIANG HE XINGWEI DE YINGXIANG YANJIU

曹银忠 著

人民出版社 出版发行
(100706 北京市东城区隆福寺街 99 号)

中煤(北京)印务有限公司印刷 新华书店经销

2022 年 12 月第 1 版 2022 年 12 月北京第 1 次印刷
开本:710 毫米×1000 毫米 1/16 印张:20.25
字数:301 千字

ISBN 978-7-01-024048-0 定价:68.00 元

邮购地址 100706 北京市东城区隆福寺街 99 号
人民东方图书销售中心 电话 (010)65250042 65289539